自治区社科基金项目资助成果（项目编号 18BJY041）

自治区高校科研计划项目资助成果（项目编号 XJEDU2018SY002）

大数据背景下
新疆南疆四地州精准扶贫
绩效评估研究

钱　娟◎著

经济日报出版社

图书在版编目（CIP）数据

大数据背景下新疆南疆四地州精准扶贫绩效评估研究/
钱娟著. — 北京：经济日报出版社，2022.10
ISBN 978 – 7 – 5196 – 1194 – 1

Ⅰ. ①大…　Ⅱ. ①钱…　Ⅲ. ①扶贫 – 研究 – 新疆
Ⅳ. ①F127. 45

中国版本图书馆 CIP 数据核字（2022）第 175158 号

大数据背景下新疆南疆四地州精准扶贫绩效评估研究

著　　者	钱　娟
责任编辑	门　睿
责任校对	刘亚玲
出版发行	经济日报出版社
地　　址	北京市西城区白纸坊东街 2 号 A 座综合楼 710（邮政编码：100054）
电　　话	010 – 63567684（总编室）
	010 – 63584556（财经编辑部）
	010 – 63567687（企业与企业家史编辑部）
	010 – 63567683（经济与管理学术编辑部）
	010 – 63538621　63567692（发行部）
网　　址	www. edpbook. com. cn
E – mail	edpbook@ 126. com
经　　销	全国新华书店
印　　刷	三河市龙大印装有限公司
开　　本	710 × 1000 毫米　1/16
印　　张	18. 75
字　　数	261 千字
版　　次	2023 年 2 月第一版
印　　次	2023 年 2 月第一次印刷
书　　号	ISBN 978 – 7 – 5196 – 1194 – 1
定　　价	88. 00 元

目　录

1
绪　论

2
大数据技术在精准扶贫绩效评估中运用的重要意义

3
新疆南疆四地州精准扶贫现状及主要成效

6

新疆南疆四地州精准扶贫特殊扶持政策实施效果评估

7

新疆南疆四地州精准扶贫区域瞄准绩效评估

8

新疆南疆四地州精准扶贫县级瞄准绩效评估

9

新疆南疆四地州精准扶贫人口瞄准绩效评估

10

大数据背景下新疆南疆四地州精准扶贫主要经验总结

11

大数据背景下新疆南疆四地州精准扶贫中存在的主要问题

12

大数据背景下巩固拓展新疆南疆四地州
脱贫攻坚成果的对策建议

1

绪 论

1.1 研究背景与意义

贫困与贫困治理是一个全球性议题，解决贫困问题是当代世界性课题[1]（王碧玉），为此各国政府都在为努力消除贫困而不懈奋斗[2]（Tollefson）。缓解和减少贫困是一个复杂的政治社会经济的过程，关系到每一个社会成员的生活状态和未来，是全世界共同面临的巨大挑战。2015 年，联合国可持续发展目标中提出减贫目标是"在全世界消除一切形式的贫困""到 2030 年，在全世界所有人口中消除极端贫穷"。截至 2020 年年末，我国现行标准下农村贫困人口 9899 万已实现脱贫，贫困县 832 个实现全部摘帽，贫困村 12.8 万个实现全部退出，区域性整体贫困问题得到基本解决，已全面消除绝对贫困问题，成为世界上率先完成联合国千年发展中脱贫目标的国家，对全球减贫的贡献率超过70%，不仅丰富了人类反贫困的理论与实践，还为全球脱贫提供了中国方案，贡献了中国智慧。

从扶贫历程来看，我国经历了从解决全国农村地区的温饱问题到集中连片贫困地区整村推进再到精准扶贫精准脱贫精准到户的阶段。改革开放初期，我国贫困人口约 2.5 亿，农村贫困发生率高达 30.7%（采用

1978 年的贫困标准），早期采用输血式救济扶贫方式，通过财政补贴和实物救济相结合的方式，实施了大规模、有计划、有组织的扶贫开发，着力解放和发展社会生产力，保障了贫困人口的最低生活标准[3]（王冰等）。1986 年，中央发布一号文件《中共中央、国务院关于一九八六年农村工作的部署》，实施开发式扶贫策略，重点改善贫困地区的面貌，形成了分级负责、以省为主的行政领导扶贫工作责任制。1994 年，国务院制定印发《国家八七扶贫攻坚计划（1994—2000 年）》，实施参与式扶贫策略，将扶贫的重点及资金都转向中西部国家级贫困县等扶贫工作的主战场，确保我国在 20 世纪末顺利解决剩余 8000 万贫困人口的温饱问题。2001 年，国务院制定印发《中国农村扶贫开发纲要（2001—2010 年）》，明确提出支持革命老区、民族地区和边疆地区的发展，缩小贫富差距，推进整村推进扶贫模式，重点瞄准贫困村帮扶。2011 年，中共中央、国务院印发《中国农村扶贫开发纲要（2011—2020 年）》，指出"我国的扶贫工作已从保证温饱转变到巩固温饱、缩小差距为主的新阶段，以实现"两不愁，三保障"作为脱贫工作的主要目标，将全国 14 个连片特困地区作为扶贫攻坚主战场。

党的十八大以来，以习近平同志为核心的党中央明确提出了扶贫开发工作的一系列新思想、新论断、新要求，为做好新时期扶贫开发工作提供了根本遵循。2013 年 11 月，习近平总书记在湖南考察时强调"要分类指导，把工作做细，精准扶贫""扶贫要实事求是，因地制宜，要精准扶贫，切勿空喊口号，也不要搞好高骛远的目标"等。2013 年，党中央提出精准扶贫、精准脱贫基本方略，全面推进建立精准扶贫工作机制，由开发式扶贫、参与式扶贫向精准式扶贫转变。中共中央办公厅、国务院办公厅出台《关于创新机制扎实推进农村扶贫开发工作的意见》，明确提出要建立精准扶贫工作机制，对每个贫困村、贫困户建档立卡，扶贫瞄准进一步聚焦到贫困人口、贫困村，由此前的粗放式帮扶策略转入精细化减贫阶段，拉开了新时代脱贫攻坚的序幕。2015 年，习近平总书记在云南和贵州考察扶贫工作时，指出"要以更加明确的目标、更加有力的措施、更加有效的行动，深入推进精准扶贫、精准脱贫，项目安排和资金使用都要合理安排，精准使用，让贫困百姓真正得到实惠"，提出了精准脱扶贫的"六个精准"要求，进一步深化精准扶贫战略思想，形成了一套较为完整的指导精准扶贫工作的思想体系。2015 年 11 月，中共中央、国务院发布了《中共中央国务院关于打赢脱贫攻坚战的决定》，提出"五个一批""六个精准"的精准扶贫要求，以及到 2020 年实现贫困户"两不愁，三保障"，我国现行标准下农村贫困人口实现脱贫，贫困县全部摘帽的宏伟目标。2017 年 10 月，习近平总书记在党的十九大上指出"重点攻克深度贫困地区的脱贫任务，聚力攻克深度贫困堡垒，决战决胜脱贫攻坚"。2017 年 12 月，中共中央办公厅、国务院办公厅出台《关于支持深度贫困地区脱贫攻坚的实施意见》，对"三区三州"深度贫困地区脱贫攻坚工作作出全面部署，确保深度贫困地区人民群众如期脱贫。2020 年，全党全国以更大的决心、更强的力度，出台了一系列政策措施，保障了脱贫攻坚战的全面收关，使得我国在现行标准下基本消除了绝对贫困，有效解决了区域性贫困问题，脱贫攻坚战取得了全面胜利。

新疆南疆四地州包括喀什地区、和田地区、阿克苏地区和克孜勒苏柯尔克孜自治州（以下简称"克州"）4 个地（州）、33 个县（市），是集边境地区、民族地区、高原荒漠地区、贫困地区于一体的集中连片深度贫困地区，集中了全疆 90% 以上的贫困人口，属于全国 14 个集中连片贫困地区和"三区三州"深度贫困地区。2011 年，《中国农村扶贫开发纲要（2011—2020 年）》中提出"将南疆三地州纳入集中连片特困地区实施特殊扶持政策"。2017 年，《关于支持深度贫困地区脱贫攻坚的实施意见》，将新疆南疆四地州（包括阿克苏地区）划为深度贫困地区，主要包括新疆南疆四地州 22 个深度贫困县及其所辖 192 个深度贫困乡（镇）、1962 个深度贫困村，未脱贫人口 39.6 万户 162.75 万人，是国家确定的"三区三州"深度贫困区之一，重点解决区域性深度贫困问题。为全面推动新疆南疆四地州深度贫困地区打赢脱贫攻坚战，新疆维吾尔自治区（以下简称"自治区"）党委、人民政府先后出台了《自治区党委、自治区人民政府关于贯彻落实〈中共中央、国务院关于打赢脱贫攻坚战三年行动的指导意见〉的实施意见》《新疆维吾尔自治区新疆南疆四地州深度贫困地区脱贫攻坚实施方案（2018—2020年）》等相关文件，对新疆南疆四地州脱贫攻坚工作的指导思想、目标、要求、路径等作出了战略性部署安排，严格落实"六个精准"要求，实施"七个一批""三个加大力度"①精准脱贫路径，重点解决新疆南疆四地州深度贫困问题，确保2020年全疆打赢脱贫攻坚战。截至2020年年末，全疆现行标准下农村贫困人口306.49万实现全面脱贫，贫困县35个实现全部摘帽，贫困村3666个实现全部退出，其中新疆南疆四地州现行标准下农村贫困人口267.74万实现全面脱贫，贫困县26个实现全部摘帽，贫困村3242个实现全部退出、"七个一批""三个加大力度"措施扎实推进，"两不愁三保障"全面实现，补齐了饮水安全和住房安全短板，实现了贫困家庭义务教育阶段孩子因贫失学辍学动态清零，贫困人口基本医疗保险、大病保险参保率均达到100%，区域性整体贫困问题得到基本解决。

随着我国"大数据+"的快速发展，利用大数据技术的"数据化、网格化与动态化"等特点，有效与精准扶贫"精准化"要求相契合，有利于运用大数据技术快速便捷地获取贫困群众的信息，开展数据信息分析加工，为精准扶贫识别、监测、评估等决策提供可靠的数据支撑，以及对精准扶贫绩效进行实时观测、动态监测和分析研判，确保扶贫项目、资金等资源配置精准科学合理，有助于提升精准脱贫工作效率，也是持续巩固拓展脱贫攻坚成果的重要手段之一。关于大数据技术在精准扶贫、精准脱贫中的运用推广，2016年9月，国务院扶贫办提出"全面推广使用全国扶贫开发信息系统开展扶贫资金项目管理工作，通过每年开展精

---

① "七个一批""三个加大力度"精准脱贫路径：通过转移就业扶持一批、通过发展产业扶持一批、通过土地清理再分配扶持一批、通过转为护边员扶持一批、通过实施生态补偿扶持一批、通过易地扶贫搬迁扶持一批、通过综合社会保障措施兜底一批，加大教育扶贫力度、加大健康扶贫力度、加大基础设施建设力度。

准复核，应纳尽纳工作，提高数据分析质量"。2017年，习近平总书记在主持中共中央政治局第二次集体学习时，强调"要加强精准扶贫、生态环境领域的大数据运用，为打赢脱贫攻坚战助力"。2020年，《国务院扶贫开发领导小组关于建立防止返贫监测和帮扶机制的指导意见》，提出依托全国扶贫开发信息系统开展防止返贫监测，对建档立卡已脱贫但不稳定户，收入略高于建档立卡贫困户的边缘户等开展动态监测管理，及时录入全国扶贫开发信息系统。当前，新疆南疆四地州虽已全面消除绝对贫困问题，但防止返贫致贫压力仍较大，据2019年不完全统计，已脱贫人口中有3.96万户16.89万人存在返贫风险，边缘人口中有8.63万户37.29万人存在致贫风险，已脱贫群众仍面临文化程度较低、劳动力素质普遍偏低、部分贫困群众发展的内生动力不足、区域生态环境脆弱、产业发展基础薄弱、抗风险能力弱、带贫益贫能力相对不足等问题，防止返贫致贫压力仍较大。巩固脱贫成果难度大、任务重，仍然是新疆乃至全国巩固拓展脱贫攻坚成果的重点帮扶巩固区域，对其开展有效的监测评估是取得持续性脱贫成效的重中之重。因此，将大数据技术应用于新疆南疆四地州深度贫困地区精准扶贫绩效评估工作中，对实现精准识别、精准帮扶返贫致贫群众、有效评估精准帮扶绩效、防止脱贫人口返贫，巩固拓展新疆南疆四地州脱贫攻坚成果具有重大的现实意义。

2020年，我国脱贫攻坚战取得了全面胜利，完成了消除绝对贫困的艰巨任务。本书主要对新疆南疆四地州贫困地区精准扶贫绩效进行评估，在梳理总结了新疆南疆四地州精准脱贫成就、精准扶贫绩效评估中大数据运用情况的基础上，运用政策工具文本量化法、综合指标体系评价法、DID双重差分法以及问卷调查法，从政策瞄准、区域瞄准、县级瞄准以及贫困人口瞄准等4个方面对新疆南疆四地州精准扶贫绩效进行有效评估，总结出新疆南疆四地州区域精准扶贫的主要经验，找出新疆南疆四地州精准扶贫监测评估中存在的主要问题，最后提出2020年新疆南疆四地州打赢精准脱贫攻坚战后，巩固拓展区域脱贫攻坚成果，同全面推动乡村振兴有效衔接的对策建议，既总结了习近平精准扶贫思想在新疆南疆四地州脱贫攻坚中的实践创新，又为新疆南疆四地州进一步巩固脱贫成果，顺利转向全面推进乡村振兴建言献策。

1.2 国内外研究综述

国内外学者围绕反贫困、扶贫绩效评估、扶贫瞄准、扶贫监测与评估方法等方面开展了一系列研究。

1.2.1 反贫困相关研究

国内外学者主要围绕致贫原因，包括物质资本和人力资本的缺乏、政策衔接不到位、社会文化薄弱、自身能力不足等方面开展研究。Nurkse[4] 提出"贫困恶性循环"理论，认为供给与需求的恶性循环是导致发展中国家长期处于贫困状态的主要原因。董春宇等[5] 则指出，贫困的主要原因是贫困地区整体经济脆弱，且经济脆弱与贫困又互为因果，循环累积。Nelson[6] 研究认为低水平的人均收入和投入资金导致发展中国家的贫困状态。丁军和陈标平[7] 从收入与分配的角度，指出贫困主体、扶贫供体、循环载体三者之间发展不匹配且不可持续是导致贫困的主要原因。郭志杰等[8]、马绍东等[9] 认为贫困地区经济、价值观、政策体制的不衔接、不匹配共同导致了贫困的发生。Sen[10] 认为贫困最根本原因是个人能力的贫困。凌国顺和夏静[11]、庄天慧等[12]、邓大松和张晴晴[13] 认为贫困的主要原因是由于外部社会经济条件不可持续、返贫者自身素质低、思想观念落后、自身综合能力无法有效提升等原因。黄承伟[14]、包国宪和杨瑚[15] 认为贫困是环境约束型、能力约束型和权利约束型三者综合作用的结果。李含琳[16]、杨婵娟[17] 认为人的主观因素，自然灾害、人口老龄化等客观因素皆是贫困诱因。郑瑞强和曹国庆[18]、李长亮[19]、耿新[20] 认为能力、政策、环境等都是诱发贫困的因素，且各因素导致的贫困现象各有特色。李春根等[21]、萧鸣政和张睿超[22]、章文光等[23] 认为构建公共服务体系建设、培育农村市场机制、扶智扶志相结合等方面，可以减少贫困风险。汪三贵[24]研究认为中国在减贫事业上取得巨大成就的主要推动力是优越的制度基础。Esperanza[25]、肖泽平和王志章[26]研究认为国家实施防止返贫政策能缓解贫困，贫困人口的内生动力能持续性脱贫。Robert[27]、李俊杰和耿新[28]认为防止返贫的重要方式之一是坚持区域协调发展战略，实施专项扶贫规划，提升扶贫政策的效应，加大扶贫资金投入，加大内生动力培育。蒋和胜等[29]认为有效阻断返贫的策略是将阻断返贫工作与发展战略联动，与乡村振兴战略联动，与各种区域发展战略联动。魏后凯和邬晓霞[30]研究认为应统筹城乡协调发展的理念，建立统一的城乡贫困标准、监测体系和国家反贫困政策，树立反贫困理念，统筹保障城乡社会就业制度。

1.2.2　精准扶贫瞄准机制相关研究

崔赢一[31]、郑宝华和蒋京梅[32]研究认为我国扶贫工作由于缺乏科学有效的瞄准识别机制，导致贫困底数不清、贫困对象情况不明、扶贫资金流向不明、扶贫项目指向不准等问题。刘流[33]、李棉管[34]研究认为精准扶贫阶段个体瞄准机制、类型瞄准机制和区域瞄准机制都存在技术难题，导致瞄准偏差的产生。李小云等[35]、左停等[36]研究表明中央财政扶贫资金帮扶重点县比例高出70%，村级识别机制能够在一定程度上提高贫困瞄准精度，但易造成真正贫困村被非贫困村排挤出扶持范围。汪三贵等[37]、马小勇和吴晓[38]研究表明有48%贫困村应该被确定但未被瞄准，东部和中部地区存在更高的瞄准错误，瞄准对象下移到村级后，扶贫瞄准绩效不断下降。高鸿宾[39]、许源源[40]等研究认为村级瞄准综合性的扶贫开发政策措施有利于提高瞄准效率。Patrick[41]、韩华为和高琴[42]认为在政策的作用下，农村减贫偏误得到大幅削减，得到了有效控制，但中西部地区农村减贫不足问题仍然存在。张召华等[43]研究认为我国"扶贫"与"防贫"区域瞄准效果的错位，"扶贫"效果城乡差异不大，"防贫"效果在城市地区的定位比较准确，在农村地区定位存在一定的错位。郭佩霞[44]研究认为我国少数民族地区扶贫工作存在普遍的瞄准度较低现象，需重构民族地区的反贫困目标瞄准机制。朱梦冰和李实[45]研究认为农村贫困瞄准率的水平高低取决于多维贫困和收入贫困的判定，贫困户识别应以多维贫困为标准，制定统一的识别方案。许源源[46]、刘娜和李海金[47]研究认为瞄准主要看扶贫资金和资源是否与贫困人口的需求相匹配，政府权力结构、扶贫制度环境等方面原因导致了瞄准的偏离。叶初升[48]、郭韦杉等[49]研究发现我国扶贫瞄准存在严重的漏缺和溢出现象，缺乏有效瞄准机制导致了扶贫瞄准效率较低。周扬等[50]、刘彦随和曹智[51]认为2020年后国家政策仍需重点向自然资源禀赋和社会经济水平制约的县域倾斜。刘成良[52]认为在精准扶贫阶段国家认证体系建设虽然取得了长足进步，但贫困瞄准能力与贫困治理目标以及治理体系不匹配等问题仍然存在，除了存在错评型瞄准偏差、漏评型偏差之外，还存在着模糊型偏差等问题。吴雄周和丁建军[53]研究认为扶贫瞄准应该从多维角度入手，瞄准偏离的解决是实现脱贫的基础。

1.2.3 精准扶贫政策实施评估相关研究

精准扶贫政策的评估是保障脱贫工作达到预期目标，脱贫攻坚取得实质性进展的重要依据。Fan 等[54]研究认为印度政府应优先加大对农村公路、农业研究投资及教育等基础性投资来减少农村贫困。帅传敏等[55]、曾志红[56]研究认为我国国内扶贫资金使用效率低于国外，财政扶贫资金、以工代赈资金和贴息扶贫贷款的使用效率依次下降。Piazza 等[57]研究认为我国扶贫绩效提升重点在于扶贫资金效率、资金监管、资金投向等方面。李实[58]、陈国强等[59]研究发现公共转移支付具有显著减贫效果，减贫效应呈倒"U"型。Paul[60]、张新文和吴德江[61]研究认为扶贫对象的利益诉求表达不畅，导致政府主导型扶贫成效欠佳。Jane [62]认为扶贫政策实施过程中存在的瞄准偏差，是导致"益贫困地区"大于"益贫困户"的原因之一。李绍平等[63]发现集中连片特困地区减贫政策促进了片区县经济发展水平，但对经济发展的促进作用呈逐渐下降趋势。张全红等[64]发现精准扶贫政策越多元化，其减贫效应越明显。张伟宾和汪三贵[65]、杨超[66]研究认为农村扶贫政策在实施过程中存在着针对性偏颇的问题，政策效应对不同贫困程度的人口存在异质性影响。江帆和吴海涛[67]发现扶贫开发重点县政策的减贫成效未如预期显著，主要归因于未能有效推动区域经济增长。齐良书[68]、黄薇[69]、鲍震宇和赵元凤[70]研究发现居民基本医疗保险制度不仅减轻了贫困户的疾病困扰，而且显著缓解因病致贫、因病返贫问题。Labar K et al[71]、王志章和韩佳丽[72]、尹志超和郭沛瑶[73]发现贫困地区扶贫政策的精准实施能够有效减缓贫困。刘祖军等[74]、郗曼等[75]认为精准扶贫政策在改善农民绝对收入水平方面效果显著，但对农民相对收入的变动以及收入满意度的影响相对较小。王立勇和许明[76]、韩丰骏等[77]、李明月和陈凯[78]发现我国精准扶贫政策对农村贫困居民具有明显的减贫效果，且扶贫效果具有持续性。沈宏亮和张佳[79]研究发现精准扶贫政策对建档立卡户的增收均有促进作用，且农户享受多元化精准扶贫政策更有利于家庭收入增长。余兵皓和吴明凯[80]研究认为扶贫过程中除考察精准扶贫成效外，应更多关注公平性和可持续发展问题。李芳华等[81]发现精准扶贫政策显著提高了贫困户的劳动收入，易地搬迁和产业扶贫是贫困户劳动供给增加的主要渠道。刘钊和王作功[82]、徐爱燕和沈坤荣[83]、蔡进等[84]研究发现贫困农户在精准扶贫政策的支持下，家庭人均纯收入增长显著，与非贫困农户相比差距进一步缩小，且对增加贫困县的财政收入具有显著成效。易爱军和崔红志[85]、钱力和倪修凤[86]研究发现农民普遍认为所在村贫困户的选择和扶贫项目的安排比较合理，并且村及户层面的扶贫效果都比较好，但也存在12%的农民对精准扶贫政策不了解的情况。Zhoupeng et al.[87]、燕继荣[88]发现中国采用产业脱贫、搬迁脱贫、生态补偿脱贫、教育支持脱贫、社会保障兜底脱贫等多种政策措施，实现了农村贫困人口的大幅度减少。

1.2.4　精准扶贫绩效评估相关研究

精准扶贫绩效评估是检验精准脱贫成效的关键环节。现有研究主要从区域、县域、贫困人口视角对精准扶贫绩效进行评估，对精准脱贫成效进行研究。张琦和史志乐[89]研究认为贫困动态监测和评估体系是贫困有序退出机制的前提和基础，构建贫困有序退出和第三方评估的综合系统，助力精准脱贫有序开展。李延[90]从精准扶贫绩效考核的效率及公平性来看，当前绩效考核办法中精准度欠佳。李侑峰[91]基于流程、方法和信息等方面构建精准扶贫监测评估体系。莫光辉和凌晨[92]研究提出以政府职能性转变引导精准扶贫绩效提升，构建扶贫绩效监督考核长效体系。侯莎莎[93]基于 PV-GPG 理论，从价值、指标、组织、技术支撑和绩效环境五个方面构建绩效评估体系。殷丽梅和杨紫锐[94]从成本效益和公众满意度视角分析，认为现阶段政府扶贫绩效评价应侧重于公共价值理念、体现贫困户需求的评价。马良灿和哈洪颖[95]发现基层干部的总体性支配、社会力量的缺场以及贫困群体主体性权利的缺失，使基层项目扶贫实践陷入结构化困境中，这种结构化困境消解了脱贫的实践效果，制约了国家扶贫战略目标的实现。仲伟东和尹成远[96]则认为政府精准扶贫举措得到了贫困户的认可，但仍然要坚持完善驻村工作队制度；后精准扶贫时代要将精准扶贫与乡村振兴战略和西部大开发战略融合，完善农村治理体系。

1.2.4.1 区域精准扶贫绩效评估相关研究

康江江等[97]研究发现 2000—2014 年集中连片特困地区农村居民绝对收入差距逐步扩大，相对收入差距逐步缩小。张曦[98]、邢慧斌和刘冉冉[99]研究发现集中连片特困地区政策实施有助于降低区域间经济发展不均衡的程度。刘裕和王璇[100]、张大维[101]发现集中连片特困区建档立卡贫困户对扶贫政策的满意度最高，但对帮扶措施的满意度较低。孙久文等[102]、张琦和陈伟伟[103]研究发现我国连片特困区贫困发生率快速下降，各片区农村人均收入增速均超过全国平均水平，区域公共服务需求能够得到基本满足。宋俊秀等[104]认为连片特困地区扶贫绩效呈现稳步上升趋势，各连片特困地区扶贫绩效差异较大。钱力等[105]认为各连片特困地区发展水平偏低且发展能力不一致，呈现"由西北地区向东南地区逐渐增强"的空间分布特征。曹雨暄[106]、伍琴[107]认为连片特困区的确立未对农民收入产生正向效果，并对低收入和中等收入组农民收入产生了显著的负向效果。政策实施过程中存在一定的"政策陷阱"。张国建等[108]研究发现扶贫改革试验区设立可有效推动区域经济发展，基本达到精准扶贫既定目标。刘晓红[109]研究发现教育扶贫对心理贫困和教育贫困的代际传递产生显著的阻隔效应。孙晗霖[110]研究认为集中连片特困地区的致贫因素、发展现状、资源禀赋都不尽相同，导致贫困代际现象凸显，深层次制约问题尚未根本解决，贫困状况依然严峻。靳永翥和丁照攀[111]研究发现集中连片特困地区的政府行为、执行者素质、社会参与和行政环境都会显著影响减贫绩效。张建伟和杨阿维[112]研究认为连片特困地区农村公共品总体供给不足，区域性差异较大。李翔和李学军[113]认为新疆南疆四地州贫困县的经济发展水平显著增强，固定资产投资增加是新疆南疆四地州经济增长的主要原因。郝雄磊[114]从经济、社会、自然资源等维度构建评价指标体系，评估了南疆三地州自我发展能力。李钢和李景[115]、王立剑等[116]研究认为产业扶贫政策有助于促进农村绝对贫困的消灭。

1.2.4.2　县域精准扶贫绩效评估相关研究

李佳路[117]研究发现增加对30个国家扶贫开发工作重点县（国家级贫困县）扶贫项目的财政投入，有助于提升减贫效果。王小华等[118]、王振振和王立剑[119]杨颖[120]、张铭洪等[121]研究表明财政支出对非贫困县中较高收入群体增收有正影响，而对其他收入水平和贫困县的农民增收存在显著负效应，财政资金带动效果有待改善。周敏慧和陶然[122]研究发现"八七扶贫"期间国定贫困县获得的转移支付较多，但与经济发展初期水平相近的非贫困县相比，农民人均纯收入增速并没有明显提高。黄志平[123]研究发现国家级贫困县政策实施对当地经济发展具有显著带动作用，且设立时间越久效果越明显。王守坤[124]研究认为与地理条件相近的非贫困县相比，贫困县城乡收入差距较大。周玉龙和孙久文[125]研究发现国家级贫困县政策实施对当地经济发展和农民人均收入短期增长效应显著，但长期农民增收效果会逐渐减弱。方迎风[126]、王佳越等[127]、陈晓洁等[128]研究发现实施国家级贫困县政策的地区经济增长和农民收入增长均快于非贫困县，对减贫具有较强促进作用。帅传敏等[129]研究认为精准扶贫中外资扶贫资金的使用效率优于国内扶贫资金使用效率。王艺明等[130]认为贵州、甘肃、内蒙古及河北四省区的158个贫困县中，约有61%的贫困县的政策效应具有长期持续性。金浩等[131]认为贫困县政策有利于促进河北省县域经济增长，政策的实施可通过多渠道改善河北省贫困县的经济状况。除此之外，由于对国家级贫困县扶贫政策实施效果存在诸多争议，王怡和周晓唯[132]研究发现我国减贫的实现程度存在着显著的区域差异与城乡差异，减贫政策表现出了边际递减效应。郑家喜和江帆[133]基于1999—2010年1992个县面板数据，研究表明国家级贫困县政策实施未有效促进县域经济的快速增长，出现政策"失灵"现象。郑家喜等[134]认为扶贫开发工作重点县政策的减贫成效未如预期显著，甚至加剧了区域间的不合理竞争。

1.2.4.3 贫困人口精准扶贫绩效评估相关研究

关于贫困人口的精准扶贫绩效评估，主要基于政府部门的客观统计数据建立评估模型，以及基于贫困户的调查数据开展绩效评估。焦克源和徐彦平[135]从贫困基础、人文发展和生产环境维度构建扶贫绩效评估指标体系，研究发现2001—2011年少数民族贫困县的生存环境改善幅度最大，扶贫绩效呈现不断上升的趋势，但与全国其他贫困县相比仍有差距。徐志明[136]、李雨辰[137]研究认为由于贫困农户内生动力不足问题，扶贫投资的效率在下降。胡晗等[138]研究认为产业扶贫使得贫困户的各项生计水平均有所提升，在帮助贫困户增收、脱贫方面效果良好。宁静等[139]、Vesalon L et al[140]研究认为易地扶贫搬迁改变了农户生计资本的结构，使农户收入多元化。张磊和伏绍宏[141]研究认为转移就业扶贫能增加农户家庭收入和非农收入，促使贫困户能在短期内实现脱贫，但却很难推动贫困户实现长效脱贫。辛强[142]构建包含脱贫基础夯实度、脱贫能力提升度、增收渠道拓宽度、特困群体保障度、脱贫能力集聚度等维度的巩固脱贫绩效评估体系，对巩固脱贫成效进行评估。陈胜东和周丙娟[143]基于对赣南原中央苏区 229 户移民农户的问卷调查数据，运用结构方程模型研究发现政策、过程、需求感知对生态移民政策满意度影响是正向的但逐渐减小。陈文娟和段小红[144]基于对甘肃省武威市移民农户的调查数据，运用多元有序 Logit 模型测算出农户对生态移民政策的满意度，发现基础住宅设施等因素对其具有正效应，受教育程度等具有负效应。

1.2.4.4 精准扶贫绩效评估方法相关研究

精准扶贫绩效评估方法主要包括因子分析法、回归分析法、数据包络分析法（Data Envelopment Analysis，DEA）、评估指标体系法、AHP 层次分析法、TOPSIS 法、双重差分法、政策工具法等。姜涛[145]认为综合评估方法既可以从定性的角度把握扶贫项目是否合乎规定与制度，又可以通过大量的数据统计和模型分析评估项目绩效，令评估结果更具说服力。陈爱雪[146]、任徐珂[147]应用层次分析法，构建 5 个一级指标和 15 个二级指标对精准扶贫的绩效进行了评价。刘冬梅[148]应用回归分析法，从扶贫资金投向和扶贫资金构成视角，评估扶贫资金投入对贫困地区产生的影响效应。刘倩倩[149]通过构建扶贫绩效评价指标体系，以 592 个国定贫困县为研究样本，对我国农村扶贫绩效水平进行测算。王宝珍和龚新蜀[150]利用综合评价分析法，构建边疆少数民族地区扶贫开发绩效评价指标体系，对 2005—2011 年南疆三地州的扶贫开发绩效进行评估。孙璐[151]运用 DEA 法评估了我国扶贫资金使用效率。郭黎安[152]基于 DEA-Malmquist 指数，对我国农村扶贫开发财政资金的绩效进行了综合评价。杨庆许和陈彤[153]通过变截距面板模型，定量分析了南疆三地州各类扶贫资金的使用效益。戴正本等[154]、林文曼[155]基于因子评价模型对安徽省和海南贫困县的脱贫绩效进行评价，并对各贫困县脱贫绩效评价进行排序。徐孝勇和姜寒[156]应用 CD 函数回归模型和面板分析，以四川省凉山彝族自治州 11 个连片国家级贫困县为样本，测算了中央扶贫资金与地区经济增长的关系。司静波和王艺莼[157]基于 204 户建档立卡户的精准扶贫调查数据，运用二元回归模型实证检验家庭禀赋、生计负担、政策支持和个人特征等因素与收入变化的关系以及内在逻辑。游新彩和田晋[158]构建AHP-FCE组合评价模型，以国家级贫困村为样本，对我国扶贫的整体绩效进行了静态和动态评价。黄强等[159]运用评估指标体系法，构建了涵盖15个指标的江西省精准扶贫绩效评价指标体系。崔雪燕[160]、李学军[161]利用熵值法，对新疆南疆四地州精准扶贫绩效进行评估。总体来看，回归分析法、层次分析法、双重差分法、政策工具法等综合评估方法在绩效评估实践中的应用越来越广泛。

1.2.5 精准扶贫满意度评估相关研究

精准扶贫满意度分析是提升扶贫成效认可度，判断贫困群众幸福感的重要环节。肖云和严茉[162]、罗玉辉和侯亚景[163]发现农村贫困群体的年龄、家庭主要收入来源、贫困原因、对政策知晓程度、扶贫过程存在的不公平与脱贫后返贫情况等都在一定程度上影响精准扶贫的满意度。陈益芳等[164]研究发现武陵山区的"义务教育质量""医疗服务状况""农民收入增长情况""扶贫资金的使用情况""低保公平""农户对扶贫政策的了解""非政府组织扶贫参与情况"等变量皆对扶贫政策的满意度具有显著的正向影响。曹军会等[165]认为在制定和实施精准扶贫、精准脱贫政策时，要保障农民的知情权、参与权、受益权和评价权，提升脱贫攻坚成效。王春萍等[166]研究发现贫困农户对政府精准扶贫工作在识别、帮扶等方面的满意度较高。梁传波等[167]发现集中连片特困区建档立卡贫困户对扶贫政策的满意度最高，但对帮扶措施的满意度较低。Mai Qiangsheng et al.[168]发现国家实施精准扶贫政策能极大增强贫困农户对国家政权合法性和地方政府公信力的认同。仲伟东和尹成远[169]研究发现政府精准扶贫举措得到了贫困户的认可，但政策实施过程中存在强投入弱产出的特征，且不同地区精准扶贫综合绩效差距较大。Ding Jianjun et al.[170]研究发现生活状况因素是农户对精准扶贫成效满意的关键因素，是影响农户对精准扶贫满意度的中心环节。刘汉成和关江华[171]、李贝和李海鹏[172]研究发现农户对精准扶贫满意度为 62.16%;影响农户精准扶贫满意度的主要因素为主导产业、财政扶贫资金投入、年龄、健康状况、就业地点等方面。王西涛[173]、吴萌等[174]研究发现重点扶贫地区贫困户对政府精准扶贫工作的公众满意度整体较高,其中对政府扶贫机制、政府扶贫管理方面的满意度较高,对扶贫资金管理方面的公众满意度较低。高志刚等[175]研究发现新疆南疆四地州全部家庭样本的就业、居住、教育条件的提升对政府减贫满意度呈显著正向影响。

1.2.6 "大数据 + 精准扶贫" 相关研究

大数据作为助力脱贫攻坚取得全胜的重要法宝,在脱贫历程上发挥着重要作用,严俊乾[176]认为运用大数据建立起一整套行之有效的扶贫对象网络信息系统及数据库,将扶贫对象的基本资料、动态情况录入系统,实现对每个贫困村贫困户建档立卡。汪磊等[177]发现精准扶贫与大数据之间存在较强的耦合性,大数据技术的扶贫耦合机制减少了信息不对称,提升了精准扶贫绩效。谢治菊和范飞[178]认为通过大数据技术建立扶贫信息系统,可以做到精准识别、精准帮扶、精准管理与精准脱贫,但也会面临数据失真、识别无效、确认困难、指标错位等困境问题。Gregory[179]认为"大数据 + 扶贫"有利于实现政府资源的高效率和公平配置,有利于政府资源的精准化和最优化运用。罗敏[180]认为大数据为精准扶贫实践中的贫困户精准识别、干部精准选派、规划精准实施、政府精准监管提供了良好的评估手段。杜永红[181],Emily et al.[182]认为大数据及数据分析是精准扶贫绩效评估的依据,建立健全大数据下的精准扶贫绩效评估信息系统等一系列措施,有助于全力实施脱贫攻坚。Kumar A et al[183]、孙莹玉[184]认为将大数据运用到脱贫工作中,可以帮助决策者快速获取事物间的关联性和发展动态,并作出精准判断。李晓园和钟伟[185]认为大数据在精准识别、分类施策、过程管理和成效评价等方面发挥着重要作用,但也面临着"材料扶贫""数据扶贫""形式扶贫"等异化现象加剧的困境。王胜等[186]认为应用大数据技术有利于开展电商精准帮扶工作。

1.2.7　文献评述

国内外很多学者对精准扶贫绩效评估方面的研究，大多将研究重点放在贫困程度测定、对政府资金投入和采取的政策措施的绩效评估上，更多从个体调查数据入手聚焦评估某一特定扶贫政策对个体减贫的效应，较少对区域性脱贫进行评估，尚未深入分析精准扶贫瞄准问题，缺少围绕瞄准扶贫对象、绩效目标从扶贫资源分配、项目管理、主观参与等方面对区域性精准扶贫绩效进行综合监测与评估的研究，且较少考虑少数民族聚居的连片特困地区在精准扶贫绩效监测与评估中的民族特性、地域特性等，更多研究聚焦于个体贫困精准扶贫研究，缺乏对区域性精准扶贫绩效评估的客观评价。

一是关于反贫困相关研究，主要围绕物质资本、人力资本的缺乏、社会文化薄弱、自身能力不足等方面致贫原因开展研究。

二是关于精准脱贫瞄准机制相关研究。部分学者认为我国在扶贫工作推进中存在扶贫对象、扶贫措施和项目瞄准偏误问题，造成扶贫效率不高。因此，本文从政策瞄准、区域瞄准、县级瞄准以及贫困人口瞄准等4个方面对精准脱贫监测绩效进行评估，综合评价新疆南疆四地州精准脱贫成效。

三是关于精准扶贫政策评估的研究领域。部分学者认为精准扶贫政策起到了帮扶的作用，使得绝大多数农户摆脱了"贫困陷阱"，拓宽了增收渠道，提高了贫困户生计资本，推动了贫困地区的经济社会发展，使区域基础设施和公共服务水平显著改善。但在不同时间和不同地区的政策效果存在差异性，尤其是对集边疆，荒漠，民族集聚，深度贫困于一体的新疆南疆四地州的精准脱贫政策已有文献研究较少。因此，本文将新疆南疆四地州贫困地区作为研究对象，全面客观评价区域扶贫政策的实施效果，对我国后期更好实施帮扶政策、实现贫困人口增收和地区长期发展提供政策依据。

四是关于精准脱贫监测与评估相关研究。绝大多数学者认为精准扶贫政策在一定程度上实现了精准脱贫的目标，改善了贫困地区居民的生产生活水平，促进了贫困地区产业发展，推动了贫困人口就业。但现有文献较多地从贫困人口个体层面对扶贫绩效进行评估，较少从区域精准扶贫视角对区域扶贫、脱贫绩效进行综合评估。因此，本文主要运用政策工具文本量化法、综合指标评价法、DID 双重差分法、中介模型以及问卷调查法等，对新疆南疆四地州的区域扶贫绩效进行评估，找出当前发展中存在的短板，为新疆南疆四地州巩固拓展脱贫攻坚成果，实现持续发展提供借鉴参考。

五是关于精准扶贫满意度评估的领域。已有文献研究表明，整体上对我国精准扶贫工作和政策实施效果的满意度较高，但由于扶贫模式、政策在不同地区和贫困户实施中存在差异性，导致影响满意度的因素各异。本文从贫困人口、基层扶贫干部政策实施和接受者两方面开展满意度评价，考察了新疆南疆四地州贫困人口精准扶贫绩效，以及基层扶贫干部对实施精准脱贫政策措施的满意度。

六是关于"大数据＋精准扶贫"的研究领域。普遍认为大数据在提升脱贫质量，贫困治理模式创新、精准脱贫监测与绩效评估等方面都发挥着重要作用，但也面临大数据自身技术创新、数据安全、数据更新、管理决策等方面的诸多挑战。

1.3　研究内容与方法

1.3.1　研究思路

本研究以习近平精准扶贫、精准脱贫思想为主线，聚焦"六个精准"要求，"七个一批""三个加大力度"脱贫路径及"扶持谁""谁来扶""怎么扶""如何退"四个关键问题，以新疆南疆四地州贫困地区为研究对象，阐明大数据技术在精准扶贫绩效评估中运用的重要意义，并在梳理总结新疆南疆四地州精准扶贫现状及主要成就、精准扶贫绩效评估系统的基础上，运用政策工具文本量化法、综合指标体系评价法、DID双重差分法、中介效应模型以及问卷调查法，从政策瞄准、区域瞄准、县级瞄准以及贫困人口瞄准等4个方面对新疆南疆四地州精准扶贫绩效进行评估，总结出新疆南疆四地州区域精准扶贫的主要经验，找出精准扶贫监测评估中存在的主要问题，最后提出2020年打赢精准脱贫攻坚战后，基于大数据技术的新疆南疆四地州巩固拓展区域脱贫攻坚成果，同全面推进乡村振兴有效衔接的对策建议，为新疆南疆四地州进一步巩固脱贫成果、顺利转向全面推进乡村振兴提供理论依据和实践参考。

1.3.2 研究内容

根据上述研究思路，本文研究内容具体分为十二章。

第一章绪论。本章主要介绍研究背景与意义，对国内外研究文献进行评述，在此基础上提出研究思路、研究内容、研究方法、技术路线等。

第二章为大数据技术在精准扶贫绩效评估中运用的重要意义。在精准扶贫、精准脱贫绩效评估中运用大数据技术，有利于精准识别贫困人口、制定精准帮扶政策、精准帮扶贫困人口、精准实施扶贫项目、精准管理监测、精准绩效评估等，介绍了利用大数据技术促进新疆南疆四地州贫困地区精准扶贫绩效的可能性和必要性，为后文研究奠定基础。

第三章至第四章新疆南疆四地州精准扶贫成效以及监测评估体系现状分析。第三章主要介绍了新疆南疆四地州基本概况、贫困特征与成因以及精准脱贫取得的主要成效，第四章对新疆南疆四地州监测与评估系统、瞄准对象监测以及绩效考核评估流程情况进行现状分析，对新疆南疆四地州整体经济社会发展情况、精准脱贫情况以及监测与评估情况有初步了解，为后文研究做铺垫。

第五章至第九章从政策瞄准、区域瞄准、县级瞄准以及贫困人口瞄准等方面对新疆南疆四地州精准扶贫绩效进行评估。第五章从政策制定瞄准视角，运用政策工具文本量化法，从精准扶贫政策工具维度、精准扶贫路径领域维度、精准扶贫价值链维度的三维分析框架进行政策文本分析，评估制定的精准扶贫政策瞄准状况。第六章从政策效果瞄准视角，将南疆四地州贫困地区实施特殊扶持政策看作一次独立的自然实验，运用双重差分、得分倾向匹配、分位数双重差分以及中介效应等模型，考察了政策实施对新疆南疆四地州深度贫困地区的区域经济带动以及减贫作用，以及不同地区减贫效应和区域发展带动效应的异质性影响，进一步通过中介效应探寻政策实施的传导路径及其效果，为巩固深度贫困地区脱贫成果，更好衔接乡村振兴的政策制定提供借鉴参考。第七章从区域瞄准视角，运用综合指标体系评价法，分别从新疆南疆四地州整个区域以及深度贫困地区两个方面，构建精准扶贫绩效综合评价指标体系，对新疆南疆四地州整个区域与深度贫困地区实施精准扶贫、精准脱贫政策的区域瞄准绩效进行评估。第八章从县级瞄准视角，运用 DID 双重差分法和中介效应模型，评估 2012 年新一轮国家级贫困县调整后新疆南疆四地州国家级贫困县政策实施的静态和动态效果，以及不同贫困程度县域国家级贫困县政策实施效果的差异性，并从就业扶贫、产业扶贫、金融扶贫、消费扶贫和教育扶贫层面考察了调整后政策实施的区域减贫效应及其影响机制。第九章从贫困人口瞄准视角，运用问卷调查法，将贫困人口和基层扶贫干部作为调查对象，考察新疆南疆四地州贫困人口精准扶贫绩效以及基层扶贫干部对实施精准扶贫政策措施的满意度，对精准扶贫人口瞄准绩效进行评估。

第十章总结大数据背景下新疆南疆四地州精准扶贫主要经验。在全面贯彻落实习近平精准扶贫思想的基础上，新疆南疆四地州精准脱贫工作实施严格落实"六个精准"要求，建立了脱贫攻坚六大制度体系，建立健全了精准扶贫监测与评估体系，形成了"七个一批""三个加大力度"精准脱贫路径，凝聚了八方脱贫攻坚合力。

第十一章分析大数据背景下新疆南疆四地州精准扶贫监测评估中存

在的主要问题。在前文的现状分析、监测与绩效评估以及经验总结的基础上，发现新疆南疆四地州精准脱贫监测与评估中仍存在精准扶贫动态监测体系不够完善，实践中精准扶贫绩效考核评估体系不健全，精准扶贫监测与评估大数据平台建设滞后，精准脱贫政策瞄准有待优化调整，贫困人口持续增收能力仍较弱、基层专业人员严重匮乏、巩固拓展区域脱贫攻坚成果任务艰巨等问题。

第十二章提出大数据背景下加强监测评估、巩固拓展新疆南疆四地州脱贫攻坚成果的对策建议。针对前文发现存在的问题以及 2020 年新疆南疆四地州摆脱绝对贫困之后，已从解决绝对贫困问题进入巩固拓展脱贫攻坚成果、全面推进乡村振兴的新阶段，提出了加强对易返贫致贫攻坚人群的动态监测、建立健全巩固脱贫成果监测评估体系，完善巩固脱贫攻坚成果大数据信息平台，加强精准脱贫政策的优化调整，强化基层干部人才队伍建设、巩固拓展新疆南疆四地州区域脱贫攻坚成果，全力做好巩固脱贫攻坚成果同乡村振兴有效衔接等的对策建议，以期为新疆南疆四地州巩固拓展脱贫攻坚成果、全面推进乡村振兴建言献策。

1.3.3 研究方法

1. 理论分析与实证分析相结合

本文基于经济学、管理学和生态系统学相关理论，运用政策工具文本量化法、指标体系评价法、DID 双重差分法以及问卷调查法，从政策瞄准、区域瞄准、县级瞄准以及贫困人口瞄准等 4 个方面对新疆南疆四地州精准脱贫监测与评估绩效进行分析，结合定量与定性分析，总结归纳了新疆南疆四地州精准脱贫主要经验以及存在的主要问题。

2. 文献搜集和实地调研相结合

本文通过文献搜集了解国内外相关研究现状，并通过对新疆南疆四地州实地考察、访谈、入户问卷调查等方式，搜集相关评估一手资料数据，将新疆南疆四地州贫困人口和基层扶贫干部作为调查对象，考察了新疆南疆四地州贫困人口精准扶贫绩效，以及基层扶贫干部对实施精准扶贫政策措施的满意度。

3. 系统分析法

本文精准扶贫绩效评估是一个包含许多环节和步骤的行为系统，既包括精准脱贫监测与评估体系的构建，也包括监测评估各环节流程的科学合理性。因此，采用系统分析法从监测与评估系统平台、瞄准对象以及监测与评估环节流程分析入手，对新疆南疆四地州精准脱贫监测与评估系统情况进行分析；在对新疆南疆四地州精准扶贫绩效监测评估中从政策瞄准、区域瞄准、县级瞄准以及贫困人口瞄准方面进行评估分析；在分析新疆南疆四地州精准脱贫监测与评估中存在的主要问题以及提出对策建议中，注重对监测过程（包括扶贫开始前、扶贫进程中以及扶贫完成后）以及评估指标、流程、结果反馈等环节存在问题的分析，对精准脱贫的资源使用效率、瞄准效率以及减贫成效进行全面科学的评估。

4. 案例分析法

本文通过对新疆南疆四地州采取的精准扶贫政策措施、精准脱贫成效进行归纳总结，梳理总结了精准脱贫实施中的主要经验，在说明精准脱贫成效和经验时运用了案例分析法，增强了对政策实施效果以及脱贫成效的感官认识。

5. 历史分析法

本文通过对新疆南疆四地州精准扶贫、精准脱贫政策措施以及成效的历史资料的科学分析，梳理总结了习近平精准扶贫思想在新疆南疆四地州的具体实践经验，建立了脱贫攻坚六大制度体系、精准脱贫监测与评估体系，"七个一批""三个加大力度"精准脱贫路径以及八大脱贫攻坚合力等精准脱贫经验。

1.3.4 技术路线

本研究技术路线如图 1-1 所示。

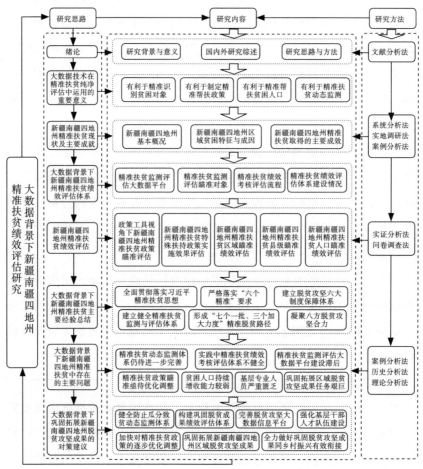

图 1-1　研究技术路线图

1.3.5 创新与不足

1.3.5.1 创新之处

1.研究视角的创新

本研究从区域性贫困监测与评估的视角出发，以瞄准新疆南疆四地州贫困地区精准脱贫为中心，将精准脱贫监测与评估看作是一个系统，从监测与评估系统平台、瞄准对象以及监测与评估环节流程分析入手，对新疆南疆四地州精准扶贫监测与评估系统情况进行分析，对监测过程（包括扶贫开始前、扶贫进程中以及扶贫完成后）以及评估指标、流程、结果反馈等环节存在的问题进行分析，注重对精准扶贫的资源使用效率、瞄准效率以及减贫成效进行全面科学的评估。

2. 评估思路的创新

本研究紧密结合精准扶贫、精准脱贫的政策，构建以扶贫瞄准绩效为重点，综合扶贫资金投入、扶贫项目管理、扶贫资源配置等多方面的评估思路，紧扣当前新疆南疆四地州贫困特征与精准扶贫政策，从政策瞄准、区域瞄准、县级瞄准以及贫困人口瞄准方面对新疆南疆四地州精准扶贫绩效监测评估进行分析，突出精准扶贫监测与评估在分类瞄准、资源配置、受益者主观参与等方面的评估。

3. 研究方法的创新

本研究通过对新疆南疆四地州精准扶贫数据应用分析及评估反馈，运用政策工具文本量化法、指标体系评价法、DID 双重差分法以及问卷调查法等方法开展精准扶贫绩效的评估分析，将政策工具文本量化法应用到对精准扶贫政策工具制定瞄准分析中；将指标体系评价法用在综合扶贫开发绩效的对比评估中；将 DID 双重差分法应用于对 2012 年新一轮国家级贫困县调整后政策实施的区域经济带动效应和减贫效应的评估中；将问卷调查法应用于对建档立卡贫困人口脱贫成效和基层扶贫干部对精准扶贫政策措施实施的满意度的评估中。

1.3.5.2 研究不足

（1）由于 2019 年新疆南疆四地州个别指标数据无法获取，在对区域瞄准、县级瞄准以及贫困人口瞄准方面精准扶贫绩效监测评估时，本研究选取研究截止时间为 2018 年，在以后研究中将进一步追踪数据，完善评估结果。

（2）在对新疆南疆四地州精准扶贫绩效监测评估时，本研究原本设计从"区域瞄准—县级瞄准—村级瞄准—贫困人口瞄准"四个维度开展，但由于对新疆南疆四地州贫困村开展问卷调查收回的问卷数据信度、效度存在问题，不能支持开展贫困村瞄准评估，因此，未开展对贫困村的绩效监测评估，将在以后的研究中进一步开展。

1.4　本章总结

本章主要对本文研究的背景与意义进行了分析，引出研究主题，并对国内外研究文献进行评述，提出了研究思路、内容、方法与技术路线等，为后文研究奠定了基础。

2

大数据技术在精准扶贫
绩效评估中运用的重要意义

利用大数据技术开展精准扶贫是体现治理体系和治理能力现代化的重大实践。2014 年，国务院扶贫办印发的《建立精准扶贫工作机制实施方案》中提出，通过构建大数据扶贫系统和服务平台，应用大数据技术将不同地区和部门的信息联通共享，把真正的贫困者精准筛选出来，再利用大数据分析贫困原因，选取可行的脱贫路径，密切追踪家庭状况，确保真脱贫，不返贫，全面推动了精准扶贫信息化建设。2015 年 9 月，国务院扶贫办将甘肃省列为全国大数据平台建设试点地区，率先探索精准扶贫大数据管理平台建设，此后贵州、四川、广东、广西等地区相继开展了将大数据技术应用到精准扶贫、精准脱贫各个领域的工作中 [187]，强化了大数据技术在精准脱贫中的识别、监测、评估等环节的运用，形成了与国家、各行业、各部门关于贫困人口信息数据的互联互通、共享共融"大数据 + 精准扶贫"的格局。

2.1　运用大数据技术有利于精准识别贫困对象

在传统开发式扶贫模式下，贫困人口信息的采集主要依靠基层干部人工进行收集，而且所采信息都是贫困人口生活条件及扶贫资源配置的静态数据，易产生人为误差以及未考虑贫困人口动态变化情况，较难准确动态识别贫困人口，导致贫困对象识别瞄准易产生偏误，部分贫困群体游离于扶贫帮扶体系之外，不能公平享受帮扶政策，失去脱贫机会。在精准扶贫战略下，按照"六个精准"要求，扶贫部门首先需要对贫困对象进行精准识别，运用数字化信息处理技术，通过识别贫困人口的生产生活条件、帮扶资源等信息数据，以及贫困地区自然资源分布、基础设施建设情况，将搜集的内外部环境信息通过数据化处理分析，评定贫困地区、贫困人口的贫困程度；其次，可将贫困人口相关数据信息与各部门、各行业的信息联通共享，避免信息上的不对称，造成识别瞄准误差，以及帮扶资源配置重复、不合理现象出现；再次可为政府提供贫困地区、贫困人口可分析、有价值的基本数据信息，帮助政府精确分析致贫因素、贫困程度等，找到适合的脱贫路径，制定更加精确的帮扶政策；最后可通过精准扶贫大数据平台信息资料情况，加强村民参与式监督评估，确保贫困对象精准识别[188]。

2.2 运用大数据技术有利于制定精准帮扶政策

我国在长期的扶贫工作推进中，普遍存在扶贫政策、扶贫项目、扶贫资金使用等方面的不精准问题，以及扶贫效率低下的问题，使得帮扶措施、帮扶项目和资金使用并不是贫困户所要解决的，政策实施存在"一刀切"现象。精准扶贫战略按照"六个精准"中扶贫项目安排精准、资金使用精准以及措施到户精准的要求，通过运用数字化信息处理技术，可将精确挖掘数据资源进行科学化分析，归纳总结出贫困地区、贫困人口致贫的整体关联性和内在规律性，挖掘出发展受阻原因，按贫困程度对贫困人口进行分类，梳理出不同类型贫困人口的致贫原因，进而有利于制定精准帮扶政策措施；还可通过动态数据搜集，及时掌握贫困人口的脱贫情况，及时修正帮扶措施，提高扶贫资源配置效率，避免"贫困县不愿摘帽、贫困人口不愿脱贫"的现象。

2.3 运用大数据技术有利于精准帮扶贫困人口

我国在长期的扶贫工作的推进中，普遍存在扶贫需求与供给之间的信息不对称，导致普惠式扶贫政策瞄准机制存在偏差，扶贫效果的精准性严重"脱节"，加之贫困地区基层组织能力弱，扶贫模式单一，出现零散"帮扶"、重复"扶贫"现象，未能有效将贫困人口帮扶需求、扶贫资源、政策实施过程及扶贫成效等环节较好整合，各环节呈现割裂现象，导致扶贫效率不高，制约着我国扶贫事业的全面推进。在精准扶贫战略下，"六个精准"要求因村派人精准、脱贫成效精准，通过运用数字化信息处理技术，能做到因人因地施策，因贫困原因和因贫困类型施策；能快速摸清贫困群众的实质需求，把产业脱贫、搬迁脱贫、生态脱贫、教育脱贫、保障脱贫路径措施，落实到每一个贫困户，实现因户施策、一户一策、一户一台账、精确到人的精准脱贫；还能对扶贫资源进行合理整合，在产业规划、项目设计、资金投入等方面将扶贫信息与自然资源、产业发展、社会投资、兜底保障、城乡建设等信息协调共享，加强各部门、各行业帮扶资源的整合，引导社会资源加入扶贫，维护整个扶贫流程的完整性和可追溯性，提高精准扶贫效率。

2.4 运用大数据技术有利于精准脱贫动态监测

以往相对静态的监管模式不利于及时发现返贫、新致贫人群，导致这部分人群得不到及时帮扶，易产生返贫及新贫困现象。为建立精准脱贫动态监测系统实施动态的监测模式，有效提升了扶贫管理效率。建立精准脱贫动态监测系统，通过运用数字化信息处理技术，可更快速、准确地全面了解贫困人口脱贫情况，动态准确掌握贫困人口的收入水平及"两不愁、三保障"等方面状况，及时观察贫困人口的生活条件和改善水平，实现扶贫管理由静态处理到动态预测。对扶贫对象实行有进有出动态管理，对符合建档立卡标准的贫困人口及时纳入，对稳定脱贫人口的及时退出，做到扶贫对象调整更加精准，有助于提高贫困人口的识贫精准度。可及时做到精准识别返贫、新致贫人群，制定精准帮扶措施，防止脱贫后的返贫、新致贫现象，有助于巩固脱贫成果。可加大对扶贫干部的动态监管，客观追踪跟进、核实各项政策措施实施落实情况，监督扶贫物资分配，促进扶贫干部各项工作开始规范化、流程化、数字化，准确摸清基层工作者的工作效率，及时掌握不作为、假作为、乱作为、滥用职权等行为，有效防止权力的滥用。

2.5　运用大数据技术有利于开展精准扶贫评估

以往对贫困县摘帽、贫困村退出、贫困人口脱贫的评估往往采用扶贫系统有关部门审查形式，存在对脱贫绩效评估不客观的问题。数字化信息处理技术的应用，可准确记录扶贫历程数据，分析贫困人口识别精准度、退出精准度、监测精准度等精准扶贫流程的瞄准状况，有利于客观精准评估扶贫成效；通过自身监控、网上搜索、现场核实、政府监督等途径还可发现精准扶贫政策实施中的突出问题和不足，及时提供查漏补缺信息，及时反馈整改意见；对扶贫项目实施与扶贫资金使用进行数字化、精细化管理与评估，同时引入第三方绩效评估信息，提高精准扶贫绩效评估结果的客观性；可提高扶贫成效的公开度和透明度，将各种扶贫成效用数字化形式准确地反馈出来，形成公开公正透明的扶贫信息平台，提升群众对扶贫质量的公信度，获得社会各界的认可，以利于吸纳更多社会资源不断参与帮扶，形成良性互动的局面。

大数据技术在精准扶贫中的应用是有效契合我国精准扶贫政策的重要实践。通过运用数字化技术，大力推广应用"大数据+精准扶贫"，有利于提升识别贫困对象精准度、制定精准帮扶政策、精准帮扶贫困人口、开展精准扶贫动态监测和绩效评估；有利于建立扶贫大数据信息平台，及时掌握精准扶贫动态，提高扶贫效率，化解扶贫矛盾，强化扶贫力量，客观评估扶贫成效和精准预防返贫。

综上，新疆南疆四地州为新疆乃至能够准确识别贫困人口，进行精准的"滴灌式"帮扶，有关责任部门应积极将大数据应用到精准扶贫中，形成"大数据＋精准扶贫"的新模式，将对新疆南疆四地州贫困地区持续瞄准返贫致贫人口、低收入农村人口继续发力，确保精准扶贫不漏一人，有效巩固脱贫攻坚成效具有重要意义。

3

新疆南疆四地州精准扶贫现状及主要成效

3.1 新疆南疆四地州基本概况

3.1.1 行政区划范围

新疆南疆四地州区域行政区划面积 58.63 万平方千米（图 3-1），占全疆总面积的 35.2%，辖县（市）33 个，乡镇 382 个，行政村 5061 个，境内驻有新疆生产建设兵团第一师、第三师、第十四师（图 3-1）[203]。截至 2019 年年末，新疆南疆四地州常住人口 1033.77（不含兵团）万，占全疆常住人口的 40%。其中：乡村人口占新疆南疆四地州户籍总人口的 74.6%，占全疆乡村人口的 68.6%；少数民族人口约占新疆南疆四地州常住人口的 91%；以维尔族人口为主聚居区，维吾尔族人口占新疆南疆四地州常住人口比重达到 89% 左右。

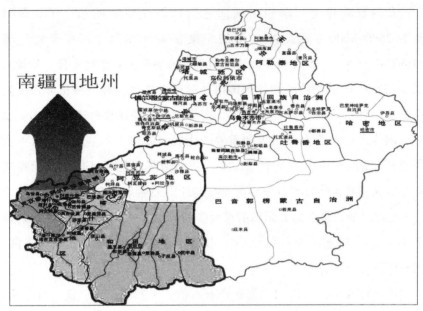

图 3-1　新疆南疆四地州区位示意图

3.1.2　自然资源概况

水土资源缺乏。新疆南疆四地州年均降水量 40 毫米 ~ 50 毫米，干旱少雨，年均蒸发量 2400 毫米以上，属暖温带大陆性气候。区域内水资源量较丰富，但工程性缺水严重，加之人口增长较快，人均可利用水资源量严重不足（表 3-1）；天然草场多为荒漠草场；人均耕地约 2 亩，人地矛盾日益突出，且土地盐碱化、沙化、荒漠化日趋严重。

表 3-1　新疆南疆四地州水资源情况

地州	水资源总量 （亿立方米）	地表水资源量 （亿立方米）	地下水资源量 （亿立方米）	人均水资源量 （立方米／人）
全 疆	870.10	829.70	508.50	3806
新疆南疆四地州	293.40	278.96	202.07	4364
阿克苏地区	57.50	52.61	67.40	2087
克州	61.23	60.37	40.01	9872
喀什地区	75.28	71.08	49.17	1570
和田地区	99.39	94.90	45.49	3927

资料来源：2020 年《新疆统计年鉴》。

光热资源丰沛。新疆南疆四地州区域光照时间长，年日照时数在 2500~3000 小时，≥ 10℃ 的积温在 4000℃ 以上，年平均气温 11.6℃ ~ 13.8℃，昼夜温差大，有利于瓜果等喜温农作物生长，是新疆重要的特色林果业基地和享誉国内外的瓜果之乡，林果种植面积占到全疆林果种植总面积的 65% 以上，产量占到全疆林果总产量的 30% 以上。阿克苏地区是全国最大和重要的优质商品棉生产基地，产量占全国总产量的 16.5%、全疆的 21.9%。新疆南疆四地州区域全年无霜期在 200 天左右，年日照百分率在 60% 以上，总辐射量在 130 ~ 151.5 千卡 / 平方厘米，是全国太阳辐射量最多的区域之一，平原区年总辐射量为 138.1 ~ 151.5 千卡 / 平方厘米，仅次于青藏高原，太阳能资源丰富，极具开发潜力。

矿产资源丰富。境内主要矿产有石油、天然气、煤、铁、铅、锌、铜、玉石、石灰石、石膏等。克州为南疆矿产富集区，已初步查明铁矿资源储量近 1 亿吨，预测资源量 10 亿吨；铅锌资源储量 85 万吨，远景资源量 1000 万吨，为全疆第一；铜金属远景资源量仅盖孜、昆盖山北坡及西南天山三个成矿区带可达 200 万吨；初步查明天然气资源储量 3000 亿立方米以上。喀什地区非金属矿产资源较为丰富，其中：石膏控制储量 9.64 亿吨，名列全国前茅；蛇纹岩控制储量 24 亿吨，居全国第三位；瓦吉尔塔格的似金伯利岩是新疆发现的唯一的原生金刚石矿化点。和田地区玉石享誉国内外；油气资源勘探开发取得突破性进展，和田河气田天然气可采储量为 445.73 亿立方米；已发现锂辉石矿脉等稀有金属矿脉。阿克苏地区石油、气、煤炭资源丰富，石油、天然气已探明储量超过 10 亿吨和 9741 亿立方米，分别占塔里木盆地已探明储量的 88% 和 93% 以上，是"西气东输"的主气源地和新疆乃至全国重要的石油、天然气资源战略基地；煤炭探明储量 1000 亿吨，占南疆已探明储量的 90% 以上。

文化旅游资源独特。新疆南疆四地州是古丝绸之路的要冲，古代文明（华夏文明、希腊文明、古代印度文明）、三大宗教（佛教、基督教、伊斯兰教）的荟萃地，民族风情浓郁，文化积淀深厚，是我国三大民族史诗之一——柯尔克孜族英雄史诗《玛纳斯》的发源地。旅游资源丰富，自然景观多姿多彩，拥有天山、昆仑山、喀喇昆仑山、帕米尔高原、塔里木盆地五大自然景观，拥有"冰山之父"——慕士塔格峰，世界第二高峰——乔戈里峰，"死亡之海"——塔克拉玛干沙漠，世界最大的天然石拱门——阿图什天门，国内同纬度海拔最低的奥依塔格冰川公园，拥有中国现存面积最大的原始胡杨林（巴楚国家级胡杨林森林公园）和天山神秘大峡谷、托木尔峰神奇大峡谷等。古老的人文景观和独特的自然资源交相辉映，旅游资源极具开发潜力。

3.1.3 区域特征情况

3.1.3.1 我国最西部内陆边境地区

新疆南疆四地州地处我国西北边疆，与阿富汗、巴基斯坦等6国接壤，边境线总长占全疆的45.9%，拥有边境县（市）10个，国家一类开放口岸5个，是我国向西开放的重要门户。与印度、巴基斯坦在克什米尔的实际控制区毗邻，加之阿富汗、巴基斯坦国内局势动荡，毗邻的吉尔吉斯南部吉、塔、乌三国接壤地区称之为"费尔干纳谷地"，境内外"三股势力"分裂破坏、暴力恐怖和渗透活动频繁复杂，是我国西北边疆重要的战略安全屏障。

3.1.3.2 少数民族高度聚居区

区域内聚居生活着维吾尔族、塔吉克族、柯尔克孜族、汉族等18个主要民族成分，少数民族人口占新疆南疆四地州户籍总人口的91.6%，维尔族人口920.78万，占全疆维吾尔族人口的72.4%，是以维吾尔族为主的多民族聚居地区。

3.1.3.3 集中连片深度贫困地区

新疆南疆四地州所辖33个县（市）中，有21个国家扶贫开发工作重点县（市），5个片区县（市），占全疆35个国家级重点贫困县的74.3%，其中22个深度贫困县（市）；贫困村3242个，占新疆南疆四地州行政村总数的 64%（表 3-2）。

表 3-2　新疆南疆四地州行政区划及国家级扶贫县（市）、贫困村
情况

地州	县（市）（个）		乡镇（个）	行政村（个）	
	总数	国家重点扶贫县（市）	总数	总数	国家重点扶贫村
全疆	83	35		8921	3666
新疆南疆四地州	33	26		5061	3242
阿克苏地区	9	2		1098	269
克州	4	4		254	214
喀什地区	12	12		2331	1543
和田地区	8	8		1378	1216

资料来源：2020 年《新疆统计年鉴》、新疆维吾尔自治区相关扶贫规划、新闻资料整理所得。

注：全疆县（市）总数中不含兵团所辖县（市）。

3.1.3.4　生态环境极其脆弱

新疆南疆四地州地处塔克拉玛干沙漠西南边缘，戈壁、沙漠占 90% 以上，属极度干旱荒漠地区，生态环境脆弱，多沙尘暴、地震、大风、干旱等，尤其是和田地区年均浮尘天气约 220 天以上，生产生活环境相对恶劣。

3.1.3.5　交通制约突出区域

距离乌鲁木齐市最近的阿克苏市与之相距 1000 千米，最远的和田市相距 1500 千米，喀什市和阿图什市距离乌鲁木齐 1500 千米，向西开放的地缘优势尚未发挥，远离经济和市场中心圈，导致商品运输成本高，交通制约因素较为突出。

3.1.4　经济社会发展

2019 年，新疆南疆四地州实现地区生产总值 2807.45 亿元，占全疆

生产总值的 20.6%，较 2010 年增加了约 3.1 倍。其中，三次产业增加值分别为 658.47 亿元、688.95 亿元和 1460.03 亿元。人均地区生产总值 26414 元，仅占全疆人均地区生产总值的 48.6%、占全国人均地区生产总值的 37.3%。一般公共预算收入 217.82 亿元，占全疆一般公共预算收入的 13.8%，财政自给率仅为 11.7%。农村居民人均可支配收入 9808 元，仅为全疆平均水平的 74.7%、全国平均水平的 61.3%。小学学龄儿童净入学率 99.9%，小学毕业升入初中升学率 99.7%。新疆南疆四地州的经济总量整体呈现稳定增长的态势，社会各项事业发展得到明显进步，为全面打赢脱贫攻坚战奠定了良好的经济基础（表 3-3）。

表 3-3　2019 年新疆南疆四地州区域经济发展情况

指标	阿克苏地区	克州	喀什地区	和田地区	新疆南疆四地州
地区生产总值（亿元）	1222.43	159.05	1048.32	377.65	2807.45
人均 GDP(元)	42531	25556	22647	14923	26414
第一产业增加值（亿元）	275.73	18.10	295.93	68.72	658.48
第二产业增加值（亿元）	384.18	47.67	199.87	57.22	688.94
第三产业增加值（亿元）	562.51	93.28	552.52	251.71	1460.02
常住人口总数（万人）	271.44	62.22	449.64	250.47	1033.77
社会消费品零售总额（亿元）	282.25	37.39	260.34	63.67	643.65
外贸进出口总额（亿美元）	4.16	2.08	21.21	1.12	28.57
地方公共财政预算收入（亿元）	115.75	14.75	58.15	29.17	217.82

数据来源：2020 年《新疆统计年鉴》

从产业发展来看，2019 年新疆南疆四地州三次产业结构为 23.5：24.5：52，工业增加值 443.44 亿元，仅占地区生产总值的 15.8%。2010 年以来，三次产业增加值均呈增长态势，第三产业和第二产业增幅较为明显，第一产业占比持续下降，第二产业和第三产业占比有所提升，三次产业结构呈现出由"三一二"向"三二一"产业布局演变，产业结构逐步优化（图3-2）。

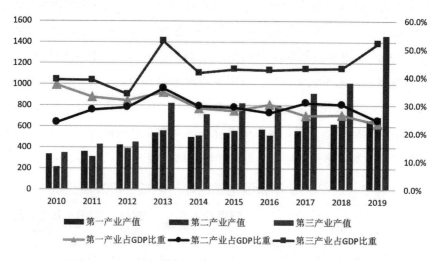

图 3-2 2010—2019 年新疆南疆四地州三次产业产值及占比变化趋势（亿元，%）

3.2 新疆南疆四地州区域贫困特征与成因

新疆南疆四地州既是我国脱贫攻坚的主战场，也是反恐维稳的主战场，是国家确定的"三区三州"集中连片深度贫困地区之一。新疆南疆四地州贫困问题是历史和现实、自然和社会、外部和内在多重因素交织叠加影响的结果，呈现特殊性、顽固性、复杂性特点。2017 年年底，根据国家《关于支持深度贫困地区脱贫攻坚的实施意见》对"三区三州"深度贫困地区脱贫攻坚工作的全面部署，自治区确立了当时尚未脱贫的新疆南疆四地州的 22 个贫困县（市）及所辖的 192 个贫困乡（镇）、1962 个贫困村，未脱贫人口 39.6 万户 162.75 万人为深度贫困地区，成为我国"三区三州"深度贫困地区之一。截至 2017 年年底，新疆南疆四地州深度贫困地区地缘性贫困、连片贫困、集中贫困现象十分突出，贫困发生率高达 23.2%。其中塔什库尔干塔吉克自治县高达 43.25%，表现出区域整体贫困程度深、经济发展水平落后、社会发育程度低、致贫原因错综复杂、多维贫困与恶劣自然条件、落后思想观念、复杂社会治理等问题相互交织叠加致贫因素，总体呈现致贫原因特殊性、多维度、复杂化等特征，基于此确定为深度贫困地区。

2014—2020 年，新疆南疆四地州累计实现建档立卡贫困人口 65.61 万户 267.74 万人全部脱贫，贫困县 26 个全部摘帽，贫困村 3242 个全部退出，占全疆已脱贫人口的 87.4%，已摘帽贫困县的 74.3%，已退出贫困村的 88.45%。其中，新疆南疆四地州深度贫困区现行标准下农村贫困人口 162.75 万已实现全面脱贫、深度贫困县 22 个已实现全部摘帽、深度贫困村 1962 个已实现全部退出，"两不愁三保障"全面实现，区域性整体深度贫困问题得到基本解决，但当前仍面临较大的防止返贫致新贫压力，以及艰巨的巩固拓展脱贫攻坚成果任务。

3.2.1 贫困县市特征

2017 年年底，新疆南疆四地州确定的 22 个深度贫困县，集聚地缘性贫困、连片贫困、集中贫困现象于一体，22 个深度贫困县贫困发生率高达 28.23%，区域整体贫困程度深、范围广，是集中攻坚的连片深度贫困地区。

基础设施条件薄弱，瓶颈制约严重。区域主要河流缺乏控制性水利枢纽工程，民生水利、出疆通道、能源电力、信息网络等重大基础设施和防沙治沙等重大生态工程建设滞后，制约明显。

产业发展基础薄弱，县域经济发展水平低。区域产业结构单一，工业化水平低，仍以传统农业为主，农业生产经营方式粗放落后，组织化、专业化、市场化程度低，缺乏龙头企业、专业合作组织等市场经营主体带动，农业效益低，农业人口多，农村 85% 以上的劳动力集中在农业领域，农民转移难，缺乏稳定的就业增收渠道，县域经济发展缺乏产业支撑。

公共服务水平滞后，民生问题突出。新疆南疆四地州教育、卫生、文化、体育等社会事业发展水平低。学生多、教师少，硬件不硬、软件还软，学前教育起步晚、发展滞后，有相当一部分少数民族青壮年不懂汉语，劳动力综合素质偏低；医疗卫生基础条件落后，医疗卫生技术人员量少质弱，农村医疗服务技术人员极其缺乏，基层计生设施设备和人才匮乏；就业不足与人才严重短缺矛盾并存，少数民族青年就业压力大，农村闲散劳动力多，受文化层次、技能水平、语言障碍、传统习惯等各种因素影响，贫困农牧民走出去难、稳定就业难，农村少数民族妇女思想保守，外出就业意愿不强。

可利用水土资源不足，资源环境约束加剧。域内自然生态环境恶劣，人均耕地面积约2亩左右，生产资料不足，中低产农田比重高达70%，土地沙化、盐渍化、荒漠化危害严重。工程性缺水、资源性缺水、结构性缺水矛盾突出，农业节水灌溉面积占比相对较低，农业水有效利用水平较低，生态用水困难，水资源形势日趋严峻，生态环境十分脆弱，制约影响突出。

社会发育程度低，人口自然增长快。新疆南疆四地州群众思想观念和能力素质与市场经济不相适应。人口自然增长率仍处于高增长阶段，根据自治区统计局公布的数据，2018年新疆全区的人口自然增长率为6.13‰，其中阿克苏地区人口自然增长率5.67‰，克州人口自然增长率11.45‰，喀什地区人口自然增长率6.93‰，和田地区人口自然增长率2.96‰（2019年数据地区未公布）。生育率和少儿抚养比高，导致人均占有资源量下降，降低了家庭收入，增大了社会就业压力，加大了自然环境资源承载压力，增加了经济社会发展成本和社会管理难度，脱贫攻坚成本较高。

3.2.2 贫困乡村特征

2017年年底，确定的1962个深度贫困村贫困发生率高达38.67%，是新疆南疆四地州脱贫攻坚的重点之重，难点之难。从整体来看，深度贫困乡村大多分布在自然条件差、生态环境脆弱、干旱缺水、可开发利用水土资源不足、耕作基础弱、水土流失严重、自然灾害多发的偏远山区、沙漠腹地、边境地区。这些地区抗灾能力弱，贫困人口居住分散，集体经济薄弱，减贫成本高、脱贫难度大，地缘性贫困现象突出。水、电、路等硬件设施建设落后，受水地资源和资金、技术、市场严重制约，贫困村缺地少水问题突出，中低产田比重高，特色产业发展水平低，支撑贫困村持续发展和贫困户大幅增收的产业缺乏。基本公共服务水平仍存在薄弱地方，农村水源污染严重，污水垃圾处理设施缺乏，环境卫生脏乱差现象仍存在。乡村级干部人才缺乏，教育、医疗及科技等专业人才匮乏，乡村人才队伍建设薄弱。

3.2.3 贫困人口特征

2017 年年底，确定的未脱贫的深度贫困人口 39.6 万户 162.75 万人，是困中之困、难中之难、贫中之贫的群体。

贫困户家庭生产资料条件缺乏。新疆南疆四地州贫困户家庭生产发展缺技术、缺劳力、缺资金制约着贫困户脱贫。据不完全统计，2017 年年底新疆南疆四地州区域因缺少土地致贫占贫困户总数的 21.4%，因缺水致贫占贫困户总数的 0.6%，因缺资金致贫占贫困户总数的 14.2%，因缺劳力致贫占贫困户总数的 11.0%。

贫困户生活条件亟待改善。2017 年年底，新疆南疆四地州仍有 5.78 万户用不上安全饮用水，11.09 万户用不上电，8.19 万户住房安全未解决；17.07 万户用不上卫生厕所，52.68 万户用不上清洁能源；683 户不能上学前教育。

贫困人口文化素质较低。2017 年年底，新疆南疆四地州贫困人口中文盲或半文盲占比 6.89%，小学文化、初中文化程度分别占比 46.11% 和 44.77%，高中文化程度占比仅为 1.94%，大专以上文化程度占比仅为 0.29%，贫困人口普遍国语水平不高甚至不懂国语，综合素质较低，自我造血能力差，转移就业能力弱、难度大、成本高。对于技术性强的岗位，则无法实现充分就业。

农民婚育观念落后。新疆南疆四地州少数民族青年婚育年龄偏低，贫困户中多生、超生现象严重，3孩以上家庭占比高；少数民族家庭普遍离婚率高，家庭稳定性差，财富积累较难，家庭教育缺失，贫困代际传递问题突出。

政策依赖明显，等靠要思想严重。新疆南疆四地州贫困群众依赖思想重、创业意识差、内生动力严重不足，精神脱贫、心理脱贫、意志脱贫的"持久战"相较于其他贫困地区成为更加难以攻克的深层次制约性瓶颈；整体来看，无劳动力和丧失劳动力、因病致贫返贫、因残致贫脱贫任务重，2017年年底，无劳动力和丧失劳动力贫困人口达84.98万，占48.5%。治穷、治愚、治病、治懒、去宗教极端思想等成为新疆南疆四地州脱贫攻坚任务的重中之重。

3.3 新疆南疆四地州精准扶贫取得的主要成效

3.3.1 脱贫攻坚战取得全面胜利

新疆南疆四地州贫困地区成为新疆乃至全国脱贫攻坚主战场。在全面落实精准扶贫、精准脱贫基本方略上，新疆南疆四地州按照"六个精准"要求，紧扣"两不愁三保障"目标，扎实推进"七个一批""三个加大力度"重点任务，构建起了"户有卡、村有表、乡有册、县有档、地有卷、区有库"的精准扶贫体系。截至2020年年末[①]，新疆南疆四地州现行标准下农村贫困人口267.74万实现全面脱贫，贫困县26个实现全部摘帽，贫困村3242个实现全部退出，其中深度贫困地区现行标准下农村贫困人口162.75万实现全面脱贫，深度贫困县22个实现全部摘帽，深度贫困村1962个实现全部退出，贫困发生率由2014年的29.1%下降至0，"两不愁三保障"目标全面实现，区域性整体贫困问题得到基

---

① 数据说明：本文中关于新疆南疆四地州脱贫的数据更新至2020年年末，其他指标数据均截至2019年年末。

本解决，脱贫攻坚战取得全面胜利。

3.3.2　区域性整体贫困问题基本解决

新疆南疆四地州多举措精准扶贫政策得到稳步落实，"七个一批""三个加大力度"精准脱贫路径取得显著成效，所有贫困村已实现通硬化路、通动力电，农村基础设施和公共服务设施水平显著提升，贫困群众生产生活条件得到大幅改善。

3.3.2.1　基础设施水平显著改善

截至 2019 年年末，新疆南疆四地州贫困地区贫困人口所在自然村通公路、通电话、通广播电视、通宽带、进村主干道路硬化等基础设施均已基本实现 100% 全覆盖，贫困人口所在自然村能便利乘坐公共汽车的农户占比 92.5%，与全疆贫困地区平均水平基本持平，明显高于全国贫困地区和特困片区贫困户平均水平 20 个百分点；贫困人口所在自然村通广播电视、通宽带、进村主干道路硬化的农户占比分别为 100%，明显高于全国贫困地区和特困片区贫困户平均水平；贫困人口所在自然村垃圾能集中处理的农户占比 80.7%，使用管道供水的农户占比 94.1%，使用经过净化处理自来水的农户占比 89.3%，所在自然村上小学便利的农户占比 99%，独用厕所的农户占比 99%。与全疆贫困地区平均水平基本持平，但均高于全国贫困地区与特困片区平均水平（表 3-4）。可见，新疆南疆四地州的基础设施水平基本达到全疆乃至全国平均水平，贫困乡村基础设施水平得到显著改善，贫困人口生活质量明显提升。

表 3-4　2016—2019 年新疆南疆四地州贫困地区基础设施状况

年份	2016		2017		2019	
地区	新疆	南疆三地州	新疆	新疆南疆四地州	新疆	新疆南疆四地州
所在自然村能便利乘坐公共汽车的农户比重（%）	76.1	75.3	74.7	73.7	92.4	92.5
所在自然村通宽带的农户比重（%）	72.7	73.9	98	98.1	100	100

续表

年份	2016		2017		2019	
地区	新疆	南疆三地州	新疆	新疆南疆四地州	新疆	新疆南疆四地州
所在自然村垃圾能集中处理的农户比重（%）	39	39.5	66.3	65.3	81.3	80.7
所在自然村有卫生站的农户比重（%）	93.3	94	94.8	95.1	100	100
使用管道供水的农户比重（%）	87.6	92.1	87.2	88.9	92.7	94.1
使用经过净化处理自来水的农户比重（%）	82	86.4	82	83.4	89	89.3
所在自然村上小学便利的农户比重（%）	94.6	95.8	96.6	97.2	98.8	99
独用厕所的农户比重（%）	98.4	98.9	98.8	99.1	98.9	99

数据来源：2020 年《中国农村贫困监测报告》，经整理所得。

3.3.2.2　公共服务水平显著改善

2019 年，新疆南疆四地州贫困地区教育、卫生、文化事业不断进步，基本公共服务水平逐年改善，贫困人口所在自然村有卫生站、上幼儿园便利的农户占比均达到 100%，分别高于全疆贫困地区平均水平 3.9 个百分点和 2.6 个百分点；所在自然村上小学便利的农户占比达到 99.0%，与全疆平均水平基本持平，均高于全国贫困地区与特困片区平均水平。新疆南疆四地州在全疆率先实现从学前到高中阶段 15 年免费教育，双语教育稳步推进，学前两年双语教育普及率由 2014 年的 60.5% 提高到 87.6%，中小学双语教育普及率由 2014 年的 25.8% 提高到 57%；地、县、乡、村四级公共文化服务网站基本形成，地、县级图书馆、文化馆和乡（镇）综合文化服务站基本实现全面覆盖，广播、电视人口覆盖率均达到 95% 以上，新疆南疆四地州贫困地区公共服务水平基本达到全疆平均水平，能够有效满足贫困群众的基本生活需求（表 3-5）。

表3-5　2019年新疆南疆四地州贫困地区农村基础设施和公共服务状况

地区	全国合计	新疆	特困片区合计	新疆南疆四地州
所在自然村通公路的农户比重（%）	100	100	100	100
所在自然村通电话的农户比重（%）	99.9	100	100	100
所在自然村能接收有线电视信号的农户比重（%）	99.1	100	99	100
所在自然村进村主干道路硬化的农户比重（%）	99.5	100	99.4	100
所在自然村能便利乘坐公共汽车的农户比重（%）	76.5	92.4	75.7	92.5
所在自然村通宽带的农户比重（%）	97.3	98.6	97.2	100
所在自然村能集中处理垃圾的农户比重（%）	86.4	81.3	85.1	80.7
所在自然村有卫生站的农户比重（%）	96.1	96.1	96.1	100
所在自然村上幼儿园便利的农户比重（%）	89.8	97.4	90.1	100
所在自然村上小学便利的农户比重（%）	91.9	99	92.3	99

数据来源：2020年《中国农村贫困监测报告》，经整理所得。

3.3.3　"两不愁三保障"突出问题基本解决

新疆南疆四地州贫困群众总体已实现不愁吃、不愁穿，义务教育、基本医疗、住房安全得到较好保障，"两不愁三保障、一高于一接近"脱贫目标基本实现。

3.3.3.1　贫困户生活水平明显提升

2015—2019年，新疆南疆四地州建档立卡贫困户人均纯收入由2725元增加到9195元，年均增幅35.5%，贫困群众总体实现不愁吃、不愁穿，义务教育、基本医疗、住房安全得到较好保障[204]。截至2019

年年底，全疆贫困地区农村居民住房主要以砖混、砖瓦砖木以及钢筋混凝土材料为主，建筑面积户均112.9平方米，拥有独用厕所农户占比98.9%。其中，新疆南疆四地州贫困地区农村居民住房主要以砖瓦砖木、钢筋混凝土为主，拥有独用厕所的农户占比99.0%，高于全国贫困地区平均水平3个百分点，且无居住竹草土坯房的农户，住房安全得到较好保障。新疆南疆四地州贫困地区农户饮水无困难占比97.4%，高于全国贫困地区平均水平93.6%；农户使用管道供水占比为94.1%，高于全国贫困地区平均水平89.5%；农户使用经过净化处理自来水占比为89.3%，高于全国贫困地区平均水平约30个百分点；农户炊用柴草占比为43.5%，高于全国贫困地区平均水平约10个百分点，农村水源安全、农户饮水安全及农户能源使用问题得到基本解决（表3-6）。新疆南疆四地州小学适龄儿童净入学率99.7%以上，初中适龄少年净入学率98.8%，初中毕业升入高中阶段入学率84.27%，确保了贫困家庭适龄子女无因贫失学辍学；喀什大学、和田学院和新疆理工学院加快建设，提升了区域教育质量和人才培养。新疆南疆四地州实施免费健康体检政策，医疗救助体系不断完善，乡村卫生院（室）标准化率达到100%；已实现贫困人口基本医疗保险、大病保险参保率均达到100%，保障了贫困人口能够得到基本医疗救助，阻断了因病致贫问题[205]。新疆南疆四地州"十三五"期间，全面解决了9355户贫困户住房安全问题，完成了40026户16.92万人易地扶贫搬迁任务，保障了贫困人口的住房安全。

表3-6 2019年新疆南疆四地州贫困地区农户及家庭设施情况

地区	全国合计	新疆	特困片区合计	新疆南疆四地州
居住竹草土坯房的农户比重（%）	1.2	0	1.3	0
使用照明电的农户比重（%）	100	100	100	100
使用管道供水的农户比重（%）	89.5	93.7	90	94.1
使用净化处理自来水的农户比重（%）	60.9	89	58.2	89.3
饮水无困难的农户比重（%）	58.2	97.3	93.6	97.4

续表

地区	全国合计	新疆	特困片区合计	新疆南疆四地州
独用厕所的农户比重（%）	96.6	98.9	96.5	99
炊用柴草的农户比重（%）	34.8	40.8	35.7	43.5

数据来源：2020 年《中国农村贫困监测报告》，经整理所得

3.3.3.2 贫困户消费能力明显提升

截至 2019 年年末，新疆南疆四地州贫困地区农村居民家庭主要耐用消费品拥有量逐年增加，洗衣机、电冰箱等中低端耐用消费品拥有量明显高于全国贫困地区和特困片区贫困户平均水平，汽车、移动电话、计算机等中高端消费品拥有量明显低于全国贫困地区和特困片区贫困户平均水平，说明新疆南疆四地州贫困地区农村居民消费水平有显著提升，贫困户生活水平明显改善，但对中高端消费品消费能力仍较弱，还是受收入水平的制约。从交通类耐用消费品拥有量来看，汽车消费增长较快，农村每百户平均拥有汽车为 11.6 辆，与全疆贫困地区平均水平基本持平。从家用电器消费品拥有量来看，洗衣机和电冰箱的普及率明显提高，每百户平均拥有洗衣机 96.2 台、电冰箱 98.9 台，高于全国贫困地区和特困片区贫困户平均水平。从"新农具"消费品拥有量来看，移动电话、计算机等信息通信工具消费水平，显著低于全国贫困地区和特困片区贫困户平均水平，每百户平均拥有移动电话 203.6 部、计算机 2.8 台，与全疆贫困地区平均水平持平（表 3-7）。

表 3-7 2019 年新疆南疆四地州贫困地区农村每百户耐用消费品拥有量情况

地区	全国合计	新疆	特困片区合计	新疆南疆四地州
汽车（辆）	24.7	12.3	19.6	11.6
洗衣机（台）	91.6	96.2	90.8	96.2
电冰箱（台）	98.6	99.8	91.5	98.9

续表

地区	全国合计	新疆	特困片区合计	新疆南疆四地州
移动电话（部）	261.2	206.4	272	203.6
计算机（台）	27.5	3.6	16.5	2.8

数据来源：2020 年《中国农村贫困监测报告》，经整理所得。

3.3.4　贫困地区农村居民收入显著提升

3.3.4.1　新疆南疆四地州农村居民收入持续提升

新疆南疆四地州农村居民人均可支配收入快速增长[①]，从 2013 年的 5692 元增加到 2019 年的 12009 元，年均增长 13.3%，增速高于全疆贫困地区农村居民平均水平 1.3 个百分点，与新疆农村居民人均可支配收入差距逐渐减少，从 2013 年的相差 294 元逐步缩小到 26 元，农村居民人均可支配收入持续上升，收入渠道多元化（图 3-3）。

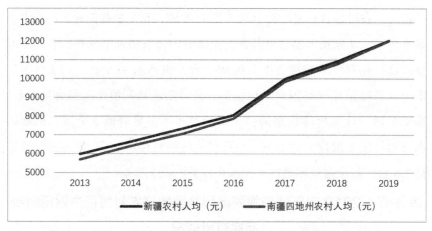

图 3-3　2013—2019 年新疆南疆四地州农村居民人均可支配收入（元）

新疆南疆四地州农村居民收入显著提升，高于全国贫困地区和特困片区农村居民人均可支配收入，主要得益于国家集中连片特困地区特殊政策和"三区三州"深度贫困地区政策的支持。新疆南疆四地州贫困地

---

① 2013 年农村居民人均可支配收入指标使用了新的收入统计方法，故以 2013 年为起点进行分析。

区农村居民人均可支配收入与全国贫困地区、特困片区以及全疆贫困地区差距逐渐减小，从 2017 年开始超过全国贫困地区以及特困片区农村居民人均可支配收入平均水平，并一直保持较快的增长，说明"精准扶贫、精准脱贫"政策措施取得显著成效，通过精准产业扶贫、就业扶贫等措施有效提高了新疆南疆四地州贫困地区农村居民收入（表 3-8）。

表 3-8　2013—2019 年新疆南疆四地州贫困地区农村居民人均可支配收入　单位：元

地区	2013	2014	2015	2016	2017	2018	2019
全国合计	6079	6852	7653	8452	9377	10307	11567
新疆	5986	6635	7341	8055	9985	10907	12035
特困片区合计	5956	6724	7525	8348	9264	10260	11443
新疆南疆四地州	5692	6403	7053	7868	9845	10762	12009

数据来源：2020 年《中国农村贫困监测报告》，经整理所得。

3.3.4.2　贫困地区农村居民收入结构逐步优化

从收入结构来看，家庭经营性收入、工资性收入及转移性收入是新疆南疆四地州贫困地区农村居民人均可支配收入的主要来源。2019 年，新疆南疆四地州贫困地区农村常住居民人均可支配收入中工资性收入和家庭经营性收入占比较高，其中工资性收入 3329 元，占比 27.7%，呈逐年缓慢上升趋势，但显著低于全国贫困地区和特困片区平均水平；家庭经营性收入 5527 元，占比 46%，呈逐年上升趋势，主要以第一产业收入为主，显著高于全国贫困地区和特困片区平均水平，可见新疆南疆四地州农村居民通过稳定就业获得的工资性收入占比相对较低，更多还是依靠"一亩三分地"的家庭经营性收入，尤其是第一产业收入为主，易造成收入不稳定性、增收不稳定性、脱贫不稳定性。财产性收入 234 元，占比 1.95%，比重基本保持在 2% 左右，与全疆平均水平基本持平；转移性收入 2919 元，占比 24.31%，比重逐年提升，高于全疆平均水平，体现了国家集中连片特困地区特殊政策和"三区三州"深度贫困地区政策的支持（表 3-9）。

表3-9 2019年新疆南疆四地州贫困地区农村居民人均可支配
收入构成

地区	人均可支配收入（元）	工资性收入		经营性收入		财产性收入		转移性收入	
		绝对值（元）	比重（%）	绝对值（元）	比重（%）	绝对值（元）	比重（%）	绝对值（元）	比重（%）
全国合计	11567	4082	35.29	4163	35.99	159	1.37	3163	27.35
新疆	12035	3399	28.24	5553	46.14	231	1.92	2853	23.71
特困片区合计	11443	3990	34.87	4226	36.93	152	1.33	3076	26.88
新疆南疆四地州	12009	3329	27.72	5527	46.02	234	1.95	2919	24.31

数据来源：2020年《中国农村贫困监测报告》，经整理所得。

3.3.5 脱贫攻坚内生动力显著增强

新疆南疆四地州坚持志智"双扶"，激发脱贫群众内生动力，基本实现了每个有劳动能力的贫困家庭至少有一项稳定增收产业，每个贫困家庭都能至少掌握一项实用职业技能，有劳动能力的贫困家庭至少有一个稳定的就业岗位，因学因病致贫家庭都有一条有效的救助途径，特殊贫困家庭都有一份基本的生活保障；坚持用身边事教育身边人，持续深入开展贫困群众感恩教育活动，通过国旗下宣讲、农牧民夜校、"民族团结一家亲"联谊活动等多种形式，开展各类形式脱贫攻坚宣讲，增强了贫困群众感恩党、感恩伟大祖国、感恩社会的思想意识，形成了凝心聚力、苦干实干、脱贫致富奔小康的良好局面。

3.3.6 脱贫攻坚体制机制更趋完善

在实践中形成的贫困治理政策体系和工作机制，建立了完备的脱贫攻坚责任体系、工作体系、监督体系、政策体系、投入体系、监测体系、帮扶体系、社会动员体系等，历练培养了一大批能打硬仗的干部队伍。形成了一套行之有效的政策体系和工作机制，通过扎实开展扶贫工作，新疆南疆四地州农村基层治理能力和水平明显提升，基层党组织凝聚力、战斗力显著增强，党群干群关系持续改善，政策得到全面有力贯彻落实，为巩固拓展脱贫成果、全面推进乡村振兴提供了完善的机制、干部、人才支撑。

严格落实脱贫攻坚责任制，压实各级党政"一把手"责任，坚持地（州）、县（市）抓落实，乡（镇）贫困村具体干，驻村工作队和村党支部"第一书记"包村联户帮扶，巩固四级书记抓扶贫、全员参与促攻坚的良好格局，确保了人员到位、工作到位、责任到位、效果到位；脱贫攻坚责任体系、工作体系、监督体系、政策体系、投入体系、监测体系、帮扶体系、社会动员体系日益完备，稳定脱贫的长效机制初步建立；深化抓党建促脱贫，培训基层党员干部 27400 人次，发展农村党员 5994 名，整顿软弱涣散村级党组织 190 个，以治"软"促治"贫"，基层党组织凝聚力和战斗力进一步增强。扶贫领域作风和能力建设持续加强；扶贫资金违纪违规问题明显减少，干部作风持续好转，基层负担显著减轻，精准扶贫、精准脱贫能力进一步提升。

3.3.7 大数据在脱贫攻坚中运用成效显著

目前，通过运用大数据技术，已建立自治区脱贫攻坚大数据平台，已接入国家扶贫平台建档立卡数据，与教育等七大行业单位对接，联通了"两张信息网"，实现了"三个全覆盖"，做到了信息系统、纸质档案、公安户籍、家庭实情之间的信息数据相互一致，确保了区、地、县、乡、村五级信息数据步调一致"五级大联动"，为自治区、地州市、县、乡、镇、村等各级领导干部、第一书记、帮扶责任人以及各专责小组、各职能单位提供了完善的基础数据管理、脱贫指标完成情况跟踪、扶贫日常工作开展、干部问责考核、数据自动统计分析和跨部门数据共享等信息化管理工具。截至 2020 年，自治区脱贫攻坚大数据平台注册用户超过 37 万人，已完成对新疆南疆四地州建档立卡贫困人口动态管理，覆盖 26 个国家级贫困县，跟踪管理的项目资金达到 618 亿元，展现了脱贫攻坚监管评估的全过程，有效规范了新疆南疆四地州贫困人口基础数据的采集、细化扶贫资源的管理、量化扶贫工作过程和扶贫成效，为基层扶贫工作提供了相关数据支撑，确保了脱贫工作务实、脱贫过程扎实、脱贫结果真实。

2018 年，在喀什地区泽普县召开自治区脱贫攻坚大数据平台应用现场观摩会，明确提出"建设'全区统一、数据集中、服务下延、互联互通、信息共享、动态管理'的脱贫攻坚大数据管理平台"。2019 年，结合新疆实际情况，为推进精准扶贫大数据平台建设，自治区在农村及贫困地区配置专项资金 6.5 亿用于接入网络建设，建成 4G 基站 6289 个，FTTH 端口 62.3 万个；全面完成 22 个深度贫困县的通信覆盖专项工程，通过新疆脱贫攻坚大数据平台识别有通信需求的贫困户，深化服务，为 24.26 万建档立卡贫困户、扶贫干部提供扶贫专属资费，累计优惠 6550 万元。2019 年 10 月，自治区脱贫攻坚大数据平台率先在"访惠聚"工作队成功试用，随后在克州脱贫攻坚"冬季攻势"大排查工作开展中应用，短时间内完成了克州三县一市、46 乡镇（管委会），337 村（社区）共 139351 户 572200 人数据采集统计工作，做到了无遗漏、无死角、无空白进行人口信息与生活质量摸底，为自治区、地州市、县、乡、镇、村等各级领导干部、第一书记、帮扶责任人以及各专责小组、各职能单位提供了完善的基础数据管理、脱贫指标完成情况跟踪、扶贫日常工作开展、干部问责考核、数据自动统计分析和跨部门数据共享等信息化管理工具。2020 年，依托自治区脱贫攻坚大数据平台，做好脱贫退出验收工作，以及采取不同级别预警，实现监测对象信息一旦有变化，监测预警模块即时预警，动态帮扶机制迅速响应，建立起了防止返贫监测体系。同时，在克州试点开发建设乡村振兴大数据平台，通过手机客户端微信小程序实时采集数据，实现"精准扶贫"与"乡村振兴"工作有机衔接，在克州试点成功后，乡村振兴大数据平台将在新疆南疆四地州重点推广，形成相互支撑、相互配合的良性互动格局，助力打赢精准脱贫攻坚战，提升乡村治理智能化水平，助力实现农业强、农村美、农民富目标。

自治区通过在精准脱贫中运用大数据技术，一是实现了区、地、县、乡、村五级扶贫干部全覆盖，通过数据互动共享，自动比对，实时更新等方法，保障各项扶贫政策合理有序落地，提高了扶贫政策透明度；二是通过不断普及网络教育和开展各类特色讲座以及通过职业技能培训班，构建起了"互联网+"的新型培训模式和广泛宣传形式，转变了农民传统的小农思想和单一生活模式，实现了大数据下扶志与扶智结合扶贫的新模式；三是通过大数据可视化，及时掌握了新疆南疆四地州贫困地区交通设施以及水，电，网等覆盖情况，及时补齐了贫困地区基础设施"短板"；四是通过对自然地理，遥感等大数据的应用，及时发现因住房问题以及自然环境恶劣，不适宜居住地方的贫困户，采用大数据合理筛选地址，实施易地扶贫搬迁政策；等等。

3.3.8 营造良好脱贫攻坚舆论氛围

精心组织策划融媒体报道，围绕新疆南疆四地州深度贫困地区摘帽的村级第一书记，制作系列访谈《第一书记话脱贫》，开展"决战决胜脱贫攻坚"主题报道；加大多语种稿件传播力度，扎实做好扶贫方针政策、扶贫成效、扶贫致富故事的互联网多语种传播，组织自治区重点新闻网站、民间民语平台，通过维吾尔语、哈萨克语等语种，转载翻译脱贫攻坚相关稿件；以"同奔小康·幸福新疆"为主题，举办新媒体传播竞赛活动，广泛发动网民创作、传播"我亲历、我见证"脱贫攻坚温暖故事，引导新媒体、自媒体从业者用笔和镜头展示精准帮扶、精准脱贫的骄人成绩，营造了新疆南疆四地州脱贫攻坚的良好氛围。

3.4 本章总结

　　本章主要从行政区划、自然资源、区域特征及经济社会发展等方面介绍了新疆南疆四地州的基本概况，从贫困县市、贫困乡村、贫困人口三个方面分析了新疆南疆四地州区域及个体贫困特征与成因，进而总结了新疆南疆四地州精准脱贫取得的主要成效，为后文分析做了良好铺垫。

4

大数据背景下新疆南疆四地州
精准扶贫绩效评估体系

本章主要从全国农村贫困监测系统、全国扶贫开发信息系统和新疆脱贫攻坚大数据平台等梳理了当前新疆南疆四地州精准扶贫监测与评估体系，介绍了精准扶贫瞄准的监测对象、精准扶贫绩效考核评估内容、程序等流程情况，总结梳理了新疆南疆四地州精准扶贫监测与评估开展的演化过程及建设情况，为后面开展绩效评估以及发现存在问题做好基础铺垫。

4.1 精准扶贫监测评估大数据平台

精准扶贫监测系统平台的建立是有效开展贫困人口瞄准，实现精准扶贫的重要基础，有利于对整个精准扶贫过程进行监督评估。通过构建完善的精准脱贫监测体系能够充分明晰"扶持谁""谁来扶""怎么扶"，以及精准扶贫的实际效果。

4.1.1 全国农村贫困监测系统

20 世纪 80 年代中期，我国开始实施大规模的扶贫开发，最早关于贫困标准的研究和监测评估主要依靠全国农村住户抽样调查数据。"八七扶贫攻坚计划"时期，国家统计局、国务院扶贫办与世界银行合作在西南贫困地区建立贫困监测评估体系，为世界银行西南项目的实施提供了监测评估的基础信息数据，为我国建立贫困监测评估体系奠定了基础。

1997年，国家统计局建立起全国农村贫困监测系统，在原有全国农村住户抽样调查的基础上，加入对592个国定贫困县的调查统计，为开展扶贫开发工作提供了客观可信的基础性数据信息。1997年11月，国家统计局等部门制定下发《关于开展农村贫困监测的通知》，决定建立农村贫困监测系统，全面、客观反映全国的反贫困进程。从1997年开始，新疆也从监测目标、内容、方法等方面开始实施农村贫困监测，建立了自治区农村贫困监测系统，对贫困地区的生产条件、社会环境、生活水平等方面进行监测，有效反映了自治区30个贫困县（市）的社会经济发展情况、国家及自治区扶贫资金使用情况，为国务院和自治区人民政府提供贫困人口数据及其变动情况，定期提供自治区反贫困状况的监测结果和报告，监测自治区贫困人口的地区分布、特征分布以及变化趋势，为确定全国基本统一的贫困标准提供基础数据。

2001年，国务院印发了《中国农村扶贫开发纲要（2001—2010）》，提出加强扶贫开发统计监测工作，统计部门要认真做好有关信息的采集整理、反馈和发布，采用多种方法全面、系统、动态地反映贫困人口收入水平和生活质量的变化，以贫困地区的经济发展和社会进步情况，为科学决策提供必要的依据。为全面反映我国政府反贫困的成绩，国家统计局从2000年开始连续发布《中国农村贫困监测报告》，系统公布有关贫困及反贫困的各种信息，标志着我国农村贫困的监测系统开始逐步走向成熟与完善。2002年8月，自治区印发《关于开展新阶段农村贫困监测工作的通知》，提出在27个国家扶贫开发工作重点县市和3个自治区扶贫开发工作重点县，开展农村贫困监测调查工作，了解掌握自治区不稳定脱贫人口生活质量情况和农村贫困程度、规模、分布及变化趋势，以及扶贫政策、扶贫资金落实情况。

2005年，全国开始实施县级贫困监测体系，增加了"少数民族地区贫困状况"的特殊类型地区的贫困监测，开始对 265 个少数民族扶贫开发工作重点县进行监测调查，监测内容包括贫困状况、调查村基本情况、农民生活状况、农民收入、教育、卫生及健康状况、农民生活消费情况、劳动力情况、当年受灾情况、村级经济及扶贫活动等。

从 2001 年至今，国家统计局每年连续发布《中国农村贫困监测报告》，其中包含新疆贫困人口收入水平和生活质量的变化相关监测评估数据，以及新疆南疆四地州连片特困地区经济社会发展、贫困村基础社会和公共服务设施改善、贫困人口生活水平改善等情况，为新疆开展精准脱贫提供了可靠、有价值的基础数据。

新疆维吾尔自治区农村贫困监测系统

按照全国农村贫困监测的贫困标准和贫困监测方案，用县级调查表、社区调查表、住户调查表、个人调查表，从各方面反映贫困县的资金来源与使用、社区环境、收支状况、受教育和就业等情况。建立完善自治区抽样调查网点，从财政扶贫资金中拨出专项经费，由自治区统计局农村经济调查队在每个贫困县抽取 10 个村，在每个村抽取 10 户（其他县利用原有的调查点可适当增加指标），采用多阶段、随机起点、对称等距抽样的方法，进行统一的数据处理和分析，发布调查结果和监测报告。1997 年开展第一次调查后，从 1998 年开始实施经常性的调查。

自 2001 年开始，国家统计局新疆调查总队[①]每年对 27 个国家扶贫开发工作重点县（市）和 3 个自治区扶贫重点县（市）中的 300 个行政村、3000 户农户开展贫困监测，监测内容包括自治区贫困人口和低收入人口贫困情况，以及贫困县基础设施、公共服务、农牧民收入、农民生活情况、自然灾害、社会保障、扶贫政策和资金落实情况等，抽样监测的扶贫开发工作重点村有 215 个，占 71.67%。

① 原"自治区农村社会经济调查队"。

4.1.2　全国扶贫开发信息系统

2013年12月，国家制定出台《关于创新机制扎实推进农村扶贫开发工作的意见》，明确"按照县为单位、规模控制、分级负责、精准识别、动态管理的原则，对每个贫困村、贫困户建档立卡，建设全国扶贫信息网络系统"。2014年4月，国务院扶贫办印发《扶贫开发建档立卡工作方案》，明确了贫困户、贫困村、贫困县建档立卡的方法和步骤，标志全国扶贫开发信息系统建设正式开始推进实施。建档立卡对象包括贫困户、贫困村、贫困县和连片特困地区。通过建档立卡，自治区对贫困户和贫困村进行精准识别，了解贫困状况，分析致贫原因，摸清帮扶需求，明确帮扶主体，落实帮扶措施，开展考核问效，实施动态管理；对贫困县和连片特困地区进行监测和评估，分析掌握扶贫开发工作情况，为扶贫开发决策和考核提供依据。

2014年，为推动全国扶贫开发信息系统的构建，国务院扶贫办先后制定出台《建立精准扶贫工作机制实施方案》《扶贫开发建档立卡指标体系》《全国扶贫开发信息化建设规划》等文件，明确建档立卡和信息化建设，贫困户、贫困村、贫困县的采集指标及解释等工作重点。2014年11月18日，国务院向各省开放建档立卡数据库网络版。通过在全国扶贫开发信息系统里进行建档立卡贫困户的登记，截至2013年12月31日，全国共识别出12.8万个贫困村，2948万贫困户，8962万贫困人口，初步形成了全国扶贫对象数据库。

2015年，财政部安排预算开始全国扶贫开发信息系统建设工作，不断完善全国扶贫开发信息系统建设，并在每一年都开展对数据库数据进行更新年度变化的信息，实现动态调整。2015年8月，全国开展建档立卡"回头看"工作，要求各地对贫困人口应纳尽纳，对识别不准的贫困户予以清退。2015年12月，全国扶贫开发信息系统业务管理子系统和监管评价子系统正式上线运行。

2016年，国务院扶贫办出台《关于开展2015年度扶贫对象动态管理和信息采集工作的通知》，第一次开展扶贫对象动态管理工作，对部分指标进行了调整，全国扶贫开发信息系统得到不断完善，设计更符合现实贫困户情况，也为精准脱贫考核评估奠定了基础数据支撑。2016年9月，国务院扶贫办印发《关于做好全国扶贫开发信息系统推广使用工作的通知》，全面推广使用全国扶贫开发信息系统开展扶贫资金项目管理工作。

2017年，国务院扶贫办印发《关于开展建档立卡数据核准和补录工作的通知》，开展精准复核，应纳尽纳工作，提升数据质量。新疆组织开展了一次专项核查、一次精准复核，针对建档立卡不实问题，组织17万名各级干部，逐户逐人开展深入复核工作，通过贫困家庭实情、建档立卡数据、公安户籍信息三方比对，清退不符合条件贫困户。

自2017年对全国扶贫开发信息系统中录入的建档立卡贫困户开展数据核准和补录工作后，基本解决了漏登错登、档案不准、底数不清的问题，实现了全国贫困人口的精准识别，为真脱贫、脱真贫奠定了基础。自此之后，每年都会对全国扶贫开发信息系统中的新疆建档立卡贫困户信息进行年度动态调整，实现了"该退出的退出，该纳入的纳入"。

2020年，国务院扶贫办印发《关于建立防止返贫监测和帮扶机制的指导意见》，明确依托全国扶贫开发信息系统开展防止返贫监测，监测对象以家庭为单位，主要监测建档立卡已脱贫但不稳定户，收入略高于建档立卡贫困户的边缘户，由县级扶贫部门确定监测对象，录入全国扶贫开发信息系统，实行动态管理。

全国扶贫开发信息系统监测

贫困户建档立卡标准：以2013年农民人均纯收入2736元（相当于2010年2300元不变价）的国家农村扶贫标准为识别标准。2017年后贫困户识别与2014年识别有了变化，重点考虑"两不愁，三保障"水平，弱化人均纯收入指标。

贫困户建档立卡程序：一申请、两公示（村民代表大会评议后公示、报乡镇审后在行政村二次公示）、一公告（两次公示无异议后设县复审后在行政村公告），录入全国扶贫开发信息系统。2017年后程序上增加了"一比对"，即对新识别贫困人口中在城镇购房、买车、参办企业、有财政供养人员等信息进行认真筛查比对，并将比对结果反馈基层进行入户核实，再进入村民代表大会评议程序。

贫困户识别：以农户收入为基本依据，综合考虑住房、教育、健康等情况，通过农户申请、民主评议、公示公告和逐级审核的方式，整户识别。

贫困村识别：原则上按照"一高一低一无"的标准，即行政村贫困发生率比全疆贫困发生率高一倍以上。行政村2013年全村农民人均纯收入低于自治区平均水平60%，行政村无集体经济收入。

贫困县识别：包括832个贫困县（含680个连片特困地区县和592个国家扶贫开发工作重点县），不再进行识别，只减不增，到2020年全部摘帽。

4.1.3 新疆维吾尔自治区脱贫攻坚大数据系统

2018年，借助现代科技信息技术手段，自治区建立了脱贫攻坚大数据平台并把平台建设应用摆上重要议事日程，强化组织领导，紧锣密鼓推进，强化县委一线指挥部作用，统筹指导乡村抓具体、驻村工作队队员实时动态录入，在较短时间内初步建设完成了集静态展示、动态管理、监督比对、落实精准等功能于一体的综合信息管理平台，实现了差异化精准帮扶、动态化科学管理和精准化资源配置等综合功能，有效推动了"六个精准"要求的落实，也让基层干部从烦琐的报表中解放出来，取得了良好的成效。

目前，新疆维吾尔自治区精准扶贫大数据平台已接入国家扶贫平台建档立卡数据，在全疆得到了推广应用，已完成了与教育等七大行业单位对接，联通了"两张信息网"，实现了"三个全覆盖"，做到了"四者一致"（信息系统、纸质档案、公安户籍、家庭实情中的信息数据相互一致），确保了区、地、县、乡、村五级信息数据步调一致"五级大联动"，为自治区、地州市、县、乡、镇、村等各级领导干部、第一书记、帮扶责任人以及各专责小组、各职能单位提供了完善的基础数据管理、脱贫指标完成情况跟踪、扶贫日常工作开展、干部问责考核、数据自动统计分析和跨部门数据共享等信息化管理工具。截至 2020 年，平台注册用户超过 37 万人，完成了全疆建档立卡贫困村 313 万人动态管理，覆盖 35 个县，通过平台跟踪管理的项目资金达到 618 亿元，有效规范了自治区贫困人口基础数据的采集、细化了扶贫资源管理、量化了扶贫工作过程和扶贫成效、为基层扶贫工作提供了支撑、为合理分配扶贫相关资源提供了数据支撑。

2020 年，自治区依托脱贫攻坚大数据平台，采取不同级别预警，实现了监测对象信息一旦有变化，监测预警模块即时预警，动态帮扶机制迅速响应，建立起了防止返贫监测体系。

贫困人口监测预警体系

监测对象：以家庭为单位，主要监测建档立卡已脱贫但不稳定户，收入略高于建档立卡贫困户的边缘户。

监测范围：人均可支配收入低于国家扶贫标准 1.5 倍左右的家庭，以及因病、因残、因灾、因新冠肺炎疫情影响等引发的刚性支出明显超过上年度收入和收入大幅缩减的家庭。

监测程序：以县级为单位组织开展，通过农户申报、乡村干部走访排查、相关行业部门筛查预警等途径，由县级扶贫部门确定监测对象，录入全国扶贫开发信息系统，实行动态管理[205]。

红色预警：对年收入低于 4000 元，因自然灾害等特殊原因导致住房损毁、饮水安全四项指标不达标、因交通事故造成死亡和重伤、因病医疗费用自付、教育支出、产业发展失败、突发事件等导致支出超过 5000 元的，启动防风险基金，购买公益性岗位，以保障其正常生活不受影响。

橙色预警：对年收入低于 4500 元高于 4000 元的，因交通事故造成轻伤及因病医疗费用自付、教育支出、产业发展失败、突发事件等导致支出超过 3000 元的，通过产业就业扶持、安置公益性岗位等措施，化解其生活生产风险。

黄色预警：对年收入低于 5000 元高于 4500 元的，因病医疗费用自付、教育支出、产业发展失败、突发事件等导致支出超过 1000 元的，通过发展生产和就业帮扶等措施增加其收入，化解其生活生产风险。

防治新致贫：对收入水平略高于建档立卡贫困户的群众、基础设施和公共服务薄弱的非贫困村给予适当帮扶和支持，对出现大病、残疾、灾祸的非建档立卡人口（边缘户）争取政策，最大限度地开展"点对点"精准帮扶，以有效防止出现新的贫困。

4.2 精准扶贫监测评估瞄准对象

自治区通过精准扶贫监测系统，能够很好地了解贫困人口的分布，贫困类型、贫困程度、精准扶贫措施等，有利于实现"六个精准"要求，提高精准扶贫活动的瞄准程度，保障扶贫资金真正用于贫困人群，帮助贫困人群精准脱贫。大致来说，新疆实施精准扶贫、精准脱贫政策措施的瞄准主体以贫困地区、贫困县、贫困村、贫困人口为重点，瞄准机制大概经历区域瞄准为主、县级瞄准为主、村级瞄准为主和贫困人口瞄准为主等四个阶段。

4.2.1 区域瞄准

区域瞄准是将大面积的连片贫困区作为扶贫活动的主要对象，通过支持集中连片的贫困区域的发展，减少贫困人口。1986 年之前，我国政府实施的瞄准主体以区域瞄准为主。1984 年，《中共中央国务院关于帮助贫困地区尽快改变面貌的通知》中，划定了 18 个集中连片的贫困区域，支持当地经济社会发展。

1994 年，《关于印发国家八七扶贫攻坚计划的通知》中提出"我国贫困人口主要集中在国家重点扶持的 592 个贫困县，分布在中西部的深山区、石山区、荒漠区、高寒山区、黄土高原区、地方病高发区以及水库区，而且多为革命老区和少数民族地区"，计划实施后整体解决了沂蒙山区、井岗山区、大别山区、闽西南地区等集中连片的贫困地区温饱问题。

2001 年，《国务院关于印发中国农村扶贫开发纲要（2001—2010 年）的通知》，提出"按照集中连片的原则，国家把贫困人口集中的中西部少数民族地区、革命老区、边疆地区和特困地区作为扶贫开发的重点"。

2011 年，《中国农村扶贫开发纲要（2011—2020 年）》中提出"六盘山区、秦巴山区、武陵山区、乌蒙山区、滇桂黔石漠化区、滇西边境山区、大兴安岭南麓山区、燕山—太行山区、吕梁山区、大别山区、罗霄山区等区域的连片特困地区和已明确实施特殊政策的西藏、四省藏区、新疆南疆三地州是扶贫攻坚主战场"。将新疆南疆三地州纳入集中连片特困地区实施特殊扶持政策，在 2016 年经中央批准将阿克苏地区 1 市 6 县纳入集中连片特困地区，参照南疆三地州享受片区特殊扶持政策。

2017 年，《关于支持深度贫困地区脱贫攻坚的实施意见》中提出西藏、四省藏区、新疆南疆四地州和四川凉山州、云南怒江州、甘肃临夏州（以下简称"三区三州"），重点支持深度贫困地区"三区三州"脱贫攻坚，新增脱贫攻坚资金、新增脱贫攻坚项目、新增脱贫攻坚举措主要用于深度贫困地区，打赢深度贫困地区脱贫攻坚战，对"三区三州"深度贫困地区脱贫攻坚工作作出全面部署，将新疆南疆四地州（包括阿克苏地区）未脱贫 22 个国家级贫困县，未脱贫人口 39.61 万户 162.75 万人划为深度贫困地区，占全疆 189.78 万未脱贫人口的 85.76%，重点解决区域性整体贫困问题（表 4-1）。

表4-1 新疆南疆四地州集中连片深度贫困地区分布

贫困地区名称	涉及的地州	涉及的贫困县（市）26个	涉及的深度贫困县（市）22个
新疆南疆四地州深度贫困地区	喀什地区	12个：喀什市、疏附县、疏勒县、英吉沙县、岳普湖县、伽师县、莎车县、泽普县、叶城县、麦盖提县、巴楚县、塔什库尔干塔吉克自治县	11个：喀什市、疏附县、疏勒县、英吉沙县、岳普湖县、伽师县、莎车县、叶城县、麦盖提县、巴楚县、塔什库尔干塔吉克自治县
	和田地区	8个：和田市、和田县、皮山县、墨玉县、洛浦县、策勒县、于田县、民丰县	7个：和田市、和田县、皮山县、墨玉县、洛浦县、策勒县、于田县
	克州	4个：阿图什市、阿克陶县、乌恰县、阿合奇县	2个：阿图什市、阿克陶县
	阿克苏地区	2个：柯坪县、乌什县	2个：柯坪县、乌什县

数据来源：根据新疆维吾尔自治区相关扶贫规划、新闻网络资料梳理汇总所得。

4.2.2 县级瞄准

县级瞄准是以县为瞄准单位开展的扶贫活动，是区域瞄准的一种延伸，将瞄准范围进一步调整为更小范围的贫困县，增强了瞄准精度。瞄准机制由区域瞄准向县级瞄准的调整是我国开发式扶贫战略的发展。从1986年以来，我国农村扶贫开发一直贯穿着以贫困县为基本单元，以划定的行政县为单位开展帮扶。

1986年，我国第一次确定了国定贫困县标准：以县为标准，1985人均纯收入低于150元的县和年人均纯收入低于200元的少数民族自治县；对民主革命时期做过重大贡献、在海内外有较大影响的老区县给予重点照顾，放宽到年人均纯收入300元，陆续确立了国定贫困县331个。

1994年，《国家八七扶贫攻坚计划（1994—2000）》，重新调整了国定贫困县标准，以县为单位，以1992年年人均纯收入低于400元的县全部纳入国家贫困县扶持范围，高于700元的原国定贫困县一律退出，确定国定贫困县 592 个，分布在 27 个省、自治区直辖市。

2001 年，国家级贫困县名单进行了第二次调整，将贫困县改为扶贫开发工作重点县，东部取消的 33 个国家级贫困县指标调整到了中西部地区，重点县新增 89 个，退出 51 个，重新确定了国家级贫困县 592 个，主要分布在 21 个省、自治区直辖市，占全国县级单位的 2.3%。其中新疆国家级贫困县 27 个，自治区级扶贫开发工作重点县 3 个，主要分布在 8 个地州，占全国国家级贫困县的 4.56%。从区域分布情况来看，主要集中在少数民族地区和边境地区和老少边区，在 27 个重点县中少数民族地区占比 77.8%，边境地区和老少边区占比 22.2%。

2012 年，国家级贫困县名单进行了第三次调整，鼓励重点县减少，坚持各省重点县"退一补一"，原重点县退出 38 个，原非重点县调入 38 个，全国重点县总数依然不变为 592 个。同时，国家划分了 11 个集中连片特殊困难地区及明确实施特殊扶持政策的西藏、四省藏区、新疆南疆三地州，新增 14 个特困片区中的 680 个片区县，其中包括 440 个国家级重点县，最终国家级贫困县调整为 832 个。其中新疆维吾尔自治区国家扶贫开发工作重点县（市）27 个、享受国家扶贫开发工作重点县待遇的片区县（市）5 个、自治区扶贫开发重点县（市）3 个，主要分布在新疆南疆四地州及哈密市、伊犁州、塔城地区、阿勒泰地区等地区的边境县（市），占全国贫困县（市）的 4.2%。从区域分布情况来看，主要集中在少数民族地区、边境地区和老少边区，在 35 个国家级重点贫困县（市）中少数民族地区占比 74.3%，边境地区和老少边区占比 15.7%。

从 2012 年之后，全国国家级贫困县识别确定为 832 个贫困县，不再进行重新识别，国家级贫困县数量只减不增。新疆维吾尔自治区贫困县摘帽任务主要集中瞄准为确定的 35 个贫困县，其中新疆南疆四地州国家级贫困县 26 个。2017 年年底，进一步聚焦新疆南疆四地州深度贫困地区脱贫攻坚，确定新疆南疆四地州 22 个国家级贫困县为深度贫困县，其中和田地区 7 个、喀什地区 11 个、克州 2 个、阿克苏地区

2个（表4-2）。

表4-2　新疆南疆四地州贫困县分布情况

年份（个）	涉及的地州	新疆国家级贫困县（市）	新疆南疆四地州国家级贫困县（市）	调整情况
2001（30）	喀什地区、和田地区、克孜勒苏柯尔克孜自治州、阿克苏地区、哈密市、伊犁州、塔城地区、阿勒泰地区	27个国家级贫困县：巴里坤哈萨克自治县、阿合奇县、乌恰县、阿图什市、阿克陶县、疏附县、疏勒县、英吉沙县、莎车县、叶城县、岳普湖县、伽师县、塔什库尔干塔吉克自治县、和田县、墨玉县、皮山县、洛浦县、策勒县、于田县、民丰县、乌什县、柯坪县、察布查尔锡伯自治县、尼勒克县、托里县、青河县、吉木乃县 3个自治区扶贫开发工作重点县：伊吾县、和布克赛蒙古自治县、裕民县	21个国家级贫困县：阿合奇县、乌恰县、阿图什市、阿克陶县、疏附县、疏勒县、英吉沙县、莎车县、叶城县、岳普湖县、伽师县、塔什库尔干塔吉克自治县、和田县、墨玉县、皮山县、洛浦县、策勒县、于田县、民丰县、乌什县、柯坪县	——
2012（35）	新疆南疆四地州片区：喀什地区、和田地区、克孜勒苏柯尔克孜自治州、阿克苏地区 片区外地区：哈密市、伊犁州、塔城地区、阿勒泰地区	27个国家级贫困县：巴里坤哈萨克自治县、阿合奇县、乌恰县、阿图什市、阿克陶县、疏附县、疏勒县、英吉沙县、莎车县、叶城县、岳普湖县、伽师县、塔什库尔干塔吉克自治县、和田县、墨玉县、皮山县、洛浦县、策勒县、于田县、民丰县、乌什县、柯坪县、察布查尔锡伯自治县、尼勒克县、托里县、青河县、吉木乃县 3个自治区扶贫开发工作重点县：伊吾县、和布克赛蒙古自治县、裕民县 5个新增片区县：喀什市、泽普县、麦盖提县、巴楚县、和田市	26个国家级贫困县：乌什县、柯坪县、阿图什市、阿克陶县、阿合奇县、乌恰县、喀什市、泽普县、麦盖提县、巴楚县、疏附县、疏勒县、英吉沙县、莎车县、叶城县、岳普湖县、伽师县、塔什库尔干塔吉克自治县、和田县、墨玉县、皮山县、洛浦县、策勒县、于田县、民丰县、和田市	新增5个片区县：喀什市、泽普县、麦盖提县、巴楚县、和田市

续表

年份（个）	涉及的地州	新疆国家级贫困县（市）	新疆南疆四地州国家级贫困县（市）	调整情况
2017 深度贫困县（市）22 个	新疆南疆四地州片区：喀什地区、和田地区、克州、阿克苏地区	22 个国家级深度贫困县：和田县、和田市、墨玉县、皮山县、疏勒县、塔什库尔干塔吉克自治县、阿图什市、岳普湖县、疏附县、巴楚县、喀什市、麦盖提县、乌什县、柯坪县、策勒县、莎车县、叶城县、伽师县、阿克陶县、英吉沙县、于田县、洛浦县	22 个国家级深度贫困县：和田县、和田市、疏勒县、塔什库尔干塔吉克自治县、阿图什市、岳普湖县、疏附县、巴楚县、喀什市、麦盖提县、乌什县、柯坪县、策勒县、墨玉县、皮山县、莎车县、叶城县、伽师县、阿克陶县、英吉沙县、于田县、洛浦县	——

数据来源：根据新疆维吾尔自治区相关扶贫规划、新闻网络资料梳理汇总所得。

4.2.3 村级瞄准

村级瞄准是以村为瞄准单位开展的扶贫活动。进入 21 世纪以来，我国贫困人口的分布逐步向西部和山区集中，逐步向村级社区集中，更加集中在较小的地理范围之内。因此，我国的扶贫瞄准逐步过渡到以贫困村为瞄准单位的整村推进的扶贫开发模式，通过"整合资源、科学规划、集中投入、规范运作、分批实施、逐村验收"方式，对贫困村实施整村推进工程，进一步完善了贫困村基础设施和公共服务水平，推进了贫困人口收入水平提高和生产生活条件改善。

2002 年，全国共确定 148051 个贫困村，占全国行政村的 21.4%，主要分布在全国 1861 个县（市）中，覆盖了 83% 的贫困人口，相较国家级贫困县覆盖 61% 的贫困人口，瞄准度更好。其中，中西部 130827 个，占贫困村总数的 88.4%，占当地行政村总数的 26.7%，是我国脱贫攻坚的主战场。到 2005 年，中西部贫困村中已有 83% 完成村级发展规划，实施整村推进的贫困村占到32%。新疆确定有扶贫开发工作重点村3606个，占全疆行政村的40.4%，其中新疆南疆四地州建档立卡贫困村3203个，占全疆建档立卡贫困村的88.8%，占新疆南疆四地州行政村的63.3%。

2005年，国家发布《关于共同做好整村推进扶贫开发构建和谐文明新村工作的意见》，明确提出"采取整村推进的战略措施，以贫困村为单元，统一规划、综合建设、分批实施"，有利于瞄准贫困人口，有利于扶贫资金进村入户、提高使用效益。

2008年，国务院扶贫办发布《关于共同促进整村推进扶贫开发工作的意见》，指出"加大对人口较少、尚未实施整村推进的209个贫困村；内陆边境48个国家扶贫开发工作重点县中距边境线25公里范围内尚未实施整村推进的432个贫困村（其他边境县可参照执行）；592个国家扶贫开发工作重点县中307个革命老区县的尚未实施整村推进的24008个贫困村等三类地区贫困村的整村推进工作力度，并确保在2010年年底前完成其规划实施"。到2010年年底，全国实施整村推进贫困村达到12万个，占总数的80%，其中新疆实施整村推进规划重点贫困村达到3606个，完成整村推进贫困村达到2986个（南疆三地州完成整村推进贫困村达到2500余个），且达到"五通""五有""五能"的验收标准。

2011年，在新一轮中国农村扶贫开发中，《中国农村扶贫开发纲要（2011—2020年）》中提出"结合社会主义新农村建设，实施整村推进专项扶贫措施，自下而上制定整村推进规划，分期分批实施，对贫困村相对集中的地方，可实行整乡推进、连片开发"。2011—2015年，按照"九通、九有、九能"整村推进新标准，新疆完成整村推进达到贫困村927个。

2014年，开展建档立卡贫困村重新识别，新疆建档立卡贫困村由原有的3606个调整为3029个，占全疆行政村的34%，分布在全区13个地州市、74个县（市）。其中，新疆南疆四地州建档立卡贫困村由原有的3203个调整为2605个，占全疆建档立卡贫困村的81.3%，占新疆南疆四地州行政村的51.5%。

2017年，经过重新复核确定，全疆确定建档立卡贫困村由原有的

3029 个调整为 3666 个，新增重新识别认定的 642 个非贫困村纳入深度贫困村，占全疆行政村的 41.1%。其中新疆南疆四地州建档立卡贫困村由原有的 2605 个调整为 3242 个，占全疆建档立卡贫困村的 88.4%，占新疆南疆四地州行政村的 64%。

2017 年以后，新疆建档立卡贫困村经过两轮精准识别后确定为 3666 个，新疆南疆四地州建档立卡贫困村 3242 个，通过村级瞄准、精准扶贫、精准脱贫措施，确保 2020 年全部贫困村退出。其中，新疆南疆四地州深度贫困村为 1962 个（喀什地区 1002 个，和田地区 759 个，克州 141 个，阿克苏地区 60 个）（表 4-3）。

表 4-3　新疆南疆四地州贫困村分布情况

年份	新疆贫困村数量（个）	占全疆行政村的比例（%）	新疆南疆四地州贫困村数量（个）	占全疆贫困村的比例（%）	占新疆南疆四地州行政村的比例（%）	调整情况
2002	3606	40.4	3203	88.8	63.3	——
2014	3029	34	2605	81.3	51.5	重新识别后减少598 个
2017	3666	41.1	3242	88.4	64	重新识别认定的642 个非贫困村纳入深度贫困村
2017深度贫困村	1962	22	1962	53.5	38.7	重新识别认定的642 个非贫困村纳入深度贫困村

数据来源：根据新疆维吾尔自治区相关扶贫规划、新闻网络资料梳理汇总所得。

4.2.4　贫困人口瞄准

2001 年，按照国家贫困标准以 2000 年年底农民人均纯收入 865 元以下识别为贫困人口，全疆识别贫困人口 72 万户 329 万人，占农村人口总数的 26.5%，主要分布在全疆 82 个县（市）。其中，识别新疆南疆四地州农村贫困人口 283.89 万，占全疆农村贫困人口的 86%，占新疆南疆四地州农村人口的56.5%。

2014年，按照国家贫困户建档立卡标准以2013年年底农民人均纯收入2736元[①]识别，精准识别全疆建档立卡贫困人口72万户261万人，占全疆农村人口的21.1%。其中，确定新疆南疆四地州建档立卡贫困人口219万，占全疆农村贫困人口的83.9%，占新疆南疆四地州农村人口的40.3%。

2017年，经过重新识别和复查后，重点考虑"两不愁三保障"水平，弱化人均纯收入指标，全疆复核清退，最终确定建档立卡贫困人口306.49万，占全疆农村人口的24.8%。其中，确定新疆南疆四地州建档立卡贫困人口267.74万，占全疆农村贫困人口的87.4%，占新疆南疆四地州农村人口的34.7%。2017年以后，新疆建档立卡贫困人口经过两轮精准识别后确定，新疆南疆四地州建档立卡深度贫困人口162.75万，占新疆南疆四地州农村人口的21.1%。通过贫困人口瞄准精准扶贫、精准脱贫措施，确保了2020年全部贫困人口实现脱贫（表4-4）。

表4-4　新疆南疆四地州建档立卡贫困人口分布

年份	新疆贫困人口总数（万）	占全疆农村人口比例（%）	新疆南疆四地州贫困人口总数（万）	占全疆贫困人口比例（%）	占新疆南疆四地州农村人口的比例（%）	调整情况
2001	329	26.5	283.89	86	56.5	——
2014	261	21.1	219	83.9	40.3	重新建档立卡识别调整
2017	306.49	24.8	267.74	87.4	34.7	组织开展两次扶贫对象信息数据复核工作
2017深度贫困人口	162.75	13.2	162.75	53.1	21.1	——

数据来源：根据新疆维吾尔自治区相关扶贫规划、新闻网络资料梳理汇总所得。

---

① 相当于2010年2300元不变价。

4.3 精准扶贫绩效考核评估流程

当前，新疆南疆四地州精准扶贫绩效考核评估基本已经形成了一套完整的扶贫对象识别、帮扶、动态管理，扶贫政策措施实施过程的监控，扶贫资金项目的监管，扶贫绩效考核评估，扶贫考核结果反馈整改等流程，并通过自治区脱贫攻坚大数据平台，实现了对贫困人口的动态管理跟踪，为精准扶贫绩效考核评估工作提供了所需基本数据信息，成为绩效评估的重要依据之一。

2017 年，自治区制定出台了《新疆维吾尔自治区贫困县市党政领导班子和党政正职脱贫攻坚工作年度考核办法》中把"减贫成效、精准识别、精准帮扶、扶贫资金等作为脱贫攻坚年度考核评估主要内容，由自治区扶贫开发领导小组负责组织实施，自治区扶贫办会同党委组织部及其他有关成员单位完成"。从 2017 开始，每年开展一次年度绩效考核，以及每年开展第三方绩效评估，加之对 35 个贫困县特别是新疆南疆四地州 22 个深度贫困县开展扶贫专项巡视巡查，自治区纪委设立新疆南疆四地州扶贫督导组，初步建立精准扶贫绩效考核评估体系。

4.3.1 精准扶贫绩效考核评估内容

4.3.1.1 减贫成效

考核建档立卡贫困人口脱贫、贫困村退出年度计划完成情况，县域农村牧区居民人均可支配收入增加额增长率。考核评估依据为建档立卡贫困人口脱贫、贫困县摘帽情况，以及贫困人口收入的变化情况等。考核评估权重为 65%。

4.3.1.2 精准识别

考核建档立卡贫困人口识别准确人数占贫困人口总数的精准度、贫困人口脱贫准确人数占脱贫人口总数准度，通过判断贫困人口识别和退出的准确性、严谨性和群众满意度进行评估。考核评估权重为 10%。

4.3.1.3　精准帮扶

考核贫困户帮扶措施群众满意度，通过扶贫措施的制定和效果进行评估。考核评估权重为 10%。

4.3.1.4　扶贫资金

考核中央和自治区财政专项扶贫资金安排、使用、监管和取得的成效等情况。考核评估依据财政部、扶贫办印发的《财政专项扶贫资金绩效评价办法》，对扶贫资金的整体投入使用情况和管理进行监测评估。考核评估权重为 15%（表 4-5）。

表 4-5　新疆南疆四地州精准扶贫绩效考核评估指标

考核评估内容		考核指标	数据来源
减贫成效	建档立卡贫困人口减少	贫困人口数量减少比例	扶贫开发信息系统
	贫困县减少	年度贫困县减少数量及比例	年度核查
	贫困地区居民收入增加	人均可支配收入增长率	第三方评估
精准识别	贫困人口识别	识别标准的准确性	年度核查 第三方评估
		识别程序的严谨性	
		群众满意度	
	贫困人口退出	识别标准的准确性	
		识别程序的严谨性	
		群众满意度	
精准帮扶	制定政策	脱贫攻坚政策的制定	年度核查 第三方评估
	规划实施方案	"七个一批和三个加大力度"（政策的制定）	
	帮扶效果	群众满意度	
扶贫资金	资金投入	资金整体投入使用情况	年度核查 财政部门
	资金管理	财政专项资金管理	

数据来源：根据新疆维吾尔自治区相关扶贫规划、新闻网络资料梳理汇总所得。

4.3.2　精准扶贫绩效考核评估程序

精准扶贫绩效考核评估过程主要包括数据监测、年度审查、第三方评估等方式。其中，数据监测主要是指根据各个地州、县市上报的数据进行的相应核查，主要借助于大数据分析方法对上报的数据进行核查，并进行及时反馈；年度审查主要是以扶贫座谈会、查阅扶贫留档资料、随机走访等形式进行；第三方评估是目前新疆南疆四地州使用最为频繁且最有效的绩效评估手段。

4.3.2.1　县市自查

各贫困县市按照考核内容和指标开展自查，形成自查总结报告报送自治区扶贫开发领导小组。

4.3.2.2　自治区核查

承担考核任务的成员单位向自治区扶贫开发领导小组办公室提交考核结果；自治区扶贫开发领导小组办公室组织有关成员单位，对未摘帽的贫困县市同步进行全覆盖实地核查。

4.3.2.3　第三方评估

自治区扶贫开发领导小组委托具备资质的大专院校、科研机构和社会组织，对贫困人口识别、退出准确率和因村因户帮扶工作群众满意度进行评估，形成评估报告，报自治区扶贫开发领导小组，第三方评估程序见（表4-6）。

表4-6　第三方评估程序

步骤	内容
测算任务	自治区扶贫办根据年度扶贫任务及评估对象规模，测算第三方评估任务，并将任务进行分配
确定检测人员	第三方评估机构根据任务确定监测评估人员并进行报送
组建专家库	自治区扶贫办根据上报人员组建专家库
开展人员培训	对专家库人员进行集中培训，培训内容主要包括自治区精准扶贫基本情况及相关政策、监测评估工作的有关要求、贫困户识别和退出程序的规范性、监测评估方法、调查问卷指标的解释等
填报核查表	各地州根据核查表内容采集信息并录入脱贫攻坚第三方评估信息系统

续表

步骤	内容
实地调查	1. 查阅资料，了解被评估贫困县的基本情况、精准扶贫相关规划与计划、工作进展与成效、工作机制与经验等 2. 召开村内座谈会，主要了解乡村基本情况、到村到户资金投入及贫困户受益情况、上年度脱贫户享受政策情况及主要脱贫路径、未脱贫户的帮扶措施制定情况、村干部或驻村工作队队长对扶贫政策的掌握情况等 3. 贫困户调查访谈，核实贫困户家庭基本情况、主要致贫原因、"两不愁三保障"是否实现、帮扶责任人帮扶情况、帮扶措施落实是否到位、贫困户对扶贫工作是否满意、对贫困户家庭收支情况计算核实等[71] 4. 资料整理汇总，将调查问卷、影像等进行整理汇总，统一将数据录入扶贫办扶贫数据系统
第三方评估报告	通过调查数据整理分析，形成第三方评估报告。评估报告内容包括被评估贫困县基本信息、精准扶贫政策实施现状及分析、扶贫对象识别精准度、精准扶贫成效及群众满意度，并对被评估贫困县的绩效考核评估做出总结

数据来源：根据新疆维吾尔自治区相关扶贫规划、新闻网络资料梳理汇总所得。

4.3.2.4　综合评价

自治区扶贫办负责对考核数据进行汇总整理，对自治区相关部门实地核查结果、第三方评估结果、财政专项扶贫资金绩效考评结果、承担考核任务的成员单位考核结果和各县（市）的自查总结报告，结合日常督查巡查、民主监督、暗访和贫困户建档立卡、贫困监测等信息化数据进行汇总整理、综合分析，形成最终绩效考核评估报告，经自治区扶贫开发领导小组审议后，报自治区党委、自治区人民政府审定。

攻坚期内已摘帽的贫困县市，每年由第三方对其脱贫成效巩固情况进行评估，评估结果与财政专用扶贫资金绩效考评结果、县域农村牧区居民人均可支配收入增长情况，经综合分析后作为当年考核成绩。

4.3.2.5　结果报告和反馈

自治区扶贫开发领导小组向自治区党委、自治区人民政府报告考核情况；向贫困县市专题反馈考核结果，并提出改进工作的意见建议。

4.3.3 贫困退出评估程序

4.3.3.1 贫困县摘帽程序

在自治区扶贫开发领导小组统一领导下，贫困县摘帽按照"县市申请、地州市初审、自治区核定、国家评估、批准退出"的程序执行[189]。

（1）县（市）申请。县（市）扶贫开发领导小组提出退出申请。

（2）地州市初审。地州市扶贫开发领导小组组织初审，向自治区扶贫开发领导小组提交初审报告和退出申请。

（3）自治区核定。自治区扶贫开发领导小组对拟退出贫困县进行核查，开展第三方评估，并向社会公示征求意见。公示无异议的，待自治区扶贫开发领导小组审定后，向国务院扶贫开发领导小组报告。

（4）国家评估。国务院扶贫开发领导小组组织贫困县退出进行专项评估检查。

（5）批准退出。对符合退出条件的贫困县，由自治区人民政府正式批准退出；对不符合条件或未完整履行退出程序的贫困县，自治区进行核查，严肃追究责任。

4.3.3.2 贫困村退出程序

贫困村退出由县级扶贫开发领导小组负责组织实施，按照"申请验收、核实公示、公告备案、标识退出"的程序进行。

（1）申请验收。乡镇党委、人民政府对所辖区域内达到退出标准的贫困村，提出验收申请。

（2）核实公示。县级扶贫开发领导小组组织逐村核实，在乡镇范围内公示，无异议后，报县委、县人民政府。

（3）公告备案。退出贫困村经县委、县人民政府批准后，在贫困村所属乡镇进行公告。县级扶贫开发领导小组报地州和自治区扶贫开发领导小组备案。

（4）标识退出。贫困村退出后要及时在建档立卡信息系统中标识。

4.4　精准扶贫绩效评估体系建设成效

4.4.1　已建立完善贫困人口动态监测机制

自治区严格建档立卡标准和识别程序，及时修正建档立卡数据、公安户籍信息，逐村逐户逐人摸排，精准锁定扶贫对象，确保应纳尽纳、不落一人；全面准确把握致贫原因、贫困程度、脱贫难度等，切实把建档立卡复核工作做实做细，建立起"区、地、县、乡、村、户"六级贫困人口信息资料库，做到了"户有卡、村有表、乡有册、县有档、地有卷、区有库"；对扶贫对象实行有进有出动态管理，对符合建档立卡标准的贫困人口及时纳入，脱贫人口及时退出，确保了扶贫对象调整更加精准，提高了新疆南疆四地州贫困人口的识贫精准度。

4.4.2　已建立完善贫困退出机制

严格执行贫困县摘帽、贫困村退出、贫困人口脱贫的相关标准和程序，进一步规范了贫困退出程序，完善了脱贫攻坚绩效考核评估指标，对超出"两不愁三保障"标准的指标予以剔除或不作为硬性指标；简化贫困退出验收评估检查相关程序，精简内容，提高绩效考核评估效率和质量；同时，对已脱贫县（市）、乡村、脱贫人口，继续保持了帮扶政策稳定，做到工作力度、资金投入、政策支持、帮扶力度"四个只增不减"，继续强化帮扶措施，有效抑制了返贫和新生贫困现象，确保了脱贫攻坚成果得到有效巩固。

4.4.3　已建立完善自治区脱贫攻坚大数据平台

推动大数据、云计算、互联网技术在脱贫攻坚中的运用，实现了全国扶贫开发信息系统横向与自治区公安、民政、住建、卫计、教育、人社、金融、援疆等方面互联，纵向与区、地、县、乡、村、户6级直通；已建成运行"新疆维吾尔自治区脱贫攻坚数据平台"，持续完善了"户有卡、村有表、乡有册、县有档、地有卷、区有库"六级贫困人口信息资料库，形成了区、地、县、乡、村五级联动，实现动态监测、精准帮扶；建立了脱贫与防止返贫的监测预警和动态扶贫机制，实现了监测对象信息一旦有变化，监测预警模块即时预警，动态帮扶机制迅速响应，建立了防止返贫监测体系。

4.4.4　已建立完善精准扶贫绩效评估机制

新疆南疆四地州精准扶贫绩效考核评估已基本形成了一套完整的扶贫对象识别、帮扶、动态管理，扶贫政策措施实施过程监控，扶贫资金项目监管、扶贫绩效考核评估、扶贫考核结果反馈整改的流程，并通过自治区脱贫攻坚大数据平台，实现了对贫困人口的动态管理跟踪，为精准扶贫绩效考核评估工作提供了所需的基本数据信息；每年开展一次精准扶贫年度绩效考核评估，把减贫成效、精准识别、精准帮扶、扶贫资金等作为主要评估指标，由自治区扶贫开发领导小组负责组织实施，采用数据平台监测、年度审查、第三方评估等方式开展综合绩效评估；对已摘帽的贫困县市，每年由第三方对其脱贫成效巩固情况进行评估，评估结果与财政专用扶贫资金绩效考评结果、县域农村牧区居民人均可支配收入增长情况，经综合分析后作为当年考核成绩。

4.5　本章总结

本章主要梳理了当前新疆南疆四地州精准扶贫监测评估平台以及精准扶贫瞄准的监测对象、精准扶贫绩效考核评估流程情况。

（1）从新疆南疆四地州精准扶贫监测评估平台来看，区域精准扶贫绩效评估体系主要包括全国农村贫困监测系统、全国扶贫开发信息系统、新疆维吾尔自治区脱贫攻坚大数据平台；依托全国农村贫困监测系统、国家统计局每年发布的《中国农村贫困监测报告》中包含的新疆南疆四地州连片特困地区贫困变化等情况，为新疆南疆四地州开展精准扶贫绩效评估提供了可靠的基础数据；依托全国扶贫开发信息系统和新疆维吾尔自治区脱贫攻坚大数据平台，为新疆南疆四地州提供了完善的贫困人口基础数据动态管理、脱贫指标完成情况跟踪、扶贫日常工作开展、干部问责考核、数据自动统计分析和跨部门数据共享等信息化管理工具。

（2）从新疆南疆四地州精准扶贫监测评估瞄准对象来看，区域精准脱贫监测瞄准对象为新疆南疆四地州贫困地区，县级监测瞄准对象为26个国家级贫困县，村级监测瞄准对象为建档立卡贫困村3242个，贫困人口监测瞄准对象为建档立卡贫困人口267.74万人。

（3）从新疆南疆四地州精准扶贫绩效考核评估流程来看，区域精准扶贫绩效评估流程包括精准扶贫绩效考核评估内容确定、绩效考核评估程序、贫困县及贫困村退出评估程序等，已制定包括减贫成效、精准识别、精准帮扶、扶贫资金等绩效考核评估内容的脱贫攻坚年度考核评估体系，精准扶贫绩效考核评估过程主要包括数据监测、年度审查、第三方评估等。贫困县退出按照"县市申请、地州市初审、自治区核定、国家评估、批准退出"的程序，由自治区扶贫开发领导小组负责组织执行；贫困村退出按照"申请验收、核实公示、公告备案、标识退出"的程序，由县级扶贫开发领导小组负责组织执行。

（4）从当前新疆南疆四地州精准扶贫绩效评估体系建设情况来看，已建立了贫困人口动态监测机制、贫困县、贫困村、贫困人口退出机制、精准扶贫绩效评估机制等，建立健全了自治区脱贫攻坚大数据平台，有利于开展新疆南疆四地州精准扶贫监测与绩效评估。

5

政策工具视角下新疆南疆四地州
精准扶贫政策瞄准评估

精准扶贫、精准脱贫政策瞄准的程度高低直接关系到精准脱贫成效。本章主要运用政策工具文本量化法，通过梳理 2010—2020 年自治区针对新疆南疆四地州精准扶贫、精准脱贫出台的一系列政策，从 X 政策工具维度、Y 扶贫路径领域维度、Z 扶贫价值链维度的三维分析框架进行政策文本分析，评估了制定的精准脱贫政策瞄准状况。

5.1 精准扶贫政策工具三维分析框架构建

政策工具是由政府掌控并运用的、以达到政策目标的手段和措施，政策工具的使用直接影响政策目标能否达成。在众多政策工具的研究中，大多数学者通过构建二维框架进行分析，如谢青[190]从政策工具和创新价值链两个维度分析教育精准扶贫政策执行中政策工具应用偏差及其矫正；黄萃[191]通过构建政策工具和发展要素二维框架来分析我国少数民族双语教育政策的不足。本文在借鉴前者研究的基础上，以政策工具为主，精准扶贫路径和精准扶贫价值链为辅，构建一个涵盖精准扶贫政策工具、精准扶贫路径以及精准扶贫价值链的三维分析框架，对新疆南疆四地州精准扶贫政策执行中政策工具应用瞄准情况进行文本量化分析。

5.1.1　X 维度：精准扶贫政策工具维度

结合新疆南疆四地州精准扶贫政策自身特点，借鉴何玲玲和付秋梅[192]的研究，本文将新疆南疆四地州精准扶贫政策工具分为命令型、激励型、能力建设型、系统变革型、劝诫告知型和自愿性六种。从整体来看，命令型工具负责指引扶贫工作的方向，激励型工具表现为促进扶贫工作的开展，能力建设型工具通过提升扶贫对象的能力来提高扶贫效果，系统变革型工具间接影响扶贫工作，劝诫告知型从舆论上宣传扶贫政策，自愿性工具则通过社会组织和社区的参与来弥补其他政策工具的不足（图 5-1）。

1. 命令型工具

命令型工具指政府运用权力对扶贫对象进行直接管理和强制监督的一种政策工具，包括行政管制直接提供、指示指导、命令执行、政策实验、机构设置、法律法规等。

2. 激励型工具

激励型工具指通过正向激励和负向惩罚的方式使扶贫对象采取政府所期望的政策工具，包括定期评估、补贴奖励、政策优惠、社会声誉、通报处罚的行为方式等。

3. 能力建设型工具

能力建设型工具指通过向扶贫对象提供教育培训等途径以提升其内在发展动力的一种政策工具，包括项目运作、数据技术教育培训、基础建设、信息咨询等。

4. 系统变革型工具

系统变革工具指对于扶贫组织和体系的调整的一种政策工具，包括组织调整、职能变动和机制变化等。

5. 劝诫告知型工具

劝诫告知型工具指通过对扶贫对象价值观和信念等的引导、启发促使其执行政策理念的政策工具形式，具体涵盖舆论宣传、信息公开、鼓励号召、示范引导等。

6. 自愿性工具

自愿性工具指居民、企业和社会组织根据自身对扶贫的认识，自发开展的帮助贫困对象的一系列行为，包括志愿服务、市场行业、社会组织等。

5.1.2 Y 维度：精准扶贫路径维度

从 2013 年开始，新疆南疆四地州从开发式综合扶贫阶段转为精准扶贫攻坚阶段，为"扶贫对象、扶贫内容、扶贫方式和扶贫区域"制定了更具针对性的"七个一批，三个加大力度"精准扶贫路径，分别从转移就业、发展产业、土地清理、转为护边员、生态补偿、易地搬迁、社会保障、健康扶贫、教育扶贫和基础设施等十个方面制定精准扶贫路径（图 5-1）。

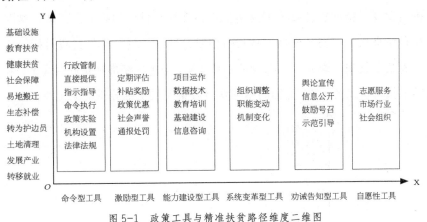

图 5-1　政策工具与精准扶贫路径维度二维图

5.1.3 Z 维度：精准扶贫价值链维度

自波特[193]提出价值链的概念后，大量学者对价值链理论进行了研究探索。本文引入精准脱贫价值链维度进行分析，有助于探究精准脱贫政策的阶段性变化。因此，本文基于现阶段贫困治理目标，从"个人—社会—国家"三个角度将精准脱贫价值链分为解决温饱、资源整合、脱贫致富、公平正义四个层级[75]（图5-2）。

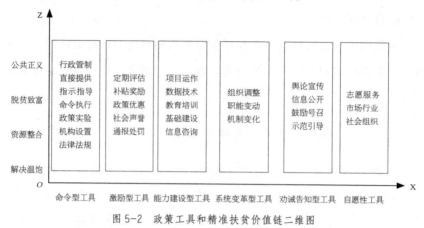

图 5-2　政策工具和精准扶贫价值链二维图

5.1.4　X-Y-Z 三维分析框架构建

通过对精准扶贫政策工具、精准扶贫路径以及精准扶贫价值链的分析后发现，精准扶贫政策工具是实现精准扶贫目标的载体，精准扶贫路径是精准扶贫方向，而精准扶贫价值链是精准扶贫工作的过程目标，将三者结合起来，构成一个以政策工具（X）为主，精准扶贫路径（Y）和精准扶贫价值链（Z）为辅的精准扶贫政策工具三维分析框架（图5-3）。

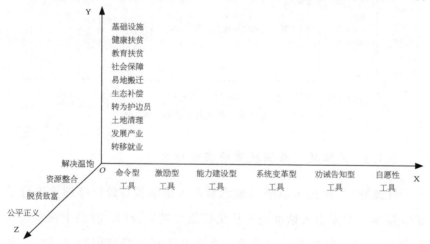

图 5-3　精准扶贫政策工具三维分析框架图

5.2　精准扶贫政策工具文本量化说明

5.2.1　政策工具文本来源

政策工具文本主要来源于2010—2020年近10年自治区政府、各部门制定出台的扶贫政策，遵循公开性、权威性、相关性原则。本文选取的政策数据全部来自公开资料，包括"北大法宝数据库"、自治区扶贫办官网以及各厅局官网，通过整理剔除与扶贫不相关政策，最终据不完全统计确定了70份扶贫相关政策作为研究样本（表5-1）。

表5-1　自治区政府、各部门制定出台的扶贫政策文本统计表

编号	政策名称	出台部门	出台时间
1	2010年自治区扶贫开发工作要点	新疆维吾尔自治区扶贫办	2010
2	自治区对农村低收入人口全面实施扶贫政策进一步做好扶贫工作意见	新疆维吾尔自治区扶贫办	2010
3	新疆维吾尔自治区创建科技扶贫示范村（户）试点工作实施办法	新疆维吾尔自治区科技厅	2012
4	自治区农村残疾人扶贫开发规划	新疆维吾尔自治区人民政府	2013
……	……	……	……
67	《关于进一步完善利益联结机制，推进产业扶贫的意见》	新疆维吾尔自治区扶贫办	2020
68	关于贯彻落实《中国绿色食品发展中心关于支持帮扶"三区三州绿色食品发展工作的通知》的通知	新疆维吾尔自治区农业农村厅	2020
69	关于做好南疆地区建筑领域转移就业对口帮扶有关工作的通知	新疆维吾尔自治区扶贫办	2020
70	自治区水利系统防止返贫监测预警机制实施方案	新疆维吾尔自治区水利厅	2020

注："北大法宝数据库"、新疆维吾尔自治区扶贫办官网以及各厅局官网整理所得。

5.2.2 政策文本描述性统计

5.2.2.1 政策制定主体

在自治区扶贫政策的制定出台主体中，自治区扶贫办、自治区财政厅、自治区人民政府、自治区水利厅以及各地州扶贫办的发文数量排名前五，是扶贫政策的主要制定出台部门。其中，自治区扶贫办制定出台的政策最多，占总数的 35.7%；其次是自治区财政厅，占比 21.4%，说明资金支持是扶贫工作的重要保障。部门联合出台占政策比 27.0%，其中自治区财政厅和人民政府参与联合发文次数最多。可见，大部分精准扶贫政策都是由单个部门制定，政策部门联合出台占比较低。由于扶贫问题涉及利益复杂，单一部门制定无法较好形成精准扶贫合力，精准扶贫政策文件的制定缺乏在自治区各厅局联合商讨、制定和发布，因此不利于达成精准脱贫效果（表 5-2）。

表 5-2 各部门精准政策文本出台份数前 5 名

政策出台部门	出台总份数	部门联合出台	出台比例（%）	联合出台比例（%）
新疆维吾尔自治区扶贫办	25	6	35.7	24.0
新疆维吾尔自治区财政厅	15	6	21.4	40.0
新疆人民政府	13	5	18.6	38.5
新疆维吾尔自治区水利厅	11	3	15.7	27.3
各地州扶贫办	10	0	14.3	0

5.2.2.2 政策文本类型

自治区扶贫政策文本类型主要为"通知""方案""办法""意见""规划"等 7 种形式，其中"通知"类政策数量最多，占比 28.6%，主要用于传达扶贫政策行政指示和安排布置扶贫具体工作。其次为"方案"，占比 27.1%，主要呈现扶贫措施的具体实施内容。相比之下，"规划""条例""要点"等类型的政策文本颁布较少，三类合计仅占 7.1%（表 5-3）。

表5-3　精准扶贫政策文本类型统计表

文本类型	数量	比例（%）	文本类型	数量	比例（%）
办法	11	15.7	通知	20	28.6
方案	19	27.1	要点	1	1.4
规划	3	4.3	意见	15	21.4
条例	1	1.4			

5.2.2.3　政策文本编码

政策工具文本以构建的精准扶贫政策工具三维分析框架为前提，将70份政策文本中的相关条款作为基本单元进行内容分析，按照"文本层级编号—发文标题—内容分析"序列进行三级编码。由于综合性的政策文本涉及多个扶贫领域，当一条政策内容涉及多个领域时，进行多重编码，所有的编码都涉及了政策工具，但并非都涉及扶贫领域和扶贫价值，在此对涉及新疆南疆四地州实施的精准扶贫政策内容都进行了编码，具体编码表见（表5-4）。

表5-4　精准扶贫政策文本编码表

编号	发文标题	内容分析	编码
1	2010年自治区扶贫开发工作要点	一、积极谋划未来十年扶贫开发工作（一）编制"十二五（扶贫总体规划及整村推进、扶贫易地搬迁、边境扶贫开发、集中连片贫困地区综合治理等专项规划（二）加强组织领导，抽调人员、组成班子，制定详细方案，保证起草和编制工作顺利进行	1-1-1 1-1-2
		二、认真打好实施《新疆维吾尔自治区农村扶贫开发纲要（2001—2010年）》收官之战（二）加大整村推进规划的实施力度，进一步改善贫困地区生产生活条件（三）深入开展扶贫培训和产业化扶贫，着力提高贫困人口素质和自我发展能力（四）保持重点县农牧民人均纯收入增幅超过全区平均水平，努力缩小发展差距	1-2-2 1-2-3 1-2-4
		三、扩大各项扶贫试点成果（一）继续推进阿合奇县边境扶贫试点（三）扩大集中连片开发试点范围（四）继续扩大贫困村村级互助资金试点	1-3-1 1-3-3 1-3-4
		……	……

编号	发文标题	内容分析	编码
2	自治区对农村低收入人口全面实施扶贫政策进一步做好扶贫工作意见	二、突出区域重点，明确扶贫主攻方向（一）加大对革命老区、民族地区、边疆地区和贫困地区发展扶持力度（二）进一步改善生产生活条件，发展优势支柱产业，增强农村贫困人口的自我发展能力	2-2-1 2-2-2
		三、优化投入结构，提高资金到村入户的比例（一）重点发展特色产业（二）对扶贫资金支持的基础设施建设项目要严格评审（三）引导资金向贫困地区倾斜 ……	2-3-1 2-3-2 ……
……	……	……	……
69	关于贯彻落实《中国绿色食品发展中心关于支持帮扶"三区三州绿色食品发展工作的通知》的通知	二、发展措施（一）进一步加强学习宣传培训（二）进一步加强产品认证（三）进一步加强基地建设（四）进一步加强品牌宣传推介（五）进一步落实扶持政策 ……	69-2-1 69-2-2 69-2-3 69-2-4 69-2-5 ……
70	自治区水利系统防止返贫监测预警机制实施方案	五、监测的主要措施（一）完善信息，建立电子台账（二）定期检测，动态管理（三）提前预防，提早解决	70-5-1 70-5-2
		六、工作要求（一）加强组织领导，加强责任（二）建立长期机制，提升工作质量（三）加强指导，跟踪问效 ……	70-6-1 70-6-2 ……

5.3　精准扶贫政策文本量化结果分析

5.3.1　政策工具总体构成组合状

基于前文 6 种政策工具类型，以前文编码为基础，可得出 2010—

2020 年自治区扶贫政策工具的分布情况（表 5-5）。从表中可以看出，自治区制定出台的 70 份政策文件中的扶贫政策覆盖了命令型、激励型、能力建设型、系统变革型、劝诫告知型、自愿性 6 种类型，涵盖了 24 项政策工具。扶贫政策工具的综合使用为新疆南疆四地州精准扶贫、精准脱贫工作创造了良好的政策环境。

整体来看，自治区已初步形成了立体网状结构型扶贫政策体系，但仍有不尽完善的地方。在扶贫政策工具中，命令型、能力建设型、激励型工具在基本政策工具中排名前三，占比分别为 51.3%、16.1% 和 14.4%。其中，命令型工具使用高频，总使用次数为 466 次，占比 51.3%，是其他政策工具的 3.2~14.7 倍，说明自治区在制定扶贫政策中更多采用行政命令型，缺乏灵活的市场型政策。其次，使用相对频繁的是能力建设型工具，占比 16.1%，说明更重视"造血式"扶贫，通过提升帮扶对象的自身素质，改善贫困地区的基础设施、公共服务设施以及生产生活条件，来保障新疆南疆四地州区域发展与扶贫攻坚顺利进行，确保贫困地区长远发展和扶贫效果的可持续性。系统变革型工具使用最少，仅为 1.2%，其次是自愿性工具，占比 3.5%，说明对鼓励支持各类社会组织、福利机构、爱心捐赠、志愿服务等参与扶贫工作的政策尚不完善（表 5-5）。

表 5-5　2010—2020 年自治区扶贫政策工具分配比例

工具类型	工具名称	响应次数（次）	合计（次）	占比（%）
命令型工具	行政管制	160	466	51.3
	直接提供	70		
	指示指导	229		
	政策实验	6		
	法律法规	1		
激励型工具	定期评估	20	131	14.4
	补贴奖励	37		
	政策优惠	37		
	社会声誉	1		
	通报处罚	36		

工具类型	工具名称	响应次数（次）	合计（次）	占比（%）
能力建设型	项目运作	34	146	16.1
	数据技术	5		
	教育培训	69		
	基础建设	38		
系统变革型	组织调整	1	11	1.2
	职能变动	3		
	机制变化	7		
劝诫告知型	舆论宣传	29	122	13.4
	信息公开	25		
	鼓励号召	46		
	示范引导	22		
自愿性	志愿服务	4	32	3.5
	市场行业	8		
	社会组织	20		
合计		908	908	100

从政策工具演化的时间层次来看，6种政策工具使用的走势基本趋同，呈现波状上下浮动趋势，2016年之后政策制定出台呈明显上升趋势，2017年和2018年出台的扶贫政策最多，其中能力建设型、系统变革型、劝诫告知型和自愿性工具在2017年达到了峰值。2015年中共中央、国务院发布《中共中央国务院关于打赢脱贫攻坚战的决定》，提出"到2020年实现我国现行标准下农村贫困人口实现脱贫，贫困县全部摘帽"的脱贫攻坚目标，2016年作为"十三五"时期的开局之年，自治区密集出台了各类发展规划，如《新疆维吾尔自治区"十三五"脱贫攻坚规划》《新疆维吾尔自治区新疆南疆四地州片区区域发展与扶贫攻坚"十三五"实施规划》等，尤其是提出"到2020年，打赢脱贫攻坚战，同全国一同进入小康社会"目标，根据这个总目标，各行业部门纷纷出台支持脱贫攻坚的相关政策措施。其中，命令型工具和激励型工具在

2018 年达到峰值，原因在于 2018 年全国脱贫攻坚进入决胜期。针对脱贫攻坚最后的"硬骨头"，2017 年国家出台《关于支持深度贫困地区脱贫攻坚的实施意见》（厅字〔2017〕41 号），提出"重点解决'三区三州'深度贫困问题，确保打赢脱贫攻坚战"。新疆南疆四地州作为国家"三区三州"深度贫困地区之一，为解决该地区区域性整体贫困问题，确保 2020 年新疆全面打赢脱贫攻坚战，自治区针对新疆南疆四地州深度贫困地区制定出台了《新疆维吾尔自治区新疆南疆四地州深度贫困地区脱贫攻坚实施方案（2018—2020）》等一系列政策措施（图 5-4）。

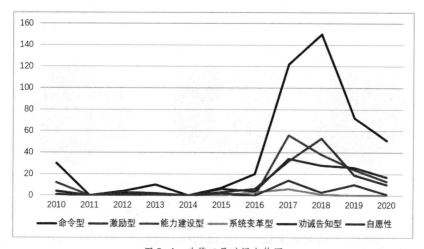

图 5-4　政策工具时间走势图

从各项政策工具的构成比例来看（图 5-5），在命令型工具响应次数中，政府对于建立制度、完善体系的指示指导类政策工具使用最多，占比达到近 50%；行政管制类政策工具占比 35%，直接提供类政策工具占比 15%，法律法规类政策工具的使用占比最低为 0，说明未有效通过法律手段对扶贫成效进行约束。精准扶贫、精准脱贫政策的实施，需要政府部门从宏观层面对脱贫工作进行顶层设计，对扶贫工作的开展推进进行规范和引导；行政管制类政策工具则是政府部门对于扶贫规划具体实施环节的管理制约，是为保障扶贫效果而采取的控制措施；直接提供类政策工具为扶贫政策的顺利执行提供资金和物质保障；法律法规是扶贫工作顺利开展的保障，但法律工具的缺失则不利于扶贫问题的解决。

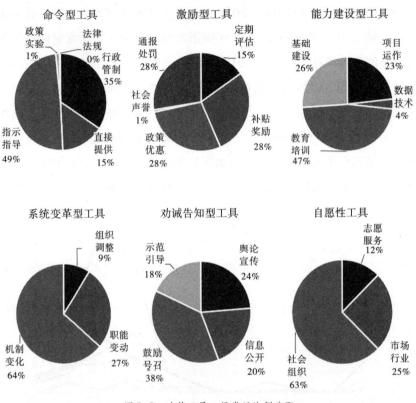

图 5-5　政策工具二级类目比例分配

　　在激励型工具响应次数中，通报处罚、补贴奖励和政策优惠政策工具的使用占比均为28%。可见，扶贫政策工具制定综合运用了正向激励和负向激励，一方面通过税收优惠、补贴、奖励等正向激励手段，激励个人、企业参与帮扶，激励贫困人口的自主脱贫积极性；另一方面，通过定期评估、通报处罚等负向激励手段，约束监督扶贫项目、扶贫资金的使用，定期监测评估扶贫成效，确保扶贫任务全面完成并经得住历史的考验。

　　在能力建设型工具响应次数中，政府主要通过向帮扶对象提供培训、教育、实践的机会，为建档立卡贫困人口提供脱贫能力的支持，实现"一户一技能、一户一就业"的目标，通过就业带动贫困户持续稳固脱贫。其次，通过加大对贫困地区基础设施、公共服务设施、生产生活条件、产业扶贫等的支持力度，为贫困人口提供更多就业机会、增收渠道。数据技术在能力建设型工具中使用占比较小，表明通过数据技术开展贫困人口的管理、监测等大数据扶贫利用水平不高，扶贫工作的大数据平台建设滞后。

在系统变革型工具响应次数中，机制变化响应次数较高，达到64%，说明新疆扶贫工作中一直注重精准扶贫、精准脱贫的体制机制完善，已构建了一套行之有效的政策体系和工作机制，已建立了完备的脱贫攻坚责任体系、工作体系、监督体系、政策体系、投入体系、监测体系、帮扶体系、社会动员体系等，历练培养了一大批能打硬仗的干部队伍。

在劝诫告知型工具响应次数中，政府着重强调鼓励从内部激活扶贫动力，强化扶贫动机，并通过信息公开促进主体之间的交流，运用媒体网络等渠道多角度宣传扶贫政策和典型案例，营造浓厚的脱贫攻坚氛围。

在自愿性工具响应次数中，社会组织的使用频率较高，志愿服务占比最低，通过市场行业扶贫的占比25%，占比也较低，需发挥市场促进作用，优化扶贫要素的配置，推进购买力提升，促进扶贫方式转变。

5.3.2 X-Y 维度分析

以 6 类政策工具为基础，自治区精准脱贫路径政策包括转移就业、发展产业、土地清理、转为护边员、生态补偿、易地搬迁、社会保障、教育扶贫、健康扶贫和基础设施等，政策工具在不同精准脱贫路径领域的占比不同，意味着其功能的侧重点不同。

从 X-Y 维度整合分析结果来看（表 5-6），在实施"七个一批，三个加大力度"精准脱贫路径政策工具中，为建档立卡贫困人口提供产业促就业和支持增收的产业发展、教育扶贫领域的政策工具使用较为频繁，占比分别达到 21.1% 和 19.5%；其次，是保证贫困人口基本生活环境和物质条件的基础设施以及社会保障政策工具，占比分别为 12.7%

和11.8%；通过医疗保障、免费体检等方式提高贫困人口身体素质的健康扶贫占比为10.3%；通过推动就业意愿、就业技能与就业岗位精准对接，提高劳务组织化程度和就业脱贫覆盖面的转移就业占比8.6%；通过加大对贫困地区生态工程建设支持力度的生态补偿政策工具占比7.0%；通过对居住在生存环境差、生态环境脆弱、不具备基本发展条件、难以享受基本公共服务、"一方水土养不起一方人"地方的贫困户实施易地搬迁，改善贫困人口的生产生活条件，实现脱贫的易地搬迁占比5.9%；通过土地清理再分配的政策工具占比2.0%，保障新疆南疆四地州深度贫困人口每人新增耕地2亩，有效保障生产资料的安全供应；通过转为护边员领域政策工具占比最少，为1.1%，由于该项政策实施较为单一，主要解决边境线、边境一线的贫困边民稳定就业问题。

表5-6　政策工具—扶贫领域分配比例

	命令型（个）	激励型（个）	能力建设型（个）	系统变革型（个）	劝诫告知型（个）	自愿性（个）	占比（%）
转移就业	21	7	2	0	8	1	8.6
发展产业	33	9	28	1	14	4	19.5
土地清理	6	3	0	0	0	0	2.0
转为护边员	0	5	0	0	0	0	1.1
生态补偿	16	12	2	1	1	0	7.0
易地搬迁	16	3	3	0	4	1	5.9
社会保障	36	5	0	2	5	6	11.8
健康扶贫	33	3	5	2	3	1	10.3
教育扶贫	14	1	67	1	11	2	21.1
基础设施	19	0	37	0	1	1	12.7

在实施"七个一批，三个加大力度"精准脱贫路径政策工具中，政策工具的使用频率排序为：命令型工具＞能力建设型工具＞激励型工具

＞劝诫告知型工具＞自愿性工具＞系统变革型工具，与前文政策工具的整体排序一致。从命令型工具来看，精准脱贫路径中使用频率最多的是社会保障领域，即政府作为权力行使者，其提供的保障和稳定供给可以最大限度地实现贫困群众的兜底工作，保障基本生活。从能力建设型工具来看，其主要作用于教育扶贫和基础设施建设领域，除了保证贫困地区的基础设施建设外，主要实施支持贫困人口的素质教育、国语教育培训、职业技能培训等政策，确保贫困家庭"无辍学孩子，上得起学"，以及贫困家庭劳动力至少掌握一门致富技能，实现"培训一人，就业一人，脱贫一户"；实施派驻大批干部人才到贫困地区支教等政策，保障贫困人口的长远发展能力，确保扶贫效果的可持续性。从激励型工具来看，其主要通过生态补偿来增加贫困人口就业以及转移支付收入，落实国家新一轮草原生态保护补助奖励政策，设立草原管护员、生态护林员等措施，解决贫困人口就业和增收问题。从劝诫告知型工具来看，其主要通过扶持贫困地区、贫困户发展特色产业促贫困人口脱贫，更多的是引导贫困地区、贫困人口根据当地资源优势，发展壮大产业带动增收的政策措施。系统变革型和自愿性工具作用领域的响应次数较少；社会保障领域的响应次数最多，集聚更多资源，保障无法通过自身劳动摆脱贫困的群体的最低保障，说明针对新疆南疆四地州脱贫攻坚的政策更偏向民生保障领域，与该区域致贫原因呈现出特殊性、顽固性、复杂性特点相关，因而需要更多国家、自治区支持。

总体来看，命令型工具凭借"成本低、效力高、时效强"的优势在扶贫政策中被大量使用，政府通过强制性手段来保障政策效果，在扶贫政策的实施中发挥主导作用。自愿性和系统变革型工具使用频次占比低，作用的领域少，系统变革型工具有利于优化扶贫政策的基层权力架构，利于扶贫工作的顺利开展；自愿性工具可以从内在意识上促进社会组织对于扶贫工作的参与。因此，自治区在实施"七个一批，三个加大力度"精准脱贫路径政策工具中，系统变革型和自愿性工具的运用仍有待加强。

5.3.3　X-Z 维度分析

以 6 类政策工具为基础，从解决温饱、资源整合、脱贫致富、公平正义四个层级精准脱贫价值链分析来看，不同的扶贫价值占比不同，从大到小依次为脱贫致富、公平正义、资源整合和解决温饱，占比分别为 42.2%、40.5%、13.1% 和 4.2%（图 5-6）。

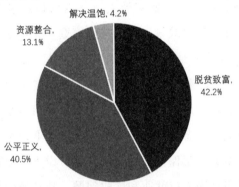

图 5-6　精准扶贫政策工具价值链分布结构

解决温饱是精准扶贫政策实施的首要目标。自治区政府通过运用命令型工具和能力建设型工具，主要作用于社会保障、基础设施建设等领域精准扶贫路径，重点解决新疆南疆四地州贫困人口"两不愁三保障"。

资源整合作为扶贫政策向精准化过渡的重要前提，对于贫困地区能否如期实现脱贫起着至关重要的作用。在精准扶贫过程中，自治区政府积极整合各部门、各行业、对口援疆等各类资源，通过强化区域协作、援疆支持、兵地融合、部门协同、社会合力，广泛动员了民营企业、社会组织和个人等社会力量通过多种方式积极参与脱贫攻坚，形成扶贫合力"组合拳"，凝聚社会力量，基本形成了政府、市场、社会、援疆协同推进的大扶贫格局。自治区内 33 个经济实力较强县（市、区）与新疆南疆四地州的 27 个县（市）开展协作帮扶；对口援疆扶贫政策稳步实施，在改善住房条件、发展教育、完善医疗卫生服务、带动就业等方面发挥了重要作用；全面开展"访惠聚"驻村工作队包村联户，推进"五个一"全覆盖包联，深化包村定点扶贫，实现新疆南疆四地州贫困村自治区级"访惠聚驻村工作队全覆盖包联等。

公平正义在扶贫价值链中的占比较高,表明新疆南疆四地州实施的精准扶贫、精准脱贫政策价值取向逐步从"注重效率"转向"注重公平"。在政策制定中,更多考虑到政策对贫困人口实施的公平性,更多向普惠性政策演化,在贫困人群中未实施不同的扶持政策,对扶贫对象的政策实施是一视同仁的。

脱贫致富在扶贫价值链中的占比最高,可见新疆南疆四地州实施政策的最终目标就是为了实现贫困人口的脱贫致富,提高贫困人口增收的能力,是多维度政策工具一致要达到的目标,政策的实施更多考虑到是长期脱贫问题,解决"两不愁三保障"、区域性贫困问题。

5.3.4　X-Y-Z 维度分析

从整体来看,以 6 类政策工具为基础,涉及 X-Y-Z 三个维度的政策共计 442 条(表 5-7),能力建设型—教育扶贫—脱贫致富维度政策最多,共计 60 条,占比 13.6%;其次是能力建设型—基础设施—脱贫致富维度,共计 27 条,占比 6.1%;第三,命令型—发展产业—脱贫致富维度,共计 25 条,占比 5.7%。可见,在新疆南疆四地州实施的精准扶贫、精准脱贫政策主要围绕贫困地区和贫困人口的能力建设型和命令型工具,通过教育扶贫、基础设施建设和发展产业的路径,达到脱贫致富的目标。

从政策工具在各精准脱贫路径响应次数来看,响应次数在 30 以上区间的有 1 条,响应次数在 20~30 区间的有 3 条,响应次数在 10~20 的有 10 条,响应次数在 1~10 的有 67 条(其中 5~10 有 10 条),响应次数为 0 的有 160 条。整体来看,政策响应次数与政策条数呈负相关关系,即政策制定条数越多,实施响应次数却较少,说明政策之间协同性不高,政策制定主体之间缺乏有效沟通、多部门的协调合作机制欠佳,易造成政策实施效果未达政策制定目标。

在政策工具的推进实施方面,命令型工具占比依旧最高,但正呈现出逐渐向能力建设型转变趋势,其更加注重贫困人口的技能培训和教育普及，以"扶志"和"扶智"激发贫困人口脱贫致富的内在动力，提高脱贫致富能力和持续性。

表 5-7 X-Y-Z 三维政策文本量化统计

X →	命令型				激励型				能力建设型				系统变革型				劝诫告知型				自愿性			
Y ↓ \ Z	解决温饱	脱贫致富	资源整合	公平正义	解决温饱	脱贫致富	资源整合	公平正义	解决温饱	脱贫致富	资源整合	公平正义	解决温饱	脱贫致富	资源整合	公平正义	解决温饱	脱贫致富	资源整合	公平正义	解决温饱	脱贫致富	资源整合	公平正义
转移就业	0	17	0	4	0	5	0	1	0	1	0	1	1	0	0	0	0	5	1	2	0	0	1	0
发展产业	0	25	4	1	0	8	0	0	0	11	17	0	0	1	0	0	0	10	2	2	0	1	3	1
土地清理转为护边员	0	6	0	0	4	3	1	0	0	0	0	0	0	0	0	0	0	0	0	0	0	0	0	0
生态补偿	0	14	1	1	0	10	0	2	0	1	1	0	0	0	0	1	0	1	0	0	0	0	0	0
易地搬迁	0	15	0	0	0	3	0	0	0	3	0	0	0	0	0	0	0	3	1	0	0	0	1	0
社会保障	18	2	1	15	3	0	0	2	0	0	0	0	1	1	0	0	0	0	3	2	1	0	5	0
教育扶贫	0	9	0	5	0	1	0	0	0	60	2	4	0	0	0	1	0	8	1	2	0	0	2	0
健康扶贫	3	21	0	8	0	3	0	0	0	4	0	0	1	0	0	0	0	3	0	0	0	0	1	0
基础设施	1	11	1	4	0	0	0	0	1	27	5	1	0	0	0	0	0	0	1	0	0	0	1	0

5.4 新疆南疆四地州精准扶贫政策工具瞄准评估分析

根据对新疆南疆四地州实施的精准扶贫、精准脱贫政策的文本量化分析，可以看出新疆南疆四地州精准扶贫、精准脱贫政策体系已经基本建立，但在政策制定和实施过程中仍存在着政策工具结构不合理、扶贫领域分配不均等一些问题。

5.4.1 精准扶贫政策体系基本建立，呈现立体网状结构

据不完全统计，自治区党委、人民政府制定出台脱贫攻坚配套文件及各厅局出台政策文件或实施方案涉及新疆南疆四地州，以及各地州出台的相关政策文件共计100多个，已建立起"1+N"的脱贫攻坚系列政策体系，基本形成了国家、自治区、地州、行业部门多维"横向""纵向"交织严密的政策合力。涉及新疆南疆四地州精准扶贫、精准脱贫的政策体系整体呈现三维立体网状结构，X维横向涉及命令型、激励型、能力建设型等不同精准扶贫政策工具，纵向Y维涉及发展产业、社会保障、教育扶贫等不同精准扶贫路径，Z维涉及解决温饱、资源整合、脱贫致富、公平正义等不同层级的精准扶贫价值链目标。从X–Y–Z三个维度的政策响应次数来看，能力建设型工具—教育扶贫—脱贫致富维度政策最多，占比13.6%；其次是能力建设型工具—基础设施—脱贫致富维度、命令型—发展产业—脱贫致富维度。可见，在新疆南疆四地州实施的精准扶贫、精准脱贫政策主要围绕贫困地区和贫困人口的能力建设型和命令型工具展开，命令型工具正逐渐向能力建设型工具转变的趋势；通过教育扶贫、基础设施建设和发展产业的路径，更加注重贫困人口的技能培训和教育普及，以"扶志"和"扶智"激发贫困人口脱贫致富的内在动力，提高脱贫致富能力和持续性，达到脱贫致富的目标。

5.4.2 精准扶贫政策呈现多元化，政策制定主体协同性低

从前文分析可知，涉及新疆南疆四地州精准扶贫、精准脱贫政策的文本类型包括"通知""意见""规划"等7种形式，政策文本的运用呈现多元化特征。从政策制定主体来说，涉及自治区人民政府、自治区扶

贫办、财政厅、水利厅等多个政府部门，呈现多主体特征，但各部门制定政策的协同性较低，大部分政策是靠各个厅局单独制定、联合制定出台发布的政策文件较少，部门联合出台占比仅 27.0%，同时 X–Y–Z 政策工具响应次数与政策条数成负相关的规律，说明政策之间协同性不高，政策制定主体之间缺乏有效沟通、多部门的协调合作机制欠佳，易影响政策的具体实施效果。

5.4.3 以命令型工具为主，政策工具使用结构不合理

从 6 个类型政策工具使用结构来看，命令型工具使用响应次数最高，占比 51.3%，是其他政策工具的 3.2~14.7 倍，自愿性和系统变革型政策工具使用不足，自愿性工具占比 3.5%，系统变革型工具使用最少，仅为 1.2%。可见，新疆南疆四地州精准扶贫、精准脱贫政策体系以命令型工具为主体，其在使用中虽然具有"成本低、效率高、时效强"的优点，但过多使用命令型工具不利于在实践中采取根据具体的致贫原因与脱贫需求的针对性措施，导致制度僵化，而自愿性工具可通过全民参与的方式支持扶贫工作的有效开展，系统变革型工具可以由内而外地对贫困人口进行激发引导，有利于优化扶贫基层的权力架构，营造有利于扶贫工作开展的良好生态环境。新疆南疆四地州不仅表现出政策工具使用结构的不合理性，而且在不同政策工具内部具体工具使用响应情况方面，也存在结构不合理性，命令型工具对于建立制度、完善体系的指示指导类政策工具使用最多，占比达到 50% 左右，行政管制类政策工具占比 35%，直接提供类政策工具占比 15%，法律法规类政策工具的使用，法律法规的使用仅有 1 条，占比最低对于法律法规政策工具的使用缺失，不利于精准脱贫政策的具体实施，因为法治是扶贫工作顺利开展的保障。

5.4.4 以教育和产业脱贫为主，政策作用差异性突出

从政策工具作用的脱贫路径来看，新疆南疆四地州精准扶贫、精准脱贫政策工具作用领域主要集中在教育扶贫和产业扶贫，占比分别达到

了21.1%和19.5%，与新疆南疆四地州产业发展基础薄弱，产业结构单一，工业化水平低，仍以传统农业为主，农业生产经营方式粗放落后，农业效益低，农业人口多，农村85%以上的劳动力集中在农业领域，农民转移难，缺乏稳定的就业增收渠道，县域经济发展缺乏产业支撑；教育、卫生、文化、体育等社会事业发展水平低，发展滞后，劳动力综合素质偏低，青年就业压力大、稳定就业难有关。针对新疆南疆四地州贫困地区、贫困人口的特征，自治区政府制定了差异性的精准脱贫政策，优先解决民生问题和内生动力发展问题。

5.4.5 政策价值首要目标为脱贫致富，正向公平正义转移

通过政策价值链维度分析发现，脱贫致富在解决温饱、资源整合、脱贫致富、公平正义等不同层级的精准扶贫目标价值中占比最高，占比分别为42.2%，可见新疆南疆四地州精准扶贫、精准脱贫政策作用的首要任务是脱贫致富，通过精准化瞄准扶贫对象，多措并举实施"七个一批""三个加大力度"的精准脱贫路径，帮扶贫困人口尽快如期脱贫，充分享受国家发展成果。公平正义在政策价值链中的响应频数排第二，占比40.50%，表明新疆南疆四地州扶贫工作不仅仅是解决贫困人口的温饱问题，实现脱贫致富，而是从可持续发展的角度赋予贫困人口自给自足的能力，将"扶贫"和"扶智"相结合，让所有的贫困人口在获得发展机遇的同时获得发展能力，使政策价值向公平正义转变。

5.5 本章总结

本章主要运用政策工具文本量化法，梳理了2010—2020年自治区出台的涉及新疆南疆四地州精准扶贫、精准脱贫的一系列政策措施，并从X政策工具维度、Y扶贫路径领域维度、Z扶贫价值链维度的三维分析框架进行政策文本分析，评估了制定的精准脱贫政策瞄准状况。

（1）2010—2020年自治区制定出台的政策文件中有关扶贫政策覆盖

命令型、激励型、能力建设型、系统变革型、劝诚告知型、自愿性等6种工具类型，涵盖政策工具共24项，可见扶贫政策工具的综合使用为新疆南疆四地州精准扶贫、精准脱贫工作创造了良好的政策环境。

（2）涉及新疆南疆四地州精准扶贫、精准脱贫的政策体系整体呈现三维立体网状结构，X维涉及命令型、激励型、能力建设型等不同精准扶贫政策工具，Y维涉及发展产业、社会保障、教育扶贫等不同精准扶贫路径，Z维涉及解决温饱、资源整合、脱贫致富、公平正义等不同层级的精准扶贫价值链目标。精准脱贫政策呈现多元化特征，但政策制定主体协同性低，较多政策由各个厅局部门单独制定、联合制定出台发布的政策文件较少。

（3）在新疆南疆四地州实施的精准扶贫、精准脱贫政策主要以贫困地区和贫困人口的能力建设型和命令型工具为主，命令型工具正逐渐向能力建设型转变，但过多使用命令型工具不利于在实践中采取根据具体的致贫原因与脱贫需求针对性措施，导致制度僵化，自愿性和系统变革型政策工具响应次数较少、使用不足，法律法规政策工具的使用缺失，因而政策工具使用结构存在不合理性。

（4）从政策作用的脱贫路径来看，新疆南疆四地州精准扶贫、精准脱贫政策主要集中在教育扶贫、基础设施建设和发展产业等领域，更加注重贫困人口的技能培训和教育普及，以"扶志"和"扶智"激发贫困人口脱贫致富的内在动力，提高脱贫致富能力和持续性，达到脱贫致富的目标。

（5）从政策价值链维度来看，新疆南疆四地州精准扶贫、精准脱贫政策价值首要目标为脱贫致富，且逐步从注重效率转向注重公平，在政策制定中更多考虑到对贫困人口实施的公平性，更多向普惠性政策转化，让所有的新疆南疆四地州人民群众都获得发展机遇的同时也获得发展能力，政策价值正向公平正义转变。

6

新疆南疆四地州精准扶贫
特殊扶持政策实施效果评估

　　本章以新疆南疆四地州集中连片特困地区为研究对象，评估我国2011 年实施集中连片特困地区特殊扶持政策的实施效果，总结政策实施对南疆贫困地区区域带来的减贫效应和区域发展带动效应。为区分新疆南疆四地州区域减贫成效和区域发展是来自政策推动还是经济自然客观发展的结果，即集中连片特困地区特殊扶持政策的实施是否给新疆南疆四地州带来区域减贫效应和区域发展效应？以及这种效应在多大程度上来自集中连片特困区的设立？不同贫困地区减贫效应和区域发展带动效应是否存在异质性？在 2020 年全面脱贫之后是否还需要继续实行等问题？本章主要将新疆南疆四地州实施集中连片特困地区特殊扶持政策看作一次独立的自然实验，利用双重差分模型（DID）、客观评价集中连片特困地区特殊扶持政策实施的减贫效应和区域发展带动效应，并运用分位数双重差分模型考察不同贫困地区减贫效应和区域发展带动效应的异质性，最后进一步通过中介效应探寻政策实施的传导路径及其效果，为确保政策能够持续高效推动我国减贫事业的发展，为巩固脱贫成果阶段制定区域性扶贫政策提供借鉴参考。

6.1 模型构建与变量描述

6.1.1 模型构建

6.1.1.1 双重差分模型

本研究将 2011 年实施集中连片特困地区特殊扶持政策看作一项自然实验，使用双重差分法（DID）来评估南疆贫困地区实施集中连片特困地区特殊扶持政策后的减贫效应和区域发展带动效应，双重差分法有效解决了工具变量法对工具变量选择的任意性和误差的不可观测性问题，也解决了单重差分法无法准确评估仅政策一个因素所带来的净增长效应问题。处理组选取和田地区、喀什地区、克州的 24 个国家级贫困县市；对照组选取资源禀赋、地理环境、民族习俗、发展水平相近的阿克苏地区 9 个县市，阿克苏地区同属南疆区域，包括 8 县 1 市，但仅有 2 个国家级贫困县，经济发展水平在全疆排在前列，2018 年 GDP 处于全疆第 4 位，农村居民人均可支配收入处于全疆第 10 位，但远高于和田地区、喀什地区和克州，具有一定的可参照性。

在保证其他因素不变的情况下，评估处理组与对照组就政策的作用下是否会产生减贫和区域发展带动作用，因而设定模型如下：

$$Y_{ct}=\beta_0+\beta_1 treat_c \times Post_t+\beta_2 Control_{ct}+\gamma_c+\delta_t+\varepsilon_{ct} \qquad (6-1)$$

其中，Y_{ct} 代表 GDP 和人均 GDP 的对数值，c 与 t 分别表示样本个体和年份，$Treat_c$ 为组别虚拟变量，如果个体 c 属于和田地区、喀什地区、克州的 24 个国家级贫困县市，则 $Treat_c=1$，否则 $Treat_c=0$，$Post_t$ 为时间虚拟变量；集中连片特困地区特殊扶持政策实施后，即 $t \geq 2012$ 时，$Post_t=1$，政策未实施则 $Post_t=0$，$Control_{ct}$ 为解释因变量的控制变量。γ_c 反映个体固定效应，δ_t 反映时间固定效应，ε_{ct} 为稳健标准误，$Treat_c \times Post_t$ 为交互项 DID 的值，估计系数 β_1 代表双重差分的政策实施净效应，β_1 显著为正，则说明若政策实施后能够产生明显效果。

6.1.1.2　中介效应模型

为验证集中连片特困地区特殊扶持政策产生的减贫效应和区域发展带动效应的传导路径，通过中介效应模型，考察政策实施后通过何种途径直接或间接促进区域减贫和带动区域发展。考虑到扶持政策的作用效果可能会通过产业结构化水平（primary 和 second）、乡村就业水平（employment）、城镇化发展水平（urban）、居民储蓄水平（sav）、县域教育水平（students）、县域医疗水平（lnhospital）、社会保障水平（lnwelfare）间接表现出来，借鉴温忠麟等[194]提出的中介效应模型，设定模型如下：

$$\ln \text{GDP} = \beta_0 + \beta_1 \text{Treat}_c \times \text{Post}_t + \beta_2 \text{Control}_{ct} + \delta_c + \gamma_t + \varepsilon_{ct} \quad （6-2）$$

$$M_{ct} = \alpha_0 + \alpha_1 \text{Treat}_c \times \text{post}_t + \alpha_2 \text{Control}_{ct} + \delta_c + \gamma_t + \varepsilon_{ct} \quad （6-3）$$

$$\ln \text{GDP} = \phi_0 + \phi_1 \text{Treat}_c \times \text{Post}_t + \phi_2 M_{ct} + \phi_3 \text{Control}_{ct} + \delta_c + \gamma_t + \varepsilon_{ct} \quad （6-4）$$

$$\beta_1 = \phi_1 + \phi_2 \alpha_1 \quad （6-5）$$

式（6-2）是集中连片特困区设立的总效应，GDP 对数值是被解释变量，β_1 是集中连片特困区总效应的系数；式（6-3）是中介效应，α_1 是控制变量 Control_{ct} 对中介变量 M_{ct} 的系数；式（6-4）是直接效应，ϕ_1 是控制了中介效应 M_{ct} 后，控制变量 Control_{ct} 对因变量 lnGDP 的直接效应系数，ϕ_2 是控制了控制变量 Control_{ct} 后中介变量 M_{ct} 对因变量 lnGDP 的效应系数；式（6-5）中 β_1 的总效应为直接效应 ϕ_1 和中介效应 $\phi_2 \alpha_1$ 之和。δ_c 为个体固定效应，γ_t 为个体时间效应，ε_{ct} 为残差项。对式（6-4）进行回归，如果 ϕ_1 和 $\phi_2 \alpha_1$ 均显著，说明 M_{ct} 为部分中介变量；如果 ϕ_1 不显著，$\phi_2 \alpha_1$ 显著，说明 M_{ct} 为完全中介变量；如果 ϕ_1 显著，$\phi_2 \alpha_1$ 不显著，说明 M_{ct} 不是中介变量，总效应等于直接效应 ϕ_1。

6.1.2　变量选择与数据来源

本研究选取 2006—2019 年的面板数据，处理组为和田地区、喀什地区、克州的 24 个国家级贫困县市，对照组为阿克苏地区 9 个县市，评

估集中连片特困地区特殊扶持政策的实施效果。变量选择主要参考刘瑞明
和赵仁杰[195-196]、左停等[197]，黄志平[123]，张国建等[108]，依据新疆南疆
四地州贫困地区特点选取控制变量和其他变量。数据主要来源历年《中国
县域统计年鉴》《新疆统计年鉴》、中国经济信息统计网统计数据库，对
个别缺失指标通过差值法补齐，个别年度具体数据缺失不影响对核心指
标的解释。（表6-1）

6.1.2.1　解释变量

解释变量为集中连片特困区设立的交互项DID，表示双重差分估计
结果。

6.1.2.2　被解释变量

（1）地区实际生产总值对数值（lnGDP），衡量地区经济发展水平。

（2）人均实际生产总值对数值（InPGDP），衡量人民生活水平。

6.1.2.3　控制变量

（1）exports代表出口总额与GDP总额的比值，衡量对外开放水平。

（2）popden为县域总人口与县域面积比值，衡量县域人口区域密度。

（3）lnmachinery为农业机械总动力对数值，衡量农业机械化发展
水平。

（4）lnindustry为规模以上工业总产值对数值，衡量产业规模化水平。

（5）govspend为政府财政支出占GDP的比值，衡量政府财政干预
程度。

6.1.2.4　中介变量

（1）primary为第一产业增加值与GDP的比值，衡量产业结构水平。

（2）second为第二产业增加值与GDP的比值，衡量产业结构水平。

（3）employment为乡村就业人数与乡村总人数比值，反映乡村就业
水平。

（4）urban为非农业人口与县域总人口比值，衡量城镇化发展水平。

（5）sav为居民储蓄存款与GDP比值，衡量居民储蓄水平。

（6）students为普通中学校在校学生数与县域总人口比值，衡量县

域教育水平。

（7）lnhospital 为卫生机构床位对数值，衡量县域医疗水平。

（8）lnwelfare 为社会福利性单位对数值，用来衡量社会保障水平。

表 6-1　变量描述性统计

变量类型	变量名称	变量含义	观测值	均值	标准差	最小值	最大值
核心解释变量	DID	交互项 Treat 与 Post 的乘积	462	0.416	0.493	0	1
被解释变量	lnGDP	地区实际生产总值对数值	462	12.432	0.974	9.759	14.807
	lnPGDP	人均实际生产总值对数值	462	9.324	0.644	7.717	11.023
控制变量	exports	出口总额 /GDP	462	0.006	0.02	0	0.159
	popden	县域总人口 / 县域面积	462	0.026	0.048	0.001	0.701
	lnmachinery	农业机械总动力对数值	462	11.794	0.978	8.846	13.776
	lnindustry	规模以上工业企业总产值对数值	462	10.771	1.621	3.611	14.917
	govspend	政府财政支出 / GDP	462	0.71	0.396	0.068	2.942
中介变量	primary	第一产业增加值 /GDP	462	0.323	0.149	0.031	0.938
	second	第二产业增加值 /GDP	462	0.243	0.128	0.076	0.928
	employment	乡村就业人数 / 乡村总人数	462	0.257	0.218	0.005	0.767
	urban	非农业人口 / 总人口	462	0.319	0.221	0.041	0.959
	sav	居民储蓄存款 / GDP	462	0.628	0.312	0	1.875
	students	普通中学校在校学生数 / 县域总人口	462	0.059	0.014	0.03	0.095
	lnhospital	卫生机构床位对数值	462	6.738	0.866	2.833	9.002
	lnwelfare	社会福利性单位对数值	462	5.64	0.891	2.079	8.293

6.2 集中连片特困地区特殊扶持政策效果评估分析

6.2.1 双重差分基准回归结果

表6-2中，（1）（2）列被解释变量为县域实际生产总值对数值（lnGDP），（3）（4）列被解释变量为人均县域实际生产总值对数值（lnPGDP），均同时加入控制变量。为避免因个体异质性或其他外在经济因素对实验结果造成估计偏误，（1）（3）列结果是在未控制时间效应和固定效应，只控制Treat、Post以及控制变量情况下的政策实施效果；（2）（4）列结果代表在县级层面控制时间效应、固定效应和控制变量情况下的政策实施效果。

从双重差分基准回归结果来看，在未控制时间效应和固定效应的前提下，（1）列被解释变量县域实际GDP对数值回归结果中DID的系数在5%水平上显著为正，说明集中连片特困地区特殊扶持政策的实施对该区域经济具有正向带动作用且较为明显。在控制时间效应和固定效应条件下，（2）列回归结果中DID系数在1%水平上显著为正，说明集中连片特困地区特殊扶持政策的实施使处理组比对照组实际GDP增长平均提高了20.73%，集中连片特困地区特殊扶持政策的实施对区域经济增长带动效果显著，但这种带动效应可能受个体异质性或其他外在因素影响被减弱。从被解释变量县域人均实际GDP回归结果来看，无论是否控制时间效应和固定效应，（3）（4）列回归结果中DID的系数均显著为正，说明集中连片特困地区特殊扶持政策的实施在一定程度上对南疆贫困地区人民生活水平的提升具有正向带动作用，且相比对照组县域人均实际GDP增长平均提高了17.69%，在政策实施前后有明显变化，具有一定的减贫效应。

从控制变量回归系数来看，集中连片特困地区特殊扶持政策实施后，县域人口密度对促进区域经济发展和减贫效应为正但不显著，说明人口规模扩大会在一定程度上促进区域经济发展，形成"人口红利"，但由于南疆贫困地区劳动力素质偏低，劳动生产率不高，未能形成显著效应。农业机械化发展水平对促进区域经济发展和减贫效应均在 1% 显著性水平上为正，说明通过提高机器（装备）在农业中使用程度，显著促进了南疆贫困地区农业生产效率提高。产业规模化水平对促进区域经济发展和减贫具有显著正效应，说明通过做大做强南疆贫困地区特色产业，有利于促进区域经济发展，以产业带动就业，以就业促进增收，助力贫困人口脱贫。对外开放水平对促进区域经济发展和减贫效应均具有显著正向作用，说明新疆南疆四地州通过积极融入丝绸之路经济带核心区建设，加大对外开放水平，有利于促进区域发展。政府财政干预程度对促进区域经济发展和减贫效应均具有显著负向作用，说明南疆贫困地区政府财政支出促进减贫和经济发展的绩效较低，财政支出资金主要用于水电路网气等基础设施建设、社会兜底保障、医疗教育保障等民生领域，在短期内无法产生直接的经济和减贫效应。

综上可知，集中连片特困地区特殊扶持政策的实施能有效促进南疆贫困地区减贫和区域发展，政策实施前后相比对照组县域 GDP 增长平均提高了 20.73%，县域人均 GDP 增长平均提高了 17.69%，具有区域减贫效应和经济发展带动效应。

表 6-2　基准回归结果

变量名称	（1） lnGDP	（2） lnGDP	（3） lnPGDP	（4） lnPGDP
DID	0.1864**	0.2073***	0.2491***	0.1769***
	(0.0694)	(0.0559)	(0.0572)	(0.0498)
Treat	0.2402**		−0.4220***	
	(0.1089)		(0.0866)	
Post	0.9451***		1.9906***	
	(0.1925)		(0.1652)	
exports	1.4266	1.6963**	−1.4275	1.7191***
	(1.2491)	(0.6972)	(1.1585)	(0.6530)

续表

变量名称	（1） lnGDP	（2） lnGDP	（3） lnPGDP	（4） lnPGDP
popden	0.1854	0.2233	−0.3690★	0.1252
	(0.2617)	(0.3202)	(0.2020)	(0.3373)
lnmachinery	0.3214★★★	0.8459★★★	−0.3109★★★	0.7402★★★
	(0.0745)	(0.1151)	(0.0534)	(0.1003)
lnindustry	0.2266★★★	0.1345★★★	0.0845★★★	0.1141★★★
	(0.0409)	(0.0235)	(0.0269)	(0.0198)
govspend	−1.0385★★★	−0.1663	−0.8123★★★	−0.1410
	(0.2036)	(0.1045)	(0.1808)	(0.0864)
_cons	6.1852★★★	1.0234	11.8525★★★	−0.6218
	(0.7344)	(1.1418)	(0.6210)	(0.9984)
固定效应	NO	YES	NO	YES
时间效应	NO	YES	NO	YES
R^2	0.8887	0.9525	0.8013	0.9082
N	462	462	462	462

注：★表示10%水平上显著；★★表示5%水平上显著；★★★表示1%水平上显著，（ ）中稳健标准误聚类到县级层面。_cons表示常数项。

6.2.2 稳健性检验

6.2.2.1 平行趋势检验

为检验设定的双重差分模型的可靠性，实验对实际lnGDP和实际lnPGDP进行平行趋势检验（图6-1）。从检验结果来看，在集中连片特困地区特殊扶持政策实施产生效果之前（2012年以前），处理组和对照组的实际lnGDP和lnPGDP基本保持相同的变化趋势，而在政策实施之后，处理组和对照组的实际lnGDP和lnPGDP变化趋势也基本保持一致，表明前文双重差分基准回归结果具有一定的可靠性，处理组和对照组有一定的可比性。

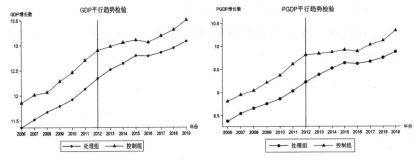

图 6-1　平行趋势检验

6.2.2.2　安慰剂检验

安慰剂检验（图 6-2），即使处理组和对照组在政策实施前具有相同趋势，但仍然可能存在其他不确定因素或者非观测遗漏变量的干扰对实验结论造成影响。为确保实验结果的稳健性，采用"反事实"研究方法的一种检验方式。安慰剂检验在所有地区中随机选择 24 个县域作为处理组，假设这 24 个地区被划为集中连片特困地区，实施特殊扶持政策，其他地区为对照组。为确保交互项 DID 对被解释变量人均实际 GDP 不构成影响，实验将随机抽样设定为 500 次，可估计得到 500 个交互项 DID 的估计系数。从估计结果可知，随机分布的系数估计大部分都集中在 0 附近，标准差为 0.04，而前文基准回归估计结果（17.69%）位于整个分布之外，可反事实推出随机设立集中连片特困地区不存在其他政策效应，反映出集中连片特困地区特殊扶持政策的实施具有促进区域减贫和经济发展效应是真实且客观存在的，不可能由其他不可观测因素导致这一事实。

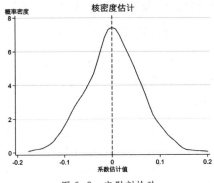

图 6-2　安慰剂检验

6.2.2.3 得分倾向匹配（PSM）检验

为有效减少处理组和对照组的选择性偏误，最大限度的保障 DID 估计结果的稳健性，本研究采用双重差分法分析前进行倾向得分匹配（PSM），即对处理组和对照组进行匹配，使用 PSM-DID 方法分析集中连片特困地区实施特殊扶持政策的效果。首先采用 logit 回归，估计出每个样本被作为处理组的概率拟合值，将概率拟合值按照处理组和对照组进行样本配对，再按照 1∶1 的近邻匹配和半径范围定为 0.05，匹配比例为 1∶1 的半径匹配，采用核匹配将处理组和对照组得分相近的样本进行匹配，匹配后的对照组确保了在集中连片特困地区特殊扶持政策实施前和处理组有显著差异，最后利用 PSM-DID 方法估算出集中连片特困地区特殊扶持政策实施的效果。（1）~（3）列分别为近邻匹配、半径匹配和核匹配的回归结果；考虑到距离政策实施时间越早会引起实验结果偏差，（4）列代表选取 2008—2019 年数据对样本结果进行稳健性检验；同时考虑到被解释变量可能会受到某些因素的影响存在"滞后效应"，将控制变量滞后一期可以有效降低内生性问题，（5）列为控制变量滞后一期回归结果。

从回归结果来看，（1）~（5）列回归结果均在 1% 水平上显著为正，且回归系数均在 17% 左右，这与基准回归的结果（17.69%）基本保持一致，验证了实验样本的选取符合实验要求，基准回归结果具有稳健性。同时，控制变量的回归结果均与上文控制变量的回归结果保持一致，具有较强的解释力，即集中连片特困地区特殊扶持政策的实施具有促进区域减贫和经济发展效应是真实且客观存在的（表 6-3）。

表6-3 稳健性检验

变量名称	（1）InPGDP 近邻匹配	（2）InPGDP 半径匹配	（3）InPGDP 核匹配	（4）InPGDP OLS	（5）InPGDP OLS
DID	0.1979***	0.2269***	0.1769***	0.1362***	0.0919***
	(0.0469)	(0.0487)	(0.0498)	(0.0265)	(0.0305)

续表

变量名称	（1） lnPGDP 近邻匹配	（2） lnPGDP 半径匹配	（3） lnPGDP 核匹配	（4） lnPGDP OLS	（5） lnPGDP OLS
exports	1.2620	1.4524*	1.7191***	−0.8424*	−0.0815
	(0.8002)	(0.7875)	(0.6530)	(0.4636)	(0.6542)
popden	0.1858	0.1650	0.1252	−0.1160	14.3104***
	(0.3366)	(0.3362)	(0.3373)	(0.2622)	(3.7658)
lnmachinery	0.6262***	0.6619***	0.7402***	−0.0528	−0.0388
	(0.0954)	(0.0954)	(0.1003)	(0.0445)	(0.0461)
lnindustry	0.1349***	0.1127***	0.1141***	0.0196	−1.7038***
	(0.0215)	(0.0191)	(0.0198)	(0.0148)	(0.3417)
govspend	−0.0384	−0.0984	−0.1410	−0.4093***	−0.2668***
	(0.0929)	(0.0837)	(0.0864)	(0.0960)	(0.0777)
_cons	0.3545	0.2625	−0.6218	9.3784***	9.1919***
	(0.9363)	(0.9486)	(0.9984)	(0.5071)	(0.5217)
固定效应	YES	YES	YES	YES	YES
时间效应	YES	YES	YES	YES	YES
R^2	0.9084	0.9041	0.9082	0.9612	0.9581
N	412	433	462	396	429

注：* 表示 10% 水平上显著；** 表示 5% 水平上显著；*** 表示 1% 水平上显著，（ ）中稳健标准误聚类到县级层面。_cons 表示常数项。

6.3 集中连片特困地区特殊扶持政策对不同地区异质性影响

考虑到基准回归结果是对南疆贫困地区县域发展水平的均值回归，并未反映出集中连片特困地区特殊扶持政策的实施效果对处于不同发展水平贫困县的差异。为探讨集中连片特困地区特殊扶持政策对不同区域具有实施效果的异质性，运用分位数双重差分法对 lnGDP 进行分位数回归，相比于普通最小二乘法（OLS）更能全面描述被解释变量条件分布的全貌，对离群值的表现更加稳健。

从回归结果来看（表 6-4），实际 lnGDP 分位数回归在 10%、30%、

50%、70%、90% 的分位点交互项 DID 系数在 1% 水平上显著为正，表明集中连片特困地区特殊扶持政策的实施对南疆贫困地区经济发展具有显著促进作用；在 10%、90% 分位点的 DID 系数较大，出现两极分化现象，说明集中连片特困地区特殊扶持政策对处于不同发展水平的贫困县的经济发展带动作用存在显著差异性，政策实施对贫困程度深、发展落后的地区经济发展带动效用更强。对人均实际 lnGDP 分位数回归在 10% 的分位点的 DID 系数较大，说明政策实施对南疆贫困地区区域内相对贫困程度深、发展落后地区人民生活水平改善的带动效应更强。综上可知，集中连片特困地区特殊扶持政策的实施对贫困程度深、发展落后地区的减贫效应和区域经济带动效应更强，可以说该政策的实施能准确瞄准较落后、较贫困的地区，达到了国家实施集中连片特困地区特殊扶持政策的初衷和目标，实现了区域发展与扶贫攻坚。

综上可知，集中连片特困地区特殊扶持政策对南疆贫困地区区域内处于不同发展水平地区的减贫和经济带动效应存在显著的异质性，对贫困程度深、发展落后地区的减贫效应和区域经济带动效应更强。因此，该政策的实施能准确瞄准较落后、较贫困的地区，但经济带动效应普遍大于减贫效应，这与该项政策在瞄准个体贫困差异性上存在不足有关，实际上新疆南疆四地州贫困人口的致贫原因较复杂，既包括生产资料欠缺、劳动技能不足、自然环境恶劣等原因，也包括"等靠要"思想严重、自我脱贫动力不足等原因，对于南疆贫困地区既存在区域性贫困的特性，又具有个体贫困复杂性的特征，因此需采取"集中连片特困地区特殊扶持政策＋精准帮贫政策"双向施力，方可有效完成脱贫攻坚任务及巩固脱贫成果，实现可持续性脱贫，以解决区域性贫困问题。

表6-4　分位 DID 回归结果

变量名称	（1） lnGDP 10%	（2） lnGDP 50%	（3） lnGDP 90%	（4） lnPGDP 10%	（5） lnPGDP 50%	（6） lnPGDP 90%
DID	0.4400***	0.4153***	0.5971***	0.4386***	0.1923**	0.2033***

续表

变量名称	(1) lnGDP 10%	(2) lnGDP 50%	(3) lnGDP 90%	(4) lnPGDP 10%	(5) lnPGDP 50%	(6) lnPGDP 90%
	(0.0677)	(0.0569)	(0.0688)	(0.0855)	(0.0827)	(0.0761)
exports	−0.6405	3.8242★★★	2.6517★	1.3414	2.9097	9.1503★★★
	(1.5236)	(1.2805)	(1.5483)	(1.9242)	(1.8605)	(1.7136)
popden	1.9126★★★	1.0236★	0.0984	1.1002	4.0563★★★	6.5334★★★
	(0.6419)	(0.5395)	(0.6523)	(0.8107)	(0.7839)	(0.7220)
lnmachinery	0.5499★★★	0.4879★★★	0.3106★★★	0.0747★	−0.0783★	−0.1476★★★
	(0.0351)	(0.0295)	(0.0357)	(0.0444)	(0.0429)	(0.0395)
lnindustry	0.2087★★★	0.2188★★★	0.2958★★★	0.2442★★★	0.2730★★★	0.2091★★★
	(0.0195)	(0.0164)	(0.0199)	(0.0247)	(0.0239)	(0.0220)
govspend	−0.4328★★★	−0.4821★★★	−0.8130★★★	−0.3395★★★	−0.1251	0.0182
	(0.0873)	(0.0734)	(0.0887)	(0.1103)	(0.1066)	(0.0982)
_cons	3.3125★★★	4.3814★★★	6.4248★★★	5.2476★★★	7.1995★★★	9.0558★★★
	(0.4079)	(0.3428)	(0.4145)	(0.5151)	(0.4981)	(0.4587)
N	462	462	462	462	462	462

注：★表示10%水平上显著；★★表示5%水平上显著；★★★表示1%水平上显著。
_cons 表示常数项。由于篇幅限制，此表只呈现10%、50%和90%分位点回归结果。

6.4　集中连片特困地区特殊扶持政策实施影响机制验证

前文实证分析已验证了集中连片特困地区特殊扶持政策的实施具有促进区域减贫和带动经济发展的效应，但政策通过什么样的中间机制、传导过程和路径来影响区域减贫和经济发展的值得进一步考察。由于南疆贫困地区区域内不同发展水平地区的减贫效应和经济带动效应的异质性，不同地区普遍表现出政策实施的经济带动效应大于减贫效应。因此，本研究采用中介效应模型来验证特殊扶持政策实施带动区域经济发展的影响机制以及不同影响机制所产生的区域经济发展带动效应的差异性。

6.4.1　政策影响机制分析

本研究运用中介效应模型，借鉴了张国建[108]对中介变量的选取，选择产业结构化水平、乡村就业水平、城镇化水平、居民储蓄水平、县域教育水平、县域医疗水平、社会保障水平等中介变量来进行政策影响机制分析（表6-5）。（1）列为未控制中介变量的回归结果，（2）~（9）列代表控制中介变量后的回归结果。从回归结果可知（表6-5），（2）~（9）列 DID 回归系数均在 1% 水平上显著为正，除反映县域教育水平的中介效应不显著外，其他中介变量系数均在 10% 或 1% 水平上显著，均为部分中介变量，说明集中连片特困地区特殊扶持政策通过调整产业结构、提高乡村就业水平、城镇化水平、居民储蓄水平、县域医疗水平、社会保障水平等中介影响机制推动了南疆贫困地区区域经济的发展。

从各中介变量回归结果来看，衡量产业结构水平中第一产业增加值与 GDP 的比值的中介效应显著但为负，第二产业增加值与 GDP 的比值的中介效应显著为正且系数较大，说明南疆贫困地区第一产业发展相对滞后，未能有效促进区域经济发展，与该区域农业生产经营方式粗放落后，组织化、专业化、市场化程度低，缺乏龙头企业、专业合作组织等市场经营主体带动，农业效益低相关，以及通过推动南疆贫困地区新型工业化发展，大力发展劳动密集型产业，能显著促进南疆贫困地区区域经济发展，进而带动就业增收。乡村就业水平的中介效应显著为正，说明通过推动南疆贫困地区农村劳动力就业，能促进南疆贫困地区区域经济发展，与该区地农业人口多，农村劳动力的85% 以上集中在农业领域，农村富余劳动力存量大，加强就业相关培训，促进贫困人口转移到县域内城镇、企业、园区就业或通过定点帮扶单位和对口援疆帮扶就业，能显著拓宽增收渠道。城镇化水平的中介效应显著为正，说明通过进一步推动以人为中心的城镇化水平建设，能促进南疆贫困地区区域经济发展。居民储蓄水平的中介效应显著为负，由于南疆贫困地区居民人均可支配收入整体处于较低水平，远低于全疆平均水平，农村居民生

表 6-5 中介效应检验

变量名称	(1) lnGDP	(2) lnGDP	(3) lnGDP	(4) lnGDP	(5) lnGDP	(6) lnGDP	(7) lnGDP	(8) lnGDP	(9) lnGDP
DID	0.2073*** (0.0559)	0.1697*** (0.0456)	0.2042*** (0.0527)	0.1853*** (0.0457)	0.2149*** (0.0530)	0.2045*** (0.0560)	0.1970*** (0.0539)	0.2035*** (0.0545)	0.2177*** (0.0549)
primary		-1.8725*** (0.1708)							
second			0.9416*** (0.2225)						
employment				0.4533*** (0.1191)					
urban					0.2731*** (0.0919)				
sav						-0.3638*** (0.0826)			
studen							-2.1527 (1.4200)		
lnhospital								0.0703* (0.0421)	
lnwelfare									0.0813*** (0.0269)
_cons	1.0234 (1.1418)	3.4378*** (1.0547)	1.2699 (1.0923)	2.6962** (1.2645)	1.2371 (1.0894)	1.0117 (1.1352)	1.2727 (1.1728)	0.8696 (1.1054)	1.2695 (1.1208)
控制变量	YES	YES	YES	YES	YES	YES	YES	YES	YES
R²	0.9525	0.9635	0.9558	0.9557	0.9544	0.9550	0.9529	0.9533	0.9537
N	462	462	462	462	462	462	462	462	462

注：* 表示 10% 水平上显著；** 表示 5% 水平上显著；*** 表示 1% 水平上显著。_cons 表示常数项。

活消费支出占比较高，可用于储蓄的资金较少。县域教育水平的中介效应为负且不显著，与南疆贫困地区教育水平偏低、人力资本相对贫乏、人才匮乏有关。县域医疗水平和社会保障水平的中介效应均显著为正，与近年来国家和自治区加大对南疆贫困地区民生领域投入有关，持续推进以就业、教育、医疗等为重点的惠民工程，医疗卫生条件落后，卫生技术人员不足等问题得到明显改善，医疗卫生水平和社会保障水平有了显著提升，各族群众的获得感、幸福感和安全感显著增强。

6.4.2 不同影响机制下政策影响效应分析

集中连片特困地区特殊扶持政策的实施符合当地经济社会发展需求，在一定程度上解决了按一般经济发展规律无法快速带动的问题。为进一步探究通过不同影响机制下政策实施效应的大小，本研究特设立如下模型：

$$Y_{ct}=\beta_0+\beta_k\mathrm{DID}_{ct}+\beta_2\mathrm{Control}_{ct}+\varepsilon_{ct} \tag{6-6}$$

其中，Y_{ct} 为被解释变量县域实际生产总值对数值（InGDP），主要解释变量为产业结构（primary 和 second）、乡村就业水平（employment）、城镇化水平（urban）、居民储蓄水平（sav）、县域教育水平（students）、县域医疗水平（lnhospital）、社会保障水平（lnwelfare）。DID_{ct} 为历年的交互项（$\mathrm{DID}_{ct}=\mathrm{Treat}_c\times\mathrm{Post}_t$），$\beta_k$ 为政策实施后各影响机制的政策效果系数，其余变量均与前文保持一致，对上式进行最小二乘回归，考察集中连片特困地区特殊扶持政策对不同机制促进区域发展的带动效应的程度。

从回归结果来看（表6-6），衡量产业结构水平中第一产业增加值与 GDP 的比值（primary）回归系数均为负，第二产业增加值与 GDP 的比重（second）个别年份为负但不显著，说明随着特殊扶持政策的实施，产业结构有明显调整，但对区域经济带动效应仍不显著，与南疆贫困地区产业结构单一，工业化水平低，仍以传统农业为主，农业生产经营方式粗放落后，农产品精深加工水平较低，市场竞争力较弱等有关。乡村

表6-6 不同影响机制下政策实施效应

变量名称	（1）产业结构 primary	（2）产业结构 second	（3）乡村就业水平 employ-ment	（4）城镇化水平 urban	（5）居民储蓄水平 sav	（6）县域教育水平 studen	（7）县域医疗水平 Inhos-pital	（8）社会保障水平 Inwelfare
DID 2013	−0.0205	0.0206	0.1653***	−0.0870***	−0.0965	−0.0068***	0.0114	0.0595
	(0.0213)	(0.0232)	(0.0315)	(0.0311)	(0.0617)	(0.0026)	(0.1432)	(0.1474)
DID 2015	−0.0598***	0.0087	0.1438***	−0.0868***	−0.0448	−0.0024	0.2035	0.0369
	(0.0214)	(0.0233)	(0.0316)	(0.0321)	(0.0619)	(0.0026)	(0.1438)	(0.1480)
DID 2017	−0.0474**	0.0142	0.0459	−0.1311***	0.1116*	0.0036	0.2467	0.1772
	(0.0225)	(0.0244)	(0.0331)	(0.0362)	(0.0649)	(0.0027)	(0.1507)	(0.1551)
DID 2019	−0.0165	−0.0290	−0.0086	0.2814***	−0.1556*	0.0046	0.3503*	0.1861
	(0.0300)	(0.0326)	(0.0442)	(0.0607)	(0.0867)	(0.0036)	(0.2013)	(0.2072)
_cons	−0.2453***	0.4015***	−1.2372***	0.0608	0.3816*	0.0838***	1.7966***	−1.3882***
	(0.0682)	(0.0741)	(0.1005)	(0.1472)	(0.1971)	(0.0083)	(0.4575)	(0.4708)
控制变量	YES	YES	YES	YES	YES	YES	YES	YES
固定效应	YES	YES	YES	YES	YES	YES	YES	YES
时间效应	YES	YES	YES	YES	YES	YES	YES	YES
R^2	0.5563	0.2891	0.5472	0.4143	0.1554	0.2429	0.4082	0.4076
N	462	462	462	462	462	462	462	462

注：* 表示 10% 水平上显著；** 表示 5% 水平上显著；*** 表示 1% 水平上显著，（ ）中稳健标准误聚集到县级层面。_cons 表示常数项。

就业水平（employment）的回归系数由正向显著逐渐变为负向不显著，说明随着政策实施，南疆贫困地区农村富余劳动力主要依靠政府有组织的转移就业方式，如实施和田、喀什地区3年转移就业10万人计划等措施，使得通过提升乡村就业水平并未有效促进本地区域经济发展。城镇化水平（urban）的回归系数由负向显著逐渐转变为正向显著，说明随着政策实施，提高城镇化水平有利于促进南疆贫困地区区域经济发展。居民储蓄水平（sav）的回归系数由负向不显著逐渐转正，说明随着政策实施，当地居民整体收入有明显提升，但整体仍处于偏低水平，用于储蓄的资金不足。县域教育水平（students）的回归系数由负向显著转为正向不显著，说明随着政策实施，南疆贫困地区教育水平有显著提高，保障了贫困人口有学可上，但尚未形成支撑经济发展的人力资本，总体上劳动力综合素质偏低，专业技术人才匮乏。县域医疗水平（lnhospital）的回归系数由正向不显著逐渐显著，说明随着政策实施，南疆贫困地区医疗卫生水平显著提高，解决了贫困地区看病就医难问题，保障了贫困人口有病可医。社会保障水平（lnwelfare）的回归系数显著为正且逐渐增大，说明随着政策实施，南疆贫困地区社会保障水平持续提升，实施了社保、养老、救助、帮困等民生工程，坚决兜住民生底线，持续提升民生保障水平。

6.5　本章小结

本章利用双重差分模型，分位数双重差分模型、中介效应模型，分别客观评价集中连片特困地区实施特殊扶持政策的减贫效应和区域发展带动效应，考察了不同地区政策实施的减贫和区域发展带动效应的异质性，最后探寻了政策实施的机制及其效果程度，对巩固拓展区域性脱贫攻坚成果提供了借鉴参考。其主要结论如下：

（1）集中连片特困地区特殊扶持政策的实施具有促进区域减贫和经济发展带动效应是真实且客观存在的。从政策实施前后对比，对照组实际 GDP 增长平均提高 20.73%，人均实际 GDP 增长平均提高 17.69%，政策实施表现出区域减贫效应和经济发展带动效应。

（2）集中连片特困地区特殊扶持政策对南疆贫困地区区域内处于不同发展水平地区的减贫和经济带动效应存在显著的异质性，对贫困程度深、发展落后地区的减贫效应和区域经济带动效应更强。可以说，该政策的实施能准确瞄准较落后、较贫困的地区，达到了国家实施集中连片特困地区特殊扶持政策的初衷和目标，有效促进了区域发展与扶贫攻坚。

（3）集中连片特困地区特殊扶持政策实施对南疆贫困地区区域内处于不同发展水平地区的经济带动效应大于减贫效应，这与该项政策在瞄准个体贫困差异性上存在不足有关。实际上南疆贫困地区贫困人口的致贫原因较复杂，既存在区域性贫困的特性，又具有个体贫困复杂性的特征，需采取"集中连片特困地区特殊扶持政策＋精准帮贫政策"双向施力，巩固拓展区域性脱贫攻坚成果。

（4）集中连片特困地区特殊扶持政策通过调整产业结构、提高乡村就业水平、城镇化水平、居民储蓄水平、县域医疗水平、社会保障水平等中介影响机制来推动南疆贫困地区区域经济的发展。

（5）不同影响机制下政策实施效应具有差异性。随着特殊扶持政策的实施，南疆贫困地区产业结构水平、城镇化水平、县域教育水平、县域医疗水平、社会保障水平等有明显提升，但产业结构调整、乡村就业水平、居民储蓄水平未能有效促进南疆贫困地区区域经济发展。

7

新疆南疆四地州精准扶贫
区域瞄准绩效评估

本章从区域瞄准视角，运用综合指标体系评价法，从新疆南疆四地州整个区域以及深度贫困地区两个方面，分别构建精准扶贫绩效综合评价指标体系，对这两个区域实施精准扶贫政策的区域瞄准绩效分别进行评估。

7.1 新疆南疆四地州区域精准扶贫绩效评估

本章主要运用指标体系评价法，构建包括经济发展、生活水平、就业与收入、教育水平、卫生保障 5 个维度合计共 25 个指标的区域精准扶贫绩效综合评价指标体系，对新疆南疆四地州实施精准扶贫、精准脱贫政策的区域贫困治理绩效进行评估。

7.1.1 综合评价指标体系构建

新疆南疆四地州区域精准扶贫绩效综合评价指标体系主要参考联合国开发计划署发布的人类发展指数（1990）、联合国人类发展报告中MPI（多维贫困指数）的构造标准、国内外研究者常用的识别指标，结合新疆南疆四地州"七个一批""三个加大力度"精准脱贫路径和区域实际情况，以及考虑到扶贫指标数据的全面性、科学性、可靠性、可行性、可比性和可操作性，选择经济发展、生活水平、就业与收入、教育水平、卫生保障5个维度合计共25个指标项（表7-1）进行构建。

7.1.1.1 经济发展维度

经济发展维度主要选取第一产业生产总值、地区第二产业生产总值、地区第三产业生产总值、乡村消费品零售总额、农林牧渔业总产值等5个指标。对于扶贫政策措施来说，产业发展是一个区域发展最为重要的经济基础，产业扶贫路径是精准扶贫、精准脱贫的重要实现路径之一。产业的发展可以推动当地整体经济的发展，可以有效吸纳贫困人口就业，推动当地特色产业持续做大做强，让更多人通过特色产业持续增收，进而有效地减贫。

7.1.1.2 生活水平维度

生活水平维度主要选取农村贫困发生率、农村贫困人口数、农业机械总动力、水土流失治理面积、总产肉量等5个指标，反映新疆南疆四地州区域的居民生活水平情况。

7.1.1.3 就业与收入维度

就业与收入维度主要选取乡村从业人口数、国内旅游收入、在岗职工工资总额、失业保险年末参保人数、保险全部业务保费收入等5个指标。其中，就业与收入水平的高低直接决定当地居民生活的可持续性，促进贫困人口就业增收，是最有效、最直接的脱贫方式，对新疆南疆四地州贫困人口实现脱贫具有重要保障。

7.1.1.4 教育水平维度

教育水平维度主要选取小学学校数、小学教师数、中等职业学校在校人数、中等职业学校毕业生数、中等职业学校教师数等5个指标，是反映当地教育状况较为直接的指标。教育扶贫是一项长期性工程，直接影响代际贫困问题，有利于实现贫困地区群众的"精神脱贫"。

7.1.1.5 卫生保障维度

卫生保障维度选取卫生机构数、卫生机构床位数、卫生机构在岗职工数、执业医师数、注册护士数等5个指标，反映当地健康扶贫发展水平。推动健康扶贫工作的开展，减轻了贫困群众的医疗负担，改善了贫困群众的医疗条件，有效防范了因病致贫、因病返贫的风险，筑好筑牢了健康防护墙。

表7-1 综合评价指标体系

一级指标	二级指标	指标属性	单位
经济发展	地区第一产业生产总值	正	万元
	地区第二产业生产总值	正	万元
	地区第三产业生产总值	正	万元
	乡村消费品零售总额	正	万元
	农林牧渔业总产值	正	万元
生活水平	农村贫困发生率	负	%
	农村贫困人口数	负	万人
	农业机械总动力	正	千瓦
	水土流失治理面积	正	千公顷
	总产肉量	正	吨
就业与收入	乡村从业人口数	正	人
	国内旅游收入	正	万元
	在岗职工工资总额	正	万元
	失业保险年末参保人数	正	万人
	保险全部业务保费收入	正	万元
教育水平	小学学校数	正	个
	小学教师数	正	人
	中等职业学校在校人数	正	人
	中等职业学校毕业生数	正	人
	中等职业学校教师数	正	人
卫生保障	卫生机构数	正	个
	卫生机构床位数	正	个
	卫生机构在岗职工数	正	人
	执业医师数	正	人
	注册护士数	正	人

7.1.2 数据来源与处理

考虑到数据的可获得性，选取 2011—2018 年新疆南疆四地州的统计数据进行研究，由于个别指标 2019 年新疆南疆四地州数据无法获取，选取截止时间为 2018 年。数据主要来源历年《新疆统计年鉴》《中国农村贫困监测报告》以及《中国县域统计年鉴》。

由于不同指标单位不同，无法进行比较，需将评价指标进行无量纲化，使数据具有可比性。本文选择极值法进行指标无量纲化处理，最大限度地保留原始数据特性，即 $X_{ij}=X_{ij}+\alpha$（$\alpha=0.0001$）。假定给定 m 个指标 A_1，A_2，……，A_m，其中 $A_i=\{X_1,\ X_2,\ \cdots\cdots,\ X_n\}$，对各指标标准化的值为 P_1，P_2，……，P_m，

$$P_{ij} = \frac{X_{ij} - \min(A_i)}{\max(A_i) - \min(A_i)}, (1 < i < m, 1 < j < n) \qquad （7-1）$$

7.1.3 熵值法评价模型

采用熵值法对各维度指标进行赋权，可避免权重确定中的主观性缺陷，得到相对客观评价。

7.1.3.1 熵值法赋权

熵值法赋权主要依据指标变化程度幅度确定权重值，若指标的信息熵越小，则作用越大，该指标权重较大；反之则作用越小，该指标权重越小。其具体步骤如下：

（1）对原始数据无量纲化处理后计算指标的贡献度：

$$P_{ij} = \frac{X'_{ij}}{\sum_{i=1}^{n} X_{ij}} \qquad （7-2）$$

（2）计算熵值：

$$e_j = -\frac{1}{\ln n} \sum_{i=0}^{n} P_{ij} \ln(P_{ij}), 0 \le e_j \le 1 \qquad （7-3）$$

（3）计算差异性系数：

$$g_j = 1 - e_j \qquad （7-4）$$

（4）确定评价指标权重：

$$W_j = \frac{g_j}{\sum_{i=1}^{m} g_j}, j = 1,2,3 \ldots \ldots m \tag{7-5}$$

（5）绩效综合指数 S 计算：

$$S = \sum_{j=1}^{m} W_j \times X_{ij} \tag{7-6}$$

若绩效综合指数越高，则新疆南疆四地州区域精准扶贫绩效越好，反之则区域精准扶贫绩效欠佳。

7.1.3.2　指标权重确定

按照信息熵的求解过程，从确定的 25 个指标的熵值和权重可知（表 7-2），一级指标里经济发展维度权重 0.1623、生活水平维度权重 0.1721、就业与收入维度权重 0.2395、教育水平维度权重 0.2261、卫生保障维度权重 0.2004；二级指标里国内旅游收入、失业保险年末参保人数、小学教师数、中等职业学校在校人数、中等职业学校教师数等指标权重均大于 0.05；地区第一产业生产总值、农林牧渔业总产值、农村贫困人口数、乡村从业人口数、小学学校数等指标权重均小于 0.03。总体来看，符合新疆南疆四地州区域经济社会发展情况，自治区财政资金的 70% 用来支持民生改善，70% 资金用来支持新疆南疆四地州区域经济社会发展，近年来新疆南疆四地州就业、城乡居民收入、教育、医疗卫生等方面得到显著改善，重点推进了民生改善，让各族群众共同享受发展的果实。

表 7-2　指标熵值和指标权重

一级指标	二级指标	熵值	权重
经济发展 （权重 0.1623）	地区第一产业生产总值	0.8994	0.0291
	地区第二产业生产总值	0.8873	0.0326
	地区第三产业生产总值	0.8821	0.0341
	乡村消费品零售总额	0.8667	0.0386
	农林牧渔业总产值	0.9036	0.0279

一级指标	二级指标	熵值	权重
生活水平 （权重 0.1721）	农林贫困发生率	0.8936	0.0308
	农村贫困人口数	0.9082	0.0265
	农业机械总动力	0.8895	0.0320
	水土流失治理面积	0.8670	0.0385
	总产肉量	0.8469	0.0443
就业与收入 （权重 0.2395）	乡村从业人口数	0.9099	0.0261
	国内旅游收入	0.7757	0.0649
	在岗职工工资总额	0.8763	0.0358
	失业保险年末参保人数	0.7745	0.0652
	保险全部业务保费收入	0.8357	0.0475
教育水平 （权重 0.2261）	小学学校数	0.9295	0.0204
	小学教师数	0.8041	0.0567
	中等职业学校在校人数	0.7981	0.0584
	中等职业学校毕业生数	0.8843	0.0335
	中等职业学校教师数	0.8025	0.0571
卫生保障 （权重 0.2004）	卫生机构数	0.8844	0.0334
	卫生机构床位数	0.8344	0.0479
	卫生机构在岗职工数	0.8824	0.0340
	执业医师数	0.8629	0.0397
	注册护士数	0.8432	0.0454

7.1.4　新疆南疆四地州区域精准扶贫绩效评估结果分析

7.1.4.1　总体评价结果分析

从综合评价结果来看（图 7-1），新疆南疆四地州区域精准扶贫绩效综合评价指数从 2013 年的 0.33 逐步提高到 2018 年的 0.90，尤其是 2015 年之后绩效综合评价指数快速提升，2015 年之前绩效综合评价指数一直是低于 0.5；2017 年之后，新疆南疆四地州贫困地区绩效综合评价指数有较大提升，2018 年绩效综合评价指数较 2017 年的提高 0.17 个百分点。2013—2018 年间，国家和自治区通过实地调研、科学考察、不断实践，因地制宜，结合既往扶贫经验制定出台了各类有效的精准扶贫措施，通过产业扶贫、就业促进、社保兜底、教育扶贫、健康扶贫、基础设施建设、易地扶贫搬迁、以工代赈等措施，使新疆南疆四地州农村贫困发生率从 2011 年的 38.7% 减少到 2018 年的 5.9%。整体来看，新疆南疆四地州区域精准扶贫绩效综合评价指数呈现逐步提升趋势（图 7-1），说明区域精准扶贫绩效是显著的，精准扶贫、精准脱贫政策对于解决区域贫困问题是具有显著成效的，助推了新疆南疆四地州区域发展和脱贫攻坚。

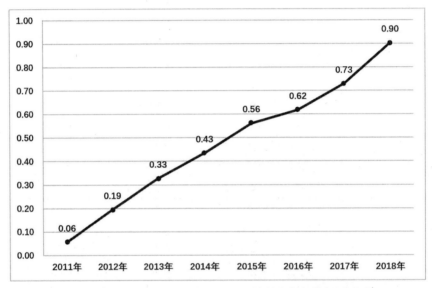

图 7-1　2011-2018 年新疆南疆四地州区域精准扶贫绩效综合指数

7.1.4.2　不同维度区域扶贫绩效评估

从不同维度指标综合评价结果来看（表 7-3），新疆南疆四地州区域精准脱贫不同维度指标绩效综合指数均基本呈增长趋势，尤其是经济发展、就业与收入、教育水平 3 个维度在 2013 年实施精准扶贫政策后有较快提高，增强了区域发展动力和贫困人口增收渠道。其中，经济发展维度绩效综合指数从 2013 年的 0.3626 增长到 2018 年的 0.9653，生活水平维度绩效综合指数从 2013 年的 0.5207 增长到 2018 年的 0.7427，就业与收入维度绩效综合指数从 2013 年的 0.2029 增长到 2018 年的 0.9997，教育水平维度绩效综合指数从 2013 年的 0.2587 增长到 2018 年的 0.9099，卫生保障维度绩效综合指数从 2013 年的 0.3587 增长到 2018 年的 0.8653。可见，新疆南疆四地州在实施各项精准扶贫、精准脱贫政策措施后，扎实推进"七个一批""三个加大力度"脱贫政策，使得新疆南疆四地州区域经济发展、居民生活水平、就业与收入水平、教育水平、卫生保障水平均得到明显改善，脱贫攻坚工作取得了阶段性成效，有效促进了区域经济社会的快速发展，缓解了区域贫困问题，为 2020 年新疆全面打赢脱贫攻坚战奠定了坚实基础。

表 7-3　2011—2018 年新疆南疆四地州区域精准脱贫不同维度
绩效评价指数

时间 维度	2011	2012	2013	2014	2015	2016	2017	2018
经济发展	0.0001	0.1877	0.3626	0.5709	0.7355	0.7131	0.8328	0.9653
生活水平	0.1259	0.2611	0.5207	0.5994	0.6941	0.7951	0.6060	0.7427
就业与收入	0.0303	0.1464	0.2029	0.2409	0.3922	0.4841	0.6442	0.9997
教育水平	0.1213	0.1935	0.2587	0.3286	0.4074	0.5023	0.7586	0.9099
卫生保障	0.0001	0.2008	0.3587	0.5329	0.6808	0.6777	0.8179	0.8653

7.2　新疆南疆四地州深度贫困地区精准扶贫绩效评估

本章主要运用指标体系评价法，构建包括经济发展、产业发展、基础设施、就业水平、教育水平、医疗与社会保障 6 个维度合计共 28 个指标的新疆南疆四地州深度贫困地区区域精准扶贫绩效综合评价指标体系，对新疆南疆四地州深度贫困地区实施精准扶贫、精准脱贫政策的区域贫困治理绩效进行评估。

7.2.1 综合评价指标体系构建

为全面评估新疆南疆四地州深度贫困地区精准扶贫绩效，在考虑指标的科学性、系统性、可比性、可获得性后，本研究借鉴相关学者的研究，把区域精准扶贫绩效评估指标体系分为目标层，准则层和指标层三个层次（表7-4）。其中，目标层为核心研究对象，为对深度贫困地区精准扶贫绩效进行评估；准则层为评价精准扶贫绩效的一级指标，主要选取了包括经济发展、产业发展、基础设施、就业水平、教育水平、医疗与社会保障6个维度；评价层主要是用来反映各准则层的细化二级指标，是准则层指标合成的来源。本研究选择1个目标层、6个准则层、28个评价指标来构建新疆南疆四地州深度贫困地区区域精准扶贫绩效综合评价指标体系，选择用熵权法对权重进行计算，再通过线性加权法计算各指标的综合得分，评估新疆南疆四地州深度贫困地区精准扶贫绩效。

7.2.1.1 经济发展维度

经济发展维度主要选取了地区生产总值（GDP）、人均国内生产总值（PGDP）、社会消费品零售总额、农林渔牧业总产值、年末金融机构各项贷款余额、农村居民人均可支配收入和居民储蓄存款余额等7个指标。经济发展水平能够直接反映该地区整体发展情况，体现实施精准扶贫政策对新疆南疆四地州深度贫困地区经济发展的带动作用促进区域减贫的成效。

7.2.1.2 产业发展维度

产业发展维度主要选取第一产业增加值占GDP比值、第二产业增加值占GDP比值、第三产业增加值占GDP比值、农作物播种面积、农业机械总动力、规模以上企业个数、规模以上工业总产值等7个指标。产业扶贫路径是精准扶贫、精准脱贫的重要实现路径之一，产业发展不仅可以推动当地整体经济的发展，还可有效吸纳贫困人口就业，推动当地特色产业持续做强做大，让更多人通过特色产业持续增收，推动深度贫困地区持续减贫。

7.2.1.3　基础设施维度

基础设施维度主要选取农村自来水受益村数、通有线电视村数、通宽带村数、农村用电量等 4 个指标。基础设施建设水平可有效保障贫困群众公平享受良好的生产生活条件，助力当地实现长效发展，提升居民的生活幸福感。

7.2.1.4　就业水平维度

就业水平维度主要选取第一产业从业人员、第二产业从业人员、第三产业从业人员和乡村从业人员等 4 个指标。就业是贫困人口实现脱贫走向致富的根本途径，是否稳定就业能够直接反映贫困户收入稳定性情况，直接决定脱贫成效的可持续性，是该地区实现长期稳定脱贫的重要保障。

7.2.1.5　教育水平维度

教育水平维度主要选取小学在校学生数、中学在校学生数和中等职业教育学校在校学生数等 3 个指标。教育扶贫是实现新疆南疆四地州深度贫困地区长远发展，直接影响教育脱贫攻坚的最终效果，有利于解决代际贫困问题，实现贫困地区群众的"精神脱贫"。

7.2.1.6　医疗与社会保障维度

医疗与社会保障维度主要选取医疗卫生机构床位数、各种社会福利收养性单位数和各种社会福利收养性单位床位数等 3 个指标。医疗机构床位数反映新疆南疆四地州深度贫困地区医疗卫生服务水平；社会福利性收养性单位数和单位床位数反映新疆南疆四地州深度贫困地区基本社会保障服务水平。

表7-4 精准扶贫绩效评估指标体系

目标层	准则层	指标层
新疆南疆四地州深度贫困地区精准扶贫绩效评估	经济发展维度	地区生产总值（GDP）
		人均国内生产总值（PGDP）
		社会消费品零售总额
		农林渔牧业总产值
		年末金融机构各项贷款余额
		农村居民人均可支配收入
		居民储蓄存款余额
	产业发展维度	第一产业增加值占GDP比值
		第二产业增加值占GDP比值
		第三产业增加值占GDP比值
		农作物播种面积
		农业机械总动力
		规模以上企业个数
		规模以上工业总产值
	基础设施维度	农村自来水受益村数
		通有线电视村数
		通宽带村数
		农村用电量
	就业水平维度	第一产业从业人员
		第二产业从业人员
		第三产业从业人员
		乡村从业人员
	教育水平维度	小学在校学生数
		中学在校学生数
		中等职业教育学校在校学生数
	医疗与社会保障维度	医疗卫生机构床位数
		各种社会福利收养性单位数
		各种社会福利收养性单位床位数

7.2.2 数据来源及处理

7.2.2.1 数据来源

新疆南疆四地州深度贫困地区主要涉及 22 个深度贫困县，属于区域性贫困问题。鉴于数据的可获得性和真实性，选取 2014—2018 年的新疆南疆四地州 22 个深度贫困县的 28 个评价指标数据，在整理过程中对异常值进行了剔除，并采用线性插补法对个别缺失指标进行了插值补齐。数据主要来源于历年《中国县域统计年鉴》《新疆统计年鉴》、各地州统计公报以及政府干部领导手册等材料。由于 2020 年《新疆统计年鉴》未公布，数据选取时间截至 2018 年。

7.2.2.2 数据处理

在评价过程中，不同的评价指标一般具有不同的量纲和单位，直接对数据进行分析会严重影响结果的可靠性。为了消除数据间的量纲影响，选择数据标准化处理可实现数据之间的可比性，使不同的数据处于同一数量级。选择极值法对指标进行无量纲化处理。

7.2.2.3 熵值法赋权

运用熵权法对指标进行客观权重计算，再通过线性加权得出各指标得分，最后根据得分结果进行分析研判。综合得分越高，则代表精准扶贫绩效越好，反之则精准扶贫绩效越差。从熵值法计算权重结果可知（表 7–5），在评价新疆南疆四地州深度贫困地区精准扶贫绩效指标体系中，经济发展水平维度权重 0.277，表明经济发展水平的高低直接影响区域整体性减贫成效。产业发展水平维度权重 0.172，是实现新疆南疆四地州深度贫困地区群众增收、摆脱贫困的有效途径，也较为重要；基础设施维度权重 0.161，反映出新疆南疆四地州深度贫困地区基础设施建设长期滞后，通过基础设施的改善，能极大促进该区域和居民生产生活条件的改善，增强区域发展和贫困户致富能力，提高当地居民幸福感，助力区域实现脱贫；就业水平维度权重 0.159，医疗与社会保障维度权重 0.139，教育水平维度权重 0.092，反映了新疆南疆四地州深度贫困地区公共服务水平改善情况。

表 7-5 各指标综合权重

目标层	准则层	权重	指标层	权重
新疆南疆四地州深度贫困地区精准扶贫绩效评估	经济发展维度	0.277	地区生产总值（GDP）	0.033
			人均国内生产总值（人均GDP）	0.020
			社会消费品零售总额	0.066
			农林渔牧业总产值	0.029
			年末金融机构各项贷款余额	0.054
			农村居民人均可支配收入	0.024
			居民储蓄存款余额	0.052
	产业发展维度	0.172	第一产业增加值占GDP比值	0.014
			第二产业增加值占GDP比值	0.020
			第三产业增加值占GDP比值	0.012
			农作物播种面积	0.031
			农业机械总动力	0.032
			规模以上企业个数	0.026
			规模以上工业总产值	0.037
	基础设施维度	0.161	农村自来水受益村数	0.025
			通有线电视村数	0.063
			通宽带村数	0.030
			农村用电量	0.043
	就业水平维度	0.159	第一产业从业人员	0.019
			第二产业从业人员	0.039
			第三产业从业人员	0.082
			乡村从业人员	0.019
	教育水平维度	0.092	小学在校学生数	0.025
			中学在校学生数	0.027
			中等职业教育学校在校学生数	0.041
	医疗与社会保障维度	0.139	医疗卫生机构床位数	0.032
			各种社会福利收养性单位数	0.048
			各种社会福利收养性单位床位数	0.058

7.2.3 深度贫困地区精准扶贫绩效评估结果分析

7.2.3.1 深度贫困地区总体评估结果分析

从区域整体精准扶贫绩效综合评估结果来看（图7-2），2014—2018年新疆南疆四地州深度贫困地区精准扶贫绩效综合得分从0.166增加到0.220，年均综合得分每年保持在约0.02增速在增长，区域整体精准扶贫绩效显著提升，说明2013年实施精准扶贫、精准脱贫战略后，新疆南疆四地州深度贫困地区精准扶贫绩效呈不断提升趋势，尤其是2015年之后精准扶贫绩效综合得分提升较快。2015年之前绩效综合评价指数一直低于0.2，通过实施"七个一批""三个加大力度"深度贫困地区政策措施，逐步解决了区域整体贫困问题，区域性贫困治理取得显著成效。但自2018年开始新疆南疆四地州深度贫困地区整体精准扶贫绩效提升速度放缓，亟须调整优化政策措施，进一步巩固拓展好区域脱贫攻坚成果。

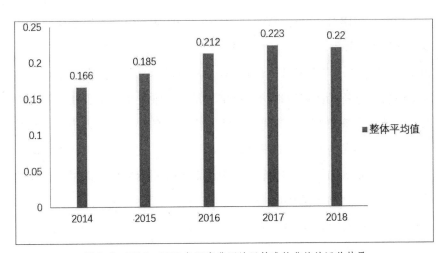

图7-2 2014—2018年深度贫困地区精准扶贫绩效评估结果

从不同维度指标综合得分结果来看（表7-6），2014—2018年新疆南疆四地州深度贫困地区各维度精准扶贫绩效指标综合得分呈波动上升趋势。

表 7-6　2014—2018 年不同维度指标综合得分

维度	2014	2015	2016	2017	2018	平均值
经济发展维度	0.037	0.045	0.060	0.052	0.058	0.050
产业发展维度	0.048	0.049	0.052	0.052	0.052	0.051
基础设施维度	0.018	0.025	0.028	0.036	0.042	0.030
就业水平维度	0.023	0.025	0.026	0.030	0.024	0.026
教育水平维度	0.022	0.022	0.023	0.024	0.025	0.023
医疗与社会保障维度	0.014	0.016	0.018	0.026	0.019	0.019

1. 经济发展维度

2014—2018 年新疆南疆四地州深度贫困地区经济发展维度综合得分从 0.037 提升到 0.058，基本呈现出逐年上升的趋势，在 2016 年出现峰值，达到最大值 0.06，说明精准扶贫各项政策措施促进新疆南疆四地州深度贫困地区经济发展的绩效较好，显著推动了深度贫困地区区域经济发展，进而带动了区域减贫成效。

2. 产业发展维度

2014—2018 年新疆南疆四地州深度贫困地区产业发展维度综合得分从 0.048 提升到 0.052，2014—2016 年呈现逐步上升趋势，但 2016—2018 年综合得分均稳定保持在 0.052，发展较为平稳，说明产业扶贫政策措施对促进新疆南疆四地州深度贫困地区产业发展带动作用有限，促进产业结构调整的作用不显著，由于更多实施的是"进村入户"的精准扶贫项目，在促进区域产业发展的作用上有限，进而也不能产生区域产业发展带动脱贫的效果。因此，新疆南疆四地州亟须优化调整产业扶贫政策，将产业帮扶政策措施由到村到户为主向到乡到村带户为主转变，推动扶贫产业提档升级，突出产业联贫带贫，打造产业扶贫升级版。

3. 基础设施维度

2014—2018 年新疆南疆四地州深度贫困地区基础设施维度综合得分从 0.018 提升到 0.042，上升趋势最为明显，提升幅度最大，综合得分增加了 0.024，说明通过实施精准扶贫各项政策措施显著促进了新疆南疆四地州深度贫困地区基础设施水平的提升，有效改善了深度贫困地区生产生活条件，已基本实现了村村有硬化路、有宽带网、有广播电视；户户有安全饮用水、有生活用电等，精准扶贫绩效较好，为新疆南疆四地州深度贫困地区巩固拓展脱贫攻坚成果、推动区域经济社会长远发展奠定了坚实的基础。

4. 就业水平维度

2014—2018 年新疆南疆四地州深度贫困地区就业水平维度综合得分从 0.023 提升到 0.024，在 2017 年达到最大值 0.030。整体变化不大，与就业扶贫政策更多以转移就业为主有关，如先后制定实施了《喀什、和田地区城乡富余劳动力有组织转移就业三年规划（2017—2019 年）》《新疆南疆四地州 10 万贫困劳动力转移就业计划》，通过有序扩大有组织、成建制转移内地就业规模，向北疆、东疆跨地区，向县域内城镇、企业、园区，向"卫星工厂""扶贫车间"等转移就业途径，但通过区域自身三次产业发展吸纳就业能力较差。贫困人口转移就业获得的劳务收入占比较高，说明通过产业发展促就业帮扶措施带动新疆南疆四地州深度贫困地区就业水平提高的绩效不高，带动贫困人口稳定就业水平不高。

5. 教育水平维度

2014—2018 年新疆南疆四地州深度贫困地区教育水平维度综合得分从 0.022 提升到 0.025，整体变化趋势平稳，上升趋势较为缓慢：一是教育扶贫政策产生效应具有一定的滞后性；二是教育扶贫政策更多侧重为保障贫困地区接受义务教育阶段孩子无因贫失学辍学现象，如已全面实施 15 年义务教育，基本实现建档立卡贫困家庭学生资助精准全覆盖，确保了贫困家庭学生有学上、上得起学、不辍学。但教育质量和水平仍有一定差距，亟须调整优化教育帮扶政策，促进教育水平提高。

6. 医疗与社保维度

2014—2018 年新疆南疆四地州深度贫困地区医疗与社保维度综合得分从 0.014 提升到 0.019，在 2017 年达到最大值 0.026，健康帮扶政策注重对贫困人口医疗救助以及减轻医疗费用负担方面，社保兜底政策更多对无劳动能力及丧失劳动能力困难群体进行最低兜底保障，政策实施效果存在一定的滞后性，对新疆南疆四地州贫困地区整体医疗与社会保障水平提升的绩效表现不显著，亟须调整优化健康帮扶和社保兜底政策，逐渐探索扩大政策覆盖面，缩小贫困户与非贫困户之间的差距，向普惠性政策过渡。

从不同维度指标综合得分变化趋势来看（图 7-3），经济发展维度、产业发展维度和基础设施维度综合得分相对较高，尤其是经济发展维度和基础设施维度综合得分提升较快，精准扶贫绩效显著；产业发展维度、就业水平维度、教育水平维度、医疗与社会保障维度综合得分呈现缓慢提升趋势，说明新疆南疆四地州对深度贫困地区的民生政策方面一直做得较好，自治区本级财政支出的 70% 以上用于保障和改善民生，并加大向新疆南疆四地州的倾斜力度，在就业、教育、医疗卫生、社会保障等方面投入力度持续加大，有效保障了贫困家庭幼有所育、学有所教，义务教育有保障；贫困人口病有所医，基本医疗有保障；零就业贫困家庭至少 1 人实现稳定就业，区域公共服务水平得到显著改善，让各族群众都享受到发展的果实。

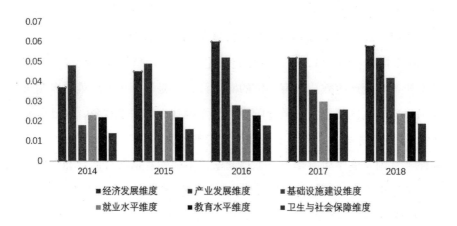

图 7-3　2014-2018 年不同维度综合得分结果

7.2.3.2　分不同地州精准扶贫绩效评估结果分析

从不同地区精准扶贫绩效评估结果来看（图 7-4），2014—2018 年新疆南疆四地州深度贫困地区中喀什地区精准扶贫绩效综合得分较高，其次是和田地区、克州以及阿克苏地区。新疆南疆四地州深度贫困地区中喀什地区、和田地区相对深度贫困县、深度贫困乡村、深度贫困人口占比较大。这两个地区深度贫困县占 22 个深度贫困县的 81.8%，贫困程度深、贫困范围广、脱贫难度大、脱贫成本高的深度贫困中的"深度贫困"区域，是新疆南疆四地州深度贫困地区脱贫攻坚的主要区域。

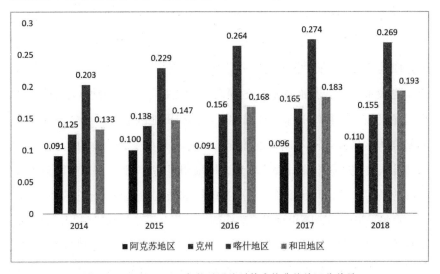

图 7-4　2014—2018 年份不同地州精准扶贫绩效评估结果

喀什地区。2014—2018 年喀什地区精准扶贫绩效综合得分从 0.203 提升到 0.269，高于 22 个深度贫困县的均值 0.166，说明喀什地区精准扶贫绩效较好。由于喀什地区深度贫困县有 11 个，占新疆南疆四地州深度贫困县的一半。在精准扶贫特殊扶持政策作用下，喀什地区精准扶贫绩效综合得分处于不断上升趋势，且上升幅度远大于其他地区。因此，精准扶贫、精准脱贫政策措施实施对喀什地区脱贫攻坚起到了较好的作用，解决了贫困程度深、贫困范围广的集中连片特困问题。从具体的深度贫困县来看，该地区 11 个深度贫困县（市）的综合得分也均呈逐年上升趋势，但各深度贫困县（市）的精准扶贫绩效呈现出明显的差异性。喀什市精准扶贫绩效的综合得分远远超过同地区的塔什库尔干塔吉克自治县等深度贫困县（市）。由于地理位置、贫困程度、贫困深度等因素的差异性，使处于沙漠边缘的塔什库尔干塔吉克自治县和作为地区政治、经济、文化中心的喀什市在精准扶贫绩效上存在明显差异。因此，在2020年巩固脱贫成果阶段，需实施差异性帮扶政策，将帮扶资源更多向发展落后的深度贫困县（市）倾斜。

和田地区。2014—2018年和田地区精准扶贫绩效综合得分从0.133提升到0.193，高于22个深度贫困县的均值，呈现稳步上升趋势，说明和田地区精准扶贫绩效逐年提升。和田地区深度贫困县有7个，占新疆南疆四地州22个深度贫困县约三分之一，脱贫攻坚任务在新疆南疆四地州中也较艰巨，在精准扶贫等各项政策的支持下，和田地区精准脱贫取得明显成效。从具体的深度贫困县来看，和田地区的各深度贫困县（市）的精准扶贫绩效均有不同程度的提升，尤其是墨玉县、皮山县和洛浦县的精准扶贫绩效综合得分提升较快，增幅明显高于22个深度贫困县（市）增幅的平均水平，而和田县、策勒县的精准扶贫绩效提升相对较慢。

克州。2014—2018年克州精准扶贫绩效综合得分从0.125提升到0.155，呈现稳步上升趋势，说明克州精准扶贫绩效逐年提升。克州深度贫困县有2个，相对喀什地区和和田地区脱贫攻坚任务相对不是太重，但阿克陶属于边境县，生存环境较艰苦，扶贫成本较高，脱贫难度也较大。从具体的深度贫困县来看，阿图什市和阿克陶县精准扶贫绩效综合得分均呈上升趋势。在精准扶贫特殊政策支持下，克州精准脱贫取得明显成效。

阿克苏地区。2014—2018年阿克苏地区精准扶贫绩效综合得分从0.091提升到0.110，呈现稳步上升趋势，说明阿克苏地区精准脱贫取得明显成效。阿克苏地区深度贫困县有2个，2017年后精准扶贫绩效综合得分存在显著提升，与阿克苏地区纳入新疆南疆四地州连片特困地区，实施特殊扶持政策有关。从具体的深度贫困县来看，乌什县和柯坪县精准扶贫绩效综合得分均呈上升趋势，但增幅低于其他深度贫困县（市），与阿克苏地区相对其他南疆三地州的经济社会发展水平高、区域发展促进脱贫成效较好有关。

7.2.3.3　分不同深度贫困县（市）精准扶贫绩效评估结果分析

从新疆南疆四地州 22 个深度贫困县（市）精准扶贫绩效评估结果来看（图 7-5），2014—2018 年 22 个深度贫困县（市）精准扶贫绩效综合得分均呈现不同程度的提升，说明 22 个深度贫困县（市）精准脱贫均取得明显成效。其中，精准扶贫绩效提升较大的是喀什地区莎车县，其次为墨玉县、喀什市、皮山县和和田市等深度贫困县（市）。这些深度贫困县（市）普遍贫困程度深，贫困人口发生率较高，脱贫攻坚任务重，精准扶贫绩效相对较高。精准扶贫绩效提升较小的是喀什地区巴楚县，其次为乌什县、和田县等深度贫困县（市），说明这些深度贫困县（市）精准扶贫绩效有待提升，应加强巩固拓展脱贫攻坚成果，防止返贫和新致贫。

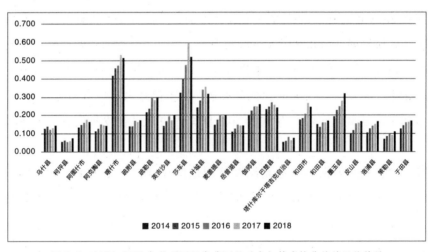

图 7-5　2014-2018 年份不同深度贫困县（市）精准扶贫绩效评估结果

7.3　本章小结

本章从新疆南疆四地州整个区域和深度贫困地区两个区域分别构建区域精准扶贫绩效综合评价指标体系，运用熵权法、线性加权法等，对新疆南疆四地州以及深度贫困地区实施精准扶贫政策的区域贫困治理绩效进行评估，得出以下结论：

（1）从新疆南疆四地州整个区域综合评价结果来看，精准扶贫绩效综合评价指数从 2013 年的 0.33 逐步提高到 2018 年的 0.90，尤其是 2015 年之后绩效综合评价指数快速提升，与 2017 年之后，扎实推进"七个一批""三个加大力度"深度贫困地区精准扶贫政策措施有关。从整体来看，2013—2018 年新疆南疆四地州区域精准扶贫绩效综合评价指数呈逐年提升趋势，区域精准扶贫绩效显著，有效助推了新疆南疆四地州脱贫攻坚和区域发展。

（2）从不同维度指标综合评价结果来看，新疆南疆四地州经济发展、生活水平、就业与收入、教育水平、卫生保障 5 个维度指标绩效综合指数均基本呈增长趋势，尤其是经济发展、就业与收入、教育水平 3 个维度在 2013 年实施精准扶贫政策后有较快提升，增强了新疆南疆四地州整个区域发展动力和贫困人口增收渠道。可见，新疆南疆四地州在实施各项精准扶贫、精准脱贫政策措施后，使得整个区域经济发展、居民生活水平、就业与收入水平、教育水平、卫生保障水平均得到明显改善，缓解了区域贫困问题，为 2020 年全疆全面打赢脱贫攻坚战奠定了坚实基础。

（3）从新疆南疆四地州深度贫困地区综合评估结果来看，2014—2018 年新疆南疆四地州深度贫困地区精准扶贫绩效综合得分从 0.166 增加到 0.220，年均综合得分每年保持在约 0.02 增速，尤其是 2015 年之后精准扶贫绩效综合得分提升较快，说明实施精准扶贫战略后，新疆南疆四地州深度贫困地区精准扶贫绩效呈不断提升趋势。

（4）从深度贫困地区不同维度指标综合得分变化趋势来看，经济发展维度、产业发展维度和基础设施维度综合得分相对较高，尤其是经济发展维度和基础设施维度综合得分提升较快，精准扶贫绩效显著；产业发展维度、就业水平维度、教育水平维度、医疗与社会保障维度综合得分呈现缓慢提升，说明新疆南疆四地州对深度贫困地区在就业、教育、医疗卫生、社会保障等方面投入力度持续加大，区域公共服务水平得到显著改善，让各族群众都享受到发展的果实。

（5）从深度贫困地区不同地州精准扶贫绩效评估结果来看，2014—2018 年新疆南疆四地州深度贫困地区中喀什地区精准扶贫绩效综合得分较高，位居新疆南疆四地州第一，其次是和田地区、克州以及阿克苏地区。

（6）从 22 个深度贫困县（市）精准扶贫绩效评估结果来看，2014—2018 年 22 个深度贫困县（市）精准扶贫绩效综合得分均呈现不同程度的提升，说明 22 个深度贫困县（市）精准扶贫均取得明显成效。其中，精准扶贫绩效提升较大的是喀什地区莎车县，其次为墨玉县、喀什市、皮山县和和田市等深度贫困县（市）；精准扶贫绩效提升较小的是喀什地区巴楚县，其次为乌什县、和田县等深度贫困县（市）。

8

新疆南疆四地州精准扶贫县级瞄准绩效评估

本章以新疆南疆四地州国家级贫困县为研究对象，运用双重差分法评估 2012 年新一轮国家级贫困县调整后政策实施静态和动态效果，以及不同贫困程度县域国家级贫困县政策实施效果的差异性，并从就业扶贫、产业扶贫、金融扶贫、消费扶贫和教育扶贫层面考察了调整后政策实施的区域减贫效应及其影响机制。旨在探究：2012 年新一轮国家级贫困县调整后，国家级贫困县政策实施能否对新疆南疆四地州贫困县经济发展和区域减贫起到促进作用？以及这种政策效应持续动态时间变化趋势是否持续越久对贫困县经济发展和区域减贫的促进作用越明显？不同贫困程度县域政策实施效果是否存在差异性以及政策实施影响机制如何调整？等等，为过渡期内国家级贫困县政策保持不变，继续实施该政策提供科学依据及为优化调整建言献策。

8.1　模型构建与变量选择

8.1.1　模型构建

8.1.1.1　双重差分模型

本文评估了 2012 年新一轮国家级贫困县调整后，帮扶政策实施对新疆南疆四地州贫困县精准脱贫与区域经济发展绩效的影响效应。在控制其他因素不变的基础上，运用双重差分法验证 2012 年新一轮国家级贫困县调整前后，政策实施对新疆南疆四地州国家级贫困县精准脱贫的影响是否存在显著差异。本章将 2012 年调整后实施国家级贫困县帮扶政策的新疆南疆四地州 26 个国家级贫困县作为处理组，当年及以后年份赋值为 1，实施之前赋值为 0，其余新疆南疆四地州 7 个非贫困县作为对照组所有年份均赋值为 0，设定双重差分基准模型如下：

$$Y_{ct} = \beta_0 + \beta_1 \, treatment_c \times post_t + \beta_2 \, control_{ct} + \phi_c + \gamma_t + \varepsilon_{ct} \qquad (8-1)$$

$$Y_{ct} = \beta_0 + \beta_1 \, DID_{ct} + \beta_2 \, control_{ct} + \phi_c + \gamma_t + \varepsilon_{ct} \qquad (8-2)$$

其中，Y_{ct} 为贫困县实际 GDP 和实际人均 GDP 的对数值；c 和 t 分别代表县和年；$control_{ct}$ 为控制变量；$DID_{ct} = treatment_c \times post_t$ 为核心解释变量，$treatment_c$ 及 $post_t$ 分别为组别虚拟变量及时间虚拟变量，如果个体 c 属于新疆南疆四地州 26 个国家级贫困县，则 $treatment_c = 1$，否则为 0；2012 年新一轮国家级贫困县调整后，即 $t \geqslant 2012$ 时，$post_c = 1$，未调整前则 $post_t = 0$；对处理组 $DID_{ct} = 1$，未调整前对照组 $DID_{ct} = 0$。β 为政策实施净效应，若 $\beta > 0$ 且显著，则表明 2012 年新一轮国家级贫困县调整后政策实施具有正效应；$\beta < 0$ 且显著，则表明政策实施具有负效应；β 不显著，则表明政策实施效应未能显现。ϕ_c 代表固定效应，γ_t 代表时间效应，ε_{ct} 代表误差项。

8.1.1.2　中介效应模型

为进一步深入分析 2012 年新一轮国家级贫困县调整后政策实施对推动新疆南疆四地州区域减贫及经济发展的影响机制，借鉴温忠麟[198]基于逐步法基础上的中介效应检验方法，本意构建中介效应模型，检验方程如下：

$$Y_{ct} = \beta_0 + \beta_1 \, DID_{ct} + \beta_2 control_{ct} + \phi_c + \gamma_t + \varepsilon_{ct} \qquad (8-3)$$

$$M_{ct} = \alpha_0 + \alpha_1 \, DID_{ct} + \alpha_2 \, control_{ct} + \phi_c + \gamma_t + \varepsilon_{ct} \qquad (8-4)$$

$$Y_{ct} = \delta_0 + \delta_1 \, DID_{ct} + \delta_2 \, M_{ct} + \delta_3 \, control_{ct} + \phi_c + \gamma_t + \varepsilon_{ct} \qquad (8-5)$$

$$\beta_1 = \delta_1 + \delta_2 \, \alpha_1 \qquad (8-6)$$

（8-3）式代表国家级贫困县设立的总效应，（8-4）式代表中介效应,（8-5）式代表直接效应,（8-6）式中 β_1 的总效应为直接效应 ϕ_1 和中介效应 $\alpha_1\phi_2$ 之和。其中, Y_{ct} 是被解释变量 InPGDP, β_1 代表国家级贫困县总效应的系数, α_1 是控制变量对中介变量 M_{ct} 的系数, δ_1 是控制了中介效应 M_{ct} 后,控制变量对因变量的直接效应系数, δ_2 是控制了控制变量后中介效应 M_{ct} 对因变量 Y_{ct} 的效应系数。

8.1.2 数据说明

基于数据的可获得性,本章选取 2006—2019 年新疆南疆四地州 33 个县面板数据作为样本数据,考察 2012 年国家新一轮国家级贫困县后调整后,政策实施对新疆南疆四地州贫困县经济发展和区域减贫的影响效应。以 2012 年新一轮国家级贫困县名单的调整作为政策冲击时点,以新疆南疆四地州中的 26 个国家级贫困县作为处理组（21 个原国家级贫困县,2012 年调整后新增 5 个片区县）,其余 7 个非贫困县为对照组,可得到 462 个样本观测值,数据主要来源于中国经济信息统计数据库、历年《新疆统计年鉴》《中国县域统计年鉴》等。

8.1.3 变量选取

变量将从以下四个方面进行选取（表 8-1）。

8.1.3.1 被解释变量

借鉴张国建[108],刘瑞明和赵仁杰[195],左停[197] 有关观点,选取新疆南疆四地州各县市实际生产总值对数值（lnGDP）和人均实际生产总值对数值（lnPGDP）为被解释变量,实际生产总值由名义生产总值除以生产总值平均指数得出。

8.1.3.2 核心解释变量

交互项 $DID_{ct}=treatment_c \times post_t$ 为核心解释变量,以 2012 年新一轮国家级贫困县调整为政策冲击时点。

8.1.3.3 控制变量

政策实施影响效应还需考虑其他外生因素干扰,借鉴刘瑞明和赵仁杰[195]、张俊[199]、徐明和刘金山[200]等有关观点，选取控制变量为：

（1）exports代表出口总额与GDP总额的比值，用来衡量对外开放水平。

（2）popden为县域总人口与县域面积比值，用来衡量县域人口区域密度。

（3）lnindustry为规模以上工业企业总产值对数值，用来衡量产业规模化水平。

（4）sav为居民储蓄存款余额与GDP的比值，反映储蓄水平。

（5）urban为非农业人口占总人口比值，用来衡量城镇化发展水平。

（6）lnwelfare为社会福利收养性单位床位数对数值，反映社会福利水平。

8.1.3.4 中介变量

（1）fin为政府财政支出与政府财政收入比值，衡量财政依赖程度。

（2）lnis1为第一产业增加值的对数值，反映第一产发展情况。

（3）lnis2为第二产业增加值的对数值，反映第二产发展情况。

（4）lnis3为第三产业增加值的对数值，反映第三产发展情况。

（5）lngoods为社会消费品零售总额对数值，衡量社会消费水平。

（6）lnloan为年末用金融机构人民币各项贷款对数值，反映当地的投融资水平。

（7）lnmachinery为农业机械总动力对数值，衡量农业机械化水平。

（8）employment为乡村就业人数与乡村总人口数比值，反映乡村就业水平。

（9）lninv为固定资产投资对数值，衡量地区投资水平。

（10）students选取中等学校在校学生数占总人口的比值，反映县域人力资本情况。

（11）revenue为地方财政一般预算收入占名义地区生产总值之比，反映当地财政收支情况。

表 8-1　变量描述性统计

变量类型	变量名称	衡量指标	变量含义	观测值	均值	标准差	最小值	最大值
核心解释变量	DID	交互项treatment与post的乘积	政策实施效果	462	0.45	0.498	0	1
	lnGDP	实际生产总值	经济发展情况	462	12.41	0.972	9.759	14.79
	lnPGDP	人均实际生产总值	区域经济发展情况	462	4.693	0.653	3.107	6.333
控制变量	exports	出口总额/GDP	对外开放水平	462	0.00148	0.00826	0	0.141
	popden	县域总人口/县域面积	人口区域密度	462	0.0230	0.0198	0.000435	0.0737
	lnindustry	规模以上工业企业总产值对数值	产业规模化水平	449	10.62	1.716	3.611	14.92
	sav	居民储蓄存款/GDP	储蓄水平	462	0.636	0.314	0	1.952
	urban	非农业人口/总人口	城镇化水平	450	0.279	0.179	0.0411	0.909
	lnwelfare	为社会福利收养性单位床位数对数值	社会福利水平	449	5.621	0.885	2.079	8.293
中介变量	fin	政府财政支出/政府财政收入	财政依赖程度	462	12.138	7.54	1.175	56.09
	lnis1	第一产业增加值对数值	第一产发展情况	462	11.14	1.051	8.214	13.16
	lnis2	第二产业增加值对数值	第二产发展情况	462	10.91	1.162	7.352	14.31
	lnis3	第三产业增加值对数值	第三产发展情况	461	11.51	1.067	5.677	14.36
	lngoods	社会消费品零售总额对数值	社会消费水平	450	10.530	1.222	7.476	14.21

续表

变量类型	变量名称	衡量指标	变量含义	观测值	均值	标准差	最小值	最大值
中介变量	lnloan	金融机构人民币各项贷款对数值	投融资水平	462	11.66	1.524	6.544	15.26
	lnmachinery	农业机械总动力对数值	农业机械化水平	462	11.698	0.996	8.846	13.78
	employment	乡村就业人数／乡村总人口数	乡村就业水平	462	0.257	0.219	0.0053	0.767
	lninv	固定资产投资对数值	地区投资水平	363	11.87	1.214	8.566	14.55
	students	中等学校在校学生数／年末总人数	人力资本情况	450	0.0592	0.0139	0.0300	0.0953
	revenue	地方财政一般预算收入／GDP	财政收支情况	462	0.079	0.0611	0.0143	0.695

8.2 2012年新一轮国家级贫困县调整后政策效果评估分析

本章主要运用双重差分法评估了2012年新一轮国家级贫困县调整后，对新疆南疆四地州区域精准脱贫与区域经济发展绩效的影响效应，探讨了政策实施的静态和动态评估效果，并分别进行了识别假定检验和稳健性检验，排除遗漏变量造成的估计偏误。

8.2.1 政策实施的静态评估效果分析

利用模型（8-1）评估2012年新一轮国家级贫困县调整后政策实施对新疆南疆四地州贫困地区经济发展的带动效应。为避免因个体异质性或其他外在经济因素对实验结果造成估计偏误，本研究分别通过控制时间效应、个体效应和控制变量三方面来进行验证。

从双重差分基准回归结果来看（表 8-2），（1）~（4）列中 DID 的系数均在 1% 水平上显著为正，说明 2012 年新一轮国家级贫困县调整后政策实施对新疆南疆四地州国家级贫困县经济具有显著带动作用以及减贫效应，处理组新疆南疆四地州国家级贫困县相对于对照组非贫困县 GDP 增长平均提高了 15.70%，人均 GDP 增长平均提高了 9.53%，在政策实施前后有明显变化，能够有效促进新疆南疆四地州贫困县的经济发展，助力精准脱贫。从控制变量回归结果来看，对外开放水平、产业规模化程度对新疆南疆四地州贫困县经济增长具有促进作用但不显著，说明国家级贫困县政策实施促进区域产业规模化、产业化效果较弱，未能有效带动贫困县经济增长。人口密度、城镇化水平对贫困县经济发展具有负向效应但不显著。储蓄对贫困县经济发展具有显著的负向作用，说明储蓄水平在新疆南疆四地州尚未有效转化为有效投资，未对贫困地区经济发展产生促进作用。

综上可知，2012 年新一轮国家级贫困县调整后，政策实施对新疆南疆四地州贫困县具有显著经济发展带动效应以及减贫效应，政策实施前后处理组贫困县相对于对照组非贫困县 GDP 增长平均提高了 15.70%，人均 GDP 增长平均提高了 9.53%，在政策实施前后有明显变化，政策能够有效促进新疆南疆四地州贫困县的经济发展，带动区域脱贫。

表 8-2　政策实施的静态评估效果基准回归结果

变量	（1）	（2）	（3）	（4）
	lnGDP		lnPGDP	
DID	0.1613***	0.1570***	0.1103***	0.0953***
	(0.0329)	(0.0315)	(0.0349)	(0.0332)
exports		0.3123		0.1616
		(0.7510)		(0.7918)
sav		−0.5070***		−0.5509***
		(0.0449)		(0.0473)
popden		−0.2593		−0.2288
		(0.3066)		(0.3233)

变量	(1)	(2)	(3)	(4)
	lnGDP		lnPGDP	
lnwelfare		0.0067		−0.0018
		(0.0082)		(0.0087)
lnindustry		0.0032		0.0078
		(0.0047)		(0.0049)
urban		−0.0188		−0.0426
		(0.0425)		(0.0448)
常数项	11.0991***	11.3425***	3.5431***	3.8227***
	(0.0453)	(0.0656)	(0.0481)	(0.0691)
控制变量	NO	YES	NO	YES
时间效应	YES	YES	YES	YES
个体效应	YES	YES	YES	YES
R2	0.9439	0.9588	0.9177	0.9403
样本量	462	448	462	448

注：括号内为聚类到县级层面的标准误，*、**和***分别表示10%、5%和1%的显著性水平。

8.2.2 政策实施的动态评估效果分析

为探索2012年新一轮国家级贫困县调整后，政策实施效应是否具有持续时间变化，是否持续时间越久越对贫困地区经济发展和减贫效应的推动作用越明显，为过渡期内国家级贫困县政策保持不变，继续实施提供借鉴参考。利用模型（8-2）进一步考察2012年新一轮国家级贫困县调整后政策实施的动态效应。

从政策实施的动态效应回归结果来看（表8-3），不管是否在控制个体效应、时间效应和控制变量条件下，随着时间推移，交互项DID的系数均在1%的水平上显著为正，且系数表现出逐步增大趋势，表明2012年新一轮国家级贫困县调整后政策实施效应随着持续时间的变化，能够显著带动新疆南疆四地州贫困县经济发展和减贫，且政策实施持续越久，其带动作用越显著，有助于帮助新疆南疆四地州贫困地区摆脱之前发展的低水平均衡陷阱。通过区域经济的发展，积累有利于发展的因素，形成"循环累积"，进而达到持续推进新疆南疆四地州贫困地区经济发展和减贫的作用。因此，在2020年新疆南疆四地州打赢脱贫攻坚战之后，国家实施5年过渡期内对新疆南疆四地州继续保持国家级贫困县政策保持不变，保持"四个不变、四个不减"，有助于持续巩固新疆南疆四地州脱贫攻坚成效，提升持续脱贫质量。

综上可知，2012年新一轮国家级贫困县调整后，政策实施随着持续时间变化能够显著带动新疆南疆四地州贫困地区经济发展，且该政策实施越久，对新疆南疆四地州贫困地区经济发展和减贫效应的带动作用越显著，越有助于帮助新疆南疆四地州贫困地区摆脱之前低水平经济发展过程中存在的"恶性循环"，通过区域经济发展，积累发展有利因素，形成"循环累积"，进而起到持续推进新疆南疆四地州贫困地区经济发展和减贫的作用。

表8-3　政策实施的动态效应回归结果

	lnGDP		lnPGDP	
DID1	0.7345***	0.6444***	0.6538***	0.5703***
	(0.0757)	(0.0757)	(0.0690)	(0.0693)
DID2	0.8584***	0.7739***	0.7315***	0.6539***
	(0.0757)	(0.0738)	(0.0690)	(0.0675)
DID3	1.0031***	0.8963***	0.8679***	0.7727***
	(0.0757)	(0.0755)	(0.0690)	(0.0691)
DID4	0.9931***	0.8788***	0.8425***	0.7476***
	(0.0757)	(0.0770)	(0.0690)	(0.0704)
DID5	1.0661***	0.9349***	0.8942***	0.7893***
	(0.0757)	(0.0774)	(0.0690)	(0.0708)
DID6	1.1597***	1.0593***	0.9903***	0.9238***
	(0.0757)	(0.0912)	(0.0690)	(0.0834)
DID7	1.2187***	1.0553***	1.0576***	0.9275***
	(0.0757)	(0.0815)	(0.0690)	(0.0746)

续表

	lnGDP		lnPGDP	
常数项	12.0159★★★	11.0644★★★	4.3531★★★	3.5551★★★
	(0.0224)	(0.1429)	(0.0205)	(0.1308)
控制变量	NO	YES	NO	YES
时间效应	NO	YES	NO	YES
个体效应	NO	YES	NO	YES
R^2	0.8738	0.8906	0.7675	0.7958
样本量	462	448	462	448

注：括号内为聚类到县级层面的标准误，★、★★和★★★分别表示10%、5%和1%的显著性水平。

8.2.3 稳健性检验

8.2.3.1 平行趋势检验

运用双重差分模型（DID）检验政策效果存在一个前提条件，即为实验组和对照组在实施政策前必须存在相同的发展趋势。本文对处理组和对照组进行趋势检验（图8-1），2012年新一轮国家级贫困县调整之前到产生后，处理组和对照组的实际lnGDP和人均实际lnPGDP基本保持相同的变化趋势，表明前文双重差分基准回归结果具有一定的可靠性，处理组和对照组有一定的可比性。

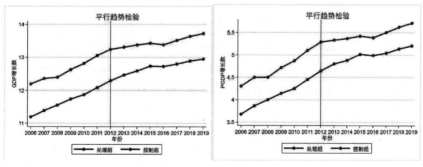

图8-1 平行趋势检验图

8.2.3.2 安慰剂检验

为确保实验结果的稳健性，本文采用"反事实"的研究方法，通过将 2012 年新一轮国家级贫困县调整的时间滞前 4 期和滞前 5 期构建"伪政策"效应（表 8-4）。从检验结果来看，在控制时间效应和个体效应下，无论是否控制控制变量均可以看出实施"伪政策"并不能促进新疆南疆四地州贫困地区经济发展水平的提高，进而证明上述实证结果的稳定性。换言之，这说明随机设立的国家级贫困县没有政策效应，反推出 2012 年新一轮国家级贫困县调整对处理组具有显著促进贫困地区经济发展的作用是真实存在的，不可能由其他不可观测因素导致这一事实。综上所述，2012 年新一轮国家级贫困县调整后政策实施带动新疆南疆四地州贫困地区经济发展的正向且显著影响并未受到遗漏变量的干扰。

表 8-4　安慰剂检验

变量	lnGDP				lnPGDP			
	（1）	（2）	（3）	（4）	（5）	（6）	（7）	（8）
	滞前 4 期		滞前 5 期		滞前 4 期		滞前 5 期	
DID	0.1459	0.0907	0.1292	0.0773	0.1067	0.0488	0.0932	0.0429
	(0.0907)	(0.0640)	(0.0834)	(0.0617)	(0.0839)	(0.0572)	(0.0697)	(0.0593)
constant	11.4039***	11.6248***	11.4039***	11.6192***	3.8103***	4.0811***	3.8103***	4.0782***
	(0.1482)	(0.1543)	(0.1482)	(0.1541)	(0.0273)	(0.0680)	(0.0273)	(0.0680)
控制变量	NO	YES	NO	YES	NO	YES	NO	YES
时间效应	YES	YES	YES	YES	YES	YES	YES	YES
个体效应	YES	YES	YES	YES	YES	YES	YES	YES
R^2	0.9424	0.9569	0.9416	0.9566	0.9506	0.9643	0.9503	0.9642
样本数	462	448	462	448	462	448	462	448

注：括号内为聚类到县级层面的标准误，*、** 和 *** 分别表示 10%、5% 和 1% 的显著性水平。

8.2.3.3　时间敏感性检验

时间敏感性检验（表 8-5）是通过截取不同时间段对政策效用进行评估。本文通过截取 2008—2019 年以及 2006—2014 年两个时间段对 2012 年新一轮国家级贫困县调整后国家级贫困县政策进行考量，在控制个体效应、时间效应和控制变量的前提下，不同时间段国家级贫困县政策均在 1% 的水平上显著为正，均能有效促进新疆南疆四地州贫困地区经济发展。可见，2012 年新一轮国家级贫困县调整后国家级贫困县政策有利于促进新疆南疆四地州贫困地区经济发展水平的提高。

表 8-5　时间敏感性检验

变量	lnGDP		lnPGDP	
	（1）	（2）	（3）	（4）
	2008—2019	2006—2014	2008—2019	2006—2014
DID	0.1471***	0.1571***	0.0968***	0.1101***
	(0.0350)	(0.0387)	(0.0367)	(0.0402)
constant	11.6173***	11.8021***	4.0649***	4.2093***
	(0.0743)	(0.0789)	(0.0777)	(0.0819)
控制变量	YES	YES	YES	YES
时间效应	YES	YES	YES	YES
个体效应	YES	YES	YES	YES
R^2	0.9383	0.9518	0.9136	0.9297
样本数	383	287	383	287

注：括号内为聚类到县级层面的标准误，*、** 和 *** 分别表示 10%、5% 和 1% 的显著性水平。

8.2.3.4　得分倾向匹配（PSM）检验

本文进一步采用倾向得分匹配与双重差分相结合（PSM-DID）的方法对模型进行稳健性检验（表 8-6），通过采用半径匹配、核匹配、近邻匹配三种方法对处理组样本匹配对照组，以减少自选择偏误所带来的内生性问题。从稳健性检验结果来看，（1）~（5）列回归结果均在 1% 水平下显著为正，不管采用何种匹配方法，估计结果均相差不大，且不同匹配方法的估计系数回归结果与基准回归结果 9.53% 基本保持一致。这说明双重差分基准回归结果具有稳健性，即 2012 年新一轮国家级贫困县调整后国家级贫困县政策实施对新疆南疆四地州贫困地区经济发展与减贫具有显著带动效应是真实客观存在的。

表 8-6　稳健性检验

变量	人均实际 GDP 对数值				
	（1）	（2）	（3）	（4）	(5)
	半径匹配	核匹配	近邻匹配	OLS1	OLS2
DID	0.0913***	0.0942***	0.0953***	0.1471***	0.1130***
	(0.0336)	(0.0335)	(0.0332)	(0.0350)	(0.0389)
constant	3.8734***	3.8230***	3.8227***	11.9575***	4.2096***
	(0.0706)	(0.0697)	(0.0691)	(0.0655)	(0.0689)
控制变量	YES	YES	YES	YES	YES
时间效应	YES	YES	YES	YES	YES
个体效应	YES	YES	YES	YES	YES
R^2	0.9407	0.9646	0.9649	0.9843	0.9543
样本数	425	443	448	383	417

注：括号内为聚类到县级层面的标准误，*、** 和 *** 分别表示 10%、5% 和 1% 的显著性水平。

8.3　政策实施效果县域差异性进一步探析

考虑到基准回归结果是对 2012 年新一轮国家级贫困县调整后新疆南疆四地州国家级贫困县政策效果的均值回归，并未反映出是否对不同发展水平、贫困程度的贫困县存在差异性。因此，运用分位数双重差分法，选取 10%、30%、50%、70%、90% 五个分位点，探讨调整后国家级贫困县政策对不同贫困程度区域实施效果的差异性。

从分位 DID 回归结果（表 8-7）来看，实际 lnGDP 分位数回归均在 10%、30%、50%、70%、90% 的分位点交互项 DID 系数均显著为正，表明调整后政策实施对新疆南疆四地州不同发展水平和贫困程度县域经济发展均具有显著带动作用；而人均实际 lnPGDP 分位数回归均在 10%、30%、50%、70% 的分位点交互项 DID 系数均显著为正，90% 分位点交互项 DID 系数不显著，控制变量中储蓄水平、社会福利水平、产业规模化程度对不同贫困程度县域经济发展和减贫带动效应均表现出正向促进作用，尤其对较贫困县域具有较好减贫效应。可见，2012 年新一轮国家级贫困县调整后，政策实施对贫困县具有显著减贫效应，但对不同贫困程度县域减贫效果是存在差异性的，对新疆南疆四地州贫困程度深、发展较落后的贫困县的减贫带动效用更强，能够瞄准较落后、较贫困地区，有效推动了区域发展与脱贫攻坚。

表 8-7　分位 DID 回归结果

分位点	lnPGDP 0.1	lnPGDP 0.3	lnPGDP 0.5	lnPGDP 0.7	lnPGDP 0.9
DID	0.2986*	0.3968***	0.3644***	0.2132**	0.2595**
	(0.1656)	(0.1247)	(0.1288)	(0.1065)	(0.1252)
exports	6.5559	1.7224	−2.1669	−4.7761	−5.1581
	(8.9352)	(6.7300)	(6.9532)	(5.7467)	(6.7564)
sav	1.2460***	1.1076***	0.7724***	1.0662***	1.1746***
	(0.2364)	(0.1781)	(0.1840)	(0.1520)	(0.1788)
popden	1.1109	0.1067	1.1674	3.2725	2.2274
	(3.7427)	(2.8190)	(2.9125)	(2.4071)	(2.8301)
lnwelfare	0.1744*	0.1434**	0.1743**	0.1672***	0.1100
	(0.0926)	(0.0698)	(0.0721)	(0.0596)	(0.0700)
lnindustry	0.0661	0.0784**	0.0888**	0.0557*	−0.0115
	(0.0523)	(0.0394)	(0.0407)	(0.0337)	(0.0396)
urban	0.3348	0.5823*	0.3336	0.3459	−0.0744
	(0.4506)	(0.3394)	(0.3507)	(0.2898)	(0.3407)
_cons	8.5721***	9.2109***	9.7034***	10.4419***	12.0815***
	(0.5969)	(0.4496)	(0.4645)	(0.3839)	(0.4514)
样本数	448	448	448	448	448
	lnPGDP 0.1	lnPGDP 0.3	lnPGDP 0.5	lnPGDP 0.7	lnPGDP 0.9
DID	0.4883***	0.5317***	0.5087***	0.2368**	0.0319
	(0.0706)	(0.0792)	(0.0871)	(0.0934)	(0.1086)
exports	−1.0474	−1.9930	−5.4672	−3.1762	−6.6673
	(3.8084)	(4.2761)	(4.7024)	(5.0425)	(5.8599)

分位点	lnPGDP 0.1	lnPGDP 0.3	lnPGDP 0.5	lnPGDP 0.7	lnPGDP 0.9
sav	0.2836***	0.3472***	0.3555***	0.5802***	0.2774*
	(0.1008)	(0.1131)	(0.1244)	(0.1334)	(0.1550)
popden	−0.4580	0.3992	0.1528	−1.5294	−2.5388
	(1.5952)	(1.7912)	(1.9697)	(2.1122)	(2.4545)
lnwelfare	0.0237	0.0395	0.0181	0.1145**	0.0459
	(0.0395)	(0.0443)	(0.0488)	(0.0523)	(0.0608)
lnindustry	0.1057***	0.0847***	0.0702**	0.0351	0.0848**
	(0.0223)	(0.0250)	(0.0275)	(0.0295)	(0.0343)
urban	0.2945	0.3052	−0.1014	−0.1643	−0.3351
	(0.1921)	(0.2157)	(0.2371)	(0.2543)	(0.2955)
_cons	2.2812***	2.6520***	3.3713***	3.5807***	4.2369***
	(0.2544)	(0.2857)	(0.3142)	(0.3369)	(0.3915)
样本数	448	448	448	448	448

注：括号内为聚类到县级层面的标准误，*、**和***分别表示10%、5%和1%的显著性水平。

8.4 调整后政策实施的减贫效应及其影响机制

8.4.1 调整后政策实施的县域减贫效应

按照"六个精准"要求，新疆南疆四地州贫困地区因村因户因人精准施策，实施了"七个一批""三个加大力度"精准扶贫路径，制定了产业扶贫、就业扶贫、教育扶贫、健康扶贫、金融扶贫、消费扶贫、社会保障扶贫等一系列精准扶贫措施，有效推动了新疆南疆四地州脱贫攻坚。因此，从就业扶贫、产业扶贫、金融扶贫、消费扶贫和教育扶贫层面探究国家级贫困县政策实施的区域减贫效应及其影响机制，限于数据可得性在指标选取上不尽完善，但也能从一定程度上反映政策实施效果及机制（表8-8）。文中（1）列主要从农村就业水平考察就业扶贫的

表 8-8 政策实施的区域减贫效应回归结果

变量	就业扶贫		产业扶贫			金融扶贫				消费扶贫	教育扶贫
	(1)	(2)	(3)	(4)	(5)	(6)	(7)	(8)	(9)	(10)	(11)
	employment	lnmachinery	lnis1	lnis2	lnis3	lnloan	fin	lninv	revenue	lngoods	students
DID	−0.0224	0.2046***	0.4129***	0.6566***	0.6625***	0.7355***	2.0411*	0.5644***	0.0218**	0.4322***	−0.0029
	(0.0300)	(0.0766)	(0.0314)	(0.0665)	(0.0648)	(0.0827)	(1.2045)	(0.1116)	(0.0089)	(0.0532)	(0.0042)
DID1	0.3793***	0.7595***	0.5242***	0.8258***	0.8766***	1.0928***	0.2622	0.7218***	0.0278***	0.6455***	−0.0098**
	(0.0309)	(0.1301)	(0.0356)	(0.0777)	(0.0522)	(0.1038)	(0.6889)	(0.1291)	(0.0091)	(0.0527)	(0.0047)
DID2	0.3795***	0.2732**	0.6084***	0.9878***	1.0233***	1.4479***	2.8725***	0.7675***	0.0231**	0.7848***	−0.0050
	(0.0302)	(0.1111)	(0.0318)	(0.0797)	(0.0575)	(0.1120)	(0.8343)	(0.1535)	(0.0089)	(0.0570)	(0.0047)
DID3	0.3757***	−0.9733***	0.6729***	1.0827***	1.2087***	1.5508***	−0.5710	1.0875***	0.0203**	0.9061***	−0.0044
	(0.0309)	(0.2705)	(0.0431)	(0.0905)	(0.0735)	(0.1095)	(1.1248)	(0.1489)	(0.0092)	(0.0623)	(0.0041)
DID4	0.3540***	−0.2359**	0.7439***	1.0728***	1.1142***	1.6440***	6.3102***	1.0433***	0.0247***	0.8913***	−0.0029
	(0.0317)	(0.0936)	(0.0537)	(0.0954)	(0.0929)	(0.0909)	(0.9455)	(0.1440)	(0.0094)	(0.0790)	(0.0048)
DID5	0.3224***	−0.5727***	0.6290***	1.1806***	1.2273***	1.7184***	8.1982***	1.0367***	0.0163*	0.9479***	−0.0085**
	(0.0318)	(0.0859)	(0.0523)	(0.0990)	(0.1037)	(0.1206)	(1.1387)	(0.1162)	(0.0094)	(0.0844)	(0.0034)
DID6	0.3027***	−0.7591***	0.7299***	1.3434***	1.3250***	1.7118***	6.7587***	0.0000	−0.0061	1.0328***	0.0004
	(0.0372)	(0.2156)	(0.0635)	(0.1615)	(0.1297)	(0.1776)	(1.7190)	(.)	(0.0110)	(0.1311)	(0.0051)
DID7	0.3214***	0.3875**	0.7425***	1.1261***	1.5897***	1.7450***	7.4379***	0.0000	−0.0022	1.1463***	−0.0118**
	(0.0334)	(0.1788)	(0.0525)	(0.1685)	(0.1384)	(0.1714)	(1.6045)	(.)	(0.0099)	(0.1634)	(0.0050)
constant	0.0332	10.3302***	10.3745***	9.8340***	9.8877***	8.7366***	3.1607	6.2900***	−0.0155	9.0075***	0.0502***
	(0.0685)	(0.4418)	(0.1859)	(0.3472)	(0.1896)	(0.4134)	(2.3631)	(0.4524)	(0.0203)	(0.2454)	(0.0054)
R^2	0.6458	0.2833	0.6706	0.5288	0.7126	0.7398	0.1986	0.7230	0.6017	0.6862	0.4532
N	448	448	448	448	447	448	448	363	448	448	448

注：括号内为聚类到县级层面的标准误，*、** 和 *** 分别表示 10%、5% 和 1% 的显著性水平。

政策效果；（2）~（5）列主要从农业机械化水平、一、二、三产业产值等方面考察产业扶贫的政策实施效果；（6）~（9）列主要从融资能力、固定资产投资水平和财政收支情况等方面考察金融扶贫的政策效果；（10）列主要从社会消费水平考察消费扶贫的政策效果；（11）列主要从教育水平考察教育扶贫的政策效果。

从就业扶贫实施效果回归结果来看，农村就业水平的DID回归系数由负向不显著变为正向显著，说明2012年新一轮国家级贫困县调整后国家级贫困县政策实施能够有效通过就业扶贫措施促进新疆南疆四地州贫困县的农村就业水平提高，并且随着实施政策持续时间越久，对新疆南疆四地州贫困地区农村劳动力就业推动作用越大，对解决农村劳动力就业问题的实施效果越好，因而需持续强化就业扶贫政策。

从产业扶贫实施效果回归结果来看，农业机械化水平的DID回归系数由显著为正变为负向，三次产业增加值的DID回归系数均在1%水平上显著为正，说明政策实施能够有效通过产业扶贫措施提升新疆南疆四地州贫困县的农业机械化水平和三次产业发展，能有效推动贫困县产业发展。但随着政策实施持续时间越久，对新疆南疆四地州贫困县农业机械化水平的推动作用减弱，对三次产业发展的带动效果越强，产业扶贫实施效果越好，因而需调整产业扶贫政策，重点提高农业现代化水平，大力发展乡村产业，推进农业农村现代化建设。

从金融扶贫实施效果回归结果来看，金融机构人民币各项贷款、财政依赖程度、固定资产投资、财政收支的DID回归系数均显著为正，说明政策实施能够有效通过金融扶贫措施提升新疆南疆四地州贫困县的投融资水平，确保了精准扶贫的资金投入，但随着政策实施持续时间越久，对财政收支影响效用越小。贫困地区表现出财政依赖程度较高，自身财政能力较弱，金融扶贫政策对改善贫困县自身财政能力的实施效果较弱，因而需继续加大金融帮扶力度，保障新疆南疆四地州贫困县持续发展的资本来源，避免资本缺乏陷入"贫困恶性循环"，有利于巩固拓展脱贫攻坚成果。

从消费扶贫实施效果回归结果来看，社会消费水平的 DID 回归系数为正向显著，说明政策实施能通过消费扶贫措施带动新疆南疆四地州贫困县经济发展，且随着政策实施持续时间越久，对贫困县经济发展带动效果越强，因而需持续强化推进消费扶贫政策措施，有利于巩固拓展新疆南疆四地州脱贫攻坚成果。

从教育扶贫实施效果回归结果来看，教育水平的 DID 回归系数为负但不显著，说明政策实施未能有效通过教育扶贫措施促进新疆南疆四地州区域人力资本水平提升，进而带动贫困县经济发展效用有限。现有教育扶贫政策更多为保障贫困家庭孩子"有学上、上得起学"，减轻贫困家庭教育支出负担，如在新疆南疆四地州已实现 15 年免费教育，对贫困家庭学生已实现各个教育阶段资助政策全覆盖等，忽视促进人力资本水平提升方面的政策支持，因而需优化调整教育扶贫政策，注重提升贫困县教育质量、劳动力素质，当地人才培育等方面。

综上可知，2012 年新一轮国家级贫困县调整后，政策实施能通过就业扶贫、产业扶贫、金融扶贫、消费扶贫等方式有效带动新疆南疆四地州贫困县经济发展和减贫，但需优化调整产业扶贫、教育扶贫政策措施，继续加大就业扶贫、产业扶贫、金融扶贫、消费扶贫等领域帮扶力度，有效保障不发生规模性返贫，巩固拓展脱贫攻坚成果。

8.4.2 政策实施的影响机制分析

本文运用中介效应模型考察政策实施的影响机制（表 8-9）。（1）列为未加入中介变量回归结果，（2）~（12）列为加入中介变量回归结果。从中介效应检验来看，基准回归 DID 系数显著为正，所有中介变量均存在中介效应。其中农业机械化水平、人力资本水平 DID 回归系数均在 1% 水平下显著为负，说明调整后政策实施对促进新疆南疆四地州贫困县经济发展和减贫效果欠佳，需进一步优化调整产业扶贫、教育扶贫政策措施，改善政策实施效果。其他中介变量 DID 回归系数均在 1% 水平下显著为正，说明政策实施可通过优化政府财政收支、大力发展三次

表 8-9 中介效应检验

变量		(1)	(2)	(3)	(4)	(5)	(6)	(7)	(8)	(9)	(10)	(11)	(12)
							lnPGDP						
	DID	0.8036***	0.5364***	0.7485***	0.3889***	0.3316***	0.1695*	0.2960***	0.7197***	0.5194***	0.4072***	0.3940***	0.6487***
		(0.0357)	(0.0700)	(0.0525)	(0.0907)	(0.0365)	(0.0891)	(0.0887)	(0.0522)	(0.0541)	(0.1032)	(0.0485)	(0.0553)
就业扶贫	employment		0.7820***										
			(0.1673)										
	lnmachinery			-0.0405***									
				(0.0107)									
产业扶贫	lnis1				0.6590***								
					(0.1001)								
	lnis2					0.4420***							
						(0.0236)							
	lnis3						0.5595***						
							(0.0946)						
金融扶贫	lnloan							0.3390***					
								(0.0578)					
	fin								0.0124***				
									(0.0023)				
	lninv									0.2276***			
										(0.0319)			
	revenue										3.7328***		
											(1.0270)		
消费扶贫	lngoods											0.4862***	
												(0.0486)	
教育扶贫	students												-8.3516***
													(1.2633)
	_cons	3.5389***	3.4811***	3.8867***	-3.2395***	-0.7768***	-1.9059**	0.6282	3.4783***	2.3264***	3.0302***	-0.8322*	3.8691***
		(0.1323)	(0.1829)	(1.1070)	(0.2846)	(0.9487)	(0.6129)	(0.1295)	(0.2056)	(0.2010)	(0.4896)	(0.1449)	(1.2633)
	控制变量	YES	YES	YES	YES	YES	YES	YES	YES	YES	YES	YES	YES
	R^2	0.7178	0.6643	0.6691	0.8474	0.8728	0.8992	0.8222	0.6931	0.7268	0.3629	0.8213	0.6982
	N	448	448	448	448	448	447	448	448	363	448	448	448

注：括号内为聚类到县级层面的标准误，*、**和***分别表示10%、5%和1%的显著性水平。

产业、提升投融资水平、持续提高农村劳动力就业水平、增加固定资产投资等措施，促进新疆南疆四地州贫困县经济发展和减贫，与前文研究结论基本一致。

8.5 本章小结

本文以新疆南疆四地州国家级贫困县为研究对象，运用双重差分法评估 2012 年新一轮国家级贫困县调整后政策实施静态和动态效果，以及不同贫困程度县域国家级贫困县政策实施效果的差异性，最后从就业扶贫、产业扶贫、金融扶贫、消费扶贫和教育扶贫层面考察了调整后政策实施的区域减贫效应及其影响机制，为过渡期内国家级贫困县政策保持不变，继续实施该政策提供科学依据及为优化调整建言献策。其主要结论如下：

（1）2012 年新一轮国家级贫困县调整前后政策实施有明显变化，处理组贫困县相对于对照组非贫困县 GDP 增长平均提高了 15.70%，人均 GDP 增长平均提高了 9.53%，政策实施对新疆南疆四地州贫困县具有显著经济发展带动效应及减贫效应。

（2）政策实施随着时间持续越久，带动新疆南疆四地州贫困县经济发展与减贫作用越显著，越有助于帮助新疆南疆四地州贫困地区摆脱之前发展的低水平均衡陷阱，形成对有利发展因素的"循环累积"，通过区域经济发展促进精准脱贫。

（3）政策实施对不同发展水平、贫困程度的贫困县减贫效果存在差异性，对新疆南疆四地州贫困程度深、发展较落后的贫困县的减贫带动效用更强，能够瞄准较落后、较贫困地区，有效推动区域发展与脱贫攻坚。

（4）政策实施主要通过就业扶贫、产业扶贫、金融扶贫、消费扶贫等方式有效带动新疆南疆四地州贫困县经济发展和减贫，但需优化调整产业扶贫、教育扶贫等政策措施，继续强化产业扶贫、就业扶贫、金融扶贫、消费扶贫等领域政策措施，有效保障不发生规模性返贫，切实巩固、拓展脱贫攻坚成果。

（5）政策实施可通过优化政府财政收支、大力发展三次产业、提升投融资水平、提高农村劳动力就业水平、增加固定资产投资等路径，促进新疆南疆四地州贫困县经济发展和减贫，但需进一步优化调整产业扶贫、教育扶贫等政策措施，改善政策实施效果。

9

新疆南疆四地州精准扶贫
人口瞄准绩效评估

本章主要通过问卷调查的方式开展对新疆南疆四地州贫困地区精准脱贫人口瞄准绩效评估，将贫困人口和基层扶贫干部作为调查对象，考察了新疆南疆四地州贫困人口精准扶贫绩效，以及基层扶贫干部对实施精准脱贫政策措施的满意度，更好地说明精准脱贫人口瞄准绩效。

9.1　新疆南疆四地州贫困人口精准扶贫绩效评估

通过对新疆南疆四地州贫困地区克州、喀什地区、阿克苏地区、和田地区共 521 户农户（包括建档立卡的贫困户和非贫困户）开展实地问卷调查搜集数据，在问卷信度达到要求的情况下，通过对比精准扶贫政策实施后，问卷调查的建档立卡贫困户与非贫困户在个人状况、家庭状况、村庄状况三方面的差异显著性，来评估贫困人口精准扶贫绩效，以及实施的各项精准脱贫政策的成效。

9.1.1　调查问卷设计

为获取新疆南疆四地州建档立卡的贫困户精准扶贫绩效，主要采用问卷调查的方式来获得数据，采用分层抽样与随机抽样相结合的方法抽取样本，抽取样本包括同一地区的建档立卡的贫困户和非贫困户。结合调查目的以及新疆南疆四地州的实际发展情况，经过预调查与专家咨询，最终确定问卷内容，总共31个相关问题（见附件1）。

调查问卷内容设计：第一部分为受访者的基本信息，包括性别、民族、文化程度、职业等；第二部分考察受访者的家庭人口和收入状况，包括贫困户的家庭总人口、耕地面积及收入状况等；第三部分考察受访者的生活环境，包括住房状况、饮用水状况、通水通电状况及出行状况等。

9.1.2　问卷收集与处理

9.1.2.1　问卷收集

通过2018年调查问卷发放收集数据，发放范围覆盖新疆南疆四地州贫困地区，调研对象主要涉及新疆南疆四地州的农村家户，其中包括建档立卡的贫困户和非贫困户。共发放问卷600份，回收有效问卷521份，问卷有效率86.8%，其中喀什地区回收有效问卷194份，克州回收193份，阿克苏地区回收52份，和田地区回收82份（表9-1）。

表9-1　问卷调查对象家庭分布情况

地区	样本数	百分比（%）
克州	193	37.04
喀什	194	37.23
阿克苏	52	9.98
和田	82	15.74
总计	521	100.00

注：根据问卷调查数据整理所得。

从问卷调查对象分布来看（表9-2），新疆南疆四地州建档立卡贫困户352户，占到调查总样本的67.6%；非贫困户169户，占到调查总样本的32.4%。

表9-2 问卷调查对象分布情况

贫困状况	样本数（户）	百分比（%）
贫困户	352	67.60
非贫困户	169	32.40

注：根据问卷调查数据整理所得。

9.1.2.2 问卷处理

对调查问卷数据进行处理，从31个问卷调查涉及的问题中选出22个指标进行量化，并将其分为个人状况、家庭状况、生产生活环境状况三大类，将22个指标进行赋值（表9-3）。

表9-3 变量指标构建

类别	项目	指标内涵描述
个人状况	文化程度 X1	文盲 =1，小学 =2，初中 =3，高中 =4，大学 =5，其他 =6
	是否外出务工 X2	是 =1，不是 =2
	是否经商 X3	是 =1，不是 =2
	是否有资产性收入 X4	有 =1，没有 =2
	是否有转移性收入 X5	有 =1，没有 =2
	是否患有重大疾病 X6	是 =1，不是 =2
	汉语听说水平 X7	可以交流 =1，交流有障碍 =2
	汉语阅读水平 X8	能看懂 =1，有障碍 =2
家庭状况	家庭人口数 X9	1~5 人 =1，6~10 人 =2，11~15 人 =3，16 人及以上 =4
	人均耕地面积 X10	0~5 亩 / 人 =1，5~10 亩 / 人 =2，10~15 亩 / 人 =3，15~20 亩 / 人 =4，20 亩 / 人以上 =5
	住房类别 X11	富民安居房 =1，抗震安居房 =2，自建砖混 / 砖木结构住房 =3，土坯房 =4
	家庭耐用品数量 X12	1~2 个 =1，3~4 个 =2，5~6 个 =3，7~8 个 =4，9 个及以上 =5
	是否有贷款 X13	有 =1，没有 =2

续表

类别	项目	指标内涵描述
生产生活环境状况	是否通电 X14	是 =1，不是 =2
	生产用水是否充沛 X15	是 =1，不是 =2
	居住周边是否有学校 X16	有 =1，没有 =2
	是否有村卫生室 X17	有 =1，没有 =2
	看病买药是否便利 X18	是 =1，不是 =2
	村里是否有惠民超市 X19	有 =1，没有 =2
	日用品购买是否方便 X20	是 =1，不是 =2
	出行是否方便 X21	是 =1，不是 =2
	村庄道路情况 X22	土路 =1，石子路 =2，水泥路或柏油路 =3

9.1.2.3 样本特征分析

从农户的个人状况，农户的家庭状况、农户生产生活环境状况三个方面，对样本的人口统计学特征进行分析（表 9-4）。

1. 农户的个人状况

从问卷调查数据反映的农户个人状况来看，受教育程度为小学和初中的农户占比为 83.4%，表明农户的受教育程度普遍偏低，其中国语听说和阅读无障碍的农户占比分别为 75.6% 和 62.6%，仍有较多的农户在交流和学习方面存在障碍；在外务工和经商的村民占比均在 25% 以上，农户外出就业和灵活就业的人数较少；拥有资产性收入的村民占比 4.6%，转移性收入占比 41.7%，说明接近一半的村民享受国家和政府的转移性收入和政策福利，但普遍获得经营性收入和资产性收入较少，农户自我发展能力不足；患有重大疾病的村民占比为 26.3%，接近 1/3，比例较高，易造成返贫致贫。

2. 农户的家庭状况

从问卷调查数据反映的农户家庭状况来看，家庭人口数在 1~5 人的农户占比为70.4%，5人以上的农户占比为29.6%，说明接近1/3的农户中多生、超生现象严重，家庭负担较重；人均耕地面积在5亩以下的农户占比为55.7%，说明一半左右的农户耕地面积较小，存在生产资料不足现象；农户住房多为政策性富民安居房和抗震安居房，占比78.7%，说明对新疆南疆四地州农户来说住房保障方面的政策扶持力度较大；在家庭耐用品数量方面，拥有7个以上耐用消费品的农户占比21.3%，拥有5~6个家庭耐用品的农户接近一半，只拥有1~2个耐用消费品的农户占比8.8%，说明农户的生活水平有显著改善；有贷款的农户占比62.4%，说明一半以上的农户存在资金短缺、资金周转问题，有一定的生活负担。

3. 农户生产生活环境状况

从问卷调查数据反映的农户生产生活环境状况来看，97.9%的农户实现了通电，92.7%农户的生产用水充沛，95.8%的农户居住周边有学校，说明在国家的扶贫政策下，新疆南疆四地州贫困地区农户的通水通电等基础设施状况良好；80.4%的农户所在村有村卫生室，83.3%的农户认为看病买药较便利，说明新疆南疆四地州农村的医疗卫生设施状况有明显改善；66%的农户所在村有惠民超市，72.9%的农户认为日用品购买较方便，说明生活用品的购买较便利；96.7%的农户所在村村庄道路通了水泥路、柏油路或石子路，84.5%的农户认为出行较为便利，基本解决了农户出行不便的问题。

表9-4 调查样本的人口统计学特征

类别	项目	属性	频数	频率（%）
个人状况	是否为贫困户	是	352	67.6
		不是	169	32.4
	文化程度	文盲	39	7.5
		小学	193	37.0
		初中	242	46.4
		高中	39	7.5
		大学	7	1.3
		其他	1	0.2

类别	项目	属性	频数	频率（%）
个人状况	是否外出务工	是	149	28.6
		否	372	71.4
	是否经商	是	134	25.7
		否	387	74.3
	是否有资产性收入	是	24	4.6
		否	497	95.4
	是否有转移性收入	是	217	41.7
		否	304	58.3
	是否患有重大疾病	是	137	26.3
		否	384	73.7
	国语听说水平	可以交流	394	75.6
		有障碍	127	24.4
	国语阅读水平	能看懂	326	62.6
		有障碍	195	37.4
家庭状况	家庭人口数	1~5 人	367	70.4
		6~10 人	142	27.3
		11~15 人	10	1.9
		16 人以上	2	0.4
	人均耕地面积	1~5 亩 / 人	290	55.7
		5~10 亩 / 人	123	23.6
		10~15 亩 / 人	58	11.1
		15~20 亩 / 人	26	5.0
		20 亩 / 人以上	24	4.6
	住房类别	富民安居房	191	36.7
		抗震安居房	219	42.0
		自建砖混 / 砖木结构住房	46	8.8
		土坯房	65	12.5
	家庭耐用品数量	1~2 个	46	8.8
		3~4 个	107	20.5
		5~6 个	257	49.3
		7~8 个	103	19.8
		9 个及以上	8	1.5

续表

类别	项目	属性	频数	频率（%）
家庭状况	是否有贷款	是	325	62.4
		否	196	37.6
生产生活环境状况	是否通电	是	510	97.9
		否	11	2.1
	生产用水是否充沛	是	483	92.7
		否	38	7.3
	居住周边是否有学校	是	499	95.8
		否	22	4.2
	是否有村卫生室	是	419	80.4
		否	102	19.6
	看病买药是否便利	是	434	83.3
		否	87	16.7
	村里是否有惠民超市	是	344	66.0
		否	177	34.0
	日用品购买是否方便	是	380	72.9
		否	177	27.1
	出行是否方便	是	440	84.5
		否	81	15.5
	村庄道路情况	土路	19	3.3
		石子路	94	18.0
		水泥路或柏油路	410	78.7

注：根据问卷调查数据整理所得。

9.1.3 新疆南疆四地州贫困人口精准扶贫绩效评估结果分析

9.1.3.1 问卷信度检验

为检验问卷的真实性和可靠性，对收集到的问卷数据进行 KMO
（Kaiser-Meyer-Olkin）和 Bartlett（巴特利特）球形检验。当 KMO 统计
量越接近于 1，说明变量间的相关性越强，原有变量越适合作因子分析。

Bartlett 球形值越大且越显著，则认为原始变量之间越存在相关性。从检验结果（表9-5）来看，KMO 检验的统计量数值为 0.774，说明原始变量间具有一般的相关性，无须对变量进行调整；Bartlett 球形检验结果小于 0.05，拒绝球形假设，说明原始变量间存在相关性，可进行后续的分析（表9-5）。

表 9-5　KMO 和 Bartlett 检验

KMO 取样适切性量数		0.774
Bartlett 球形度检验	近似卡方	3195.114
	自由度	253
	显著性	0.000

9.1.3.2 绩效评估结果分析

通过对问卷调查的贫困户和非贫困户个人状况、家庭状况、生产生活环境状况三方面进行对比，分析精准扶贫政策实施后贫困户和非贫困户22个细化指标的差异显著性，来评估新疆南疆四地州贫困人口精准扶贫绩效（表9-6）。

对比精准扶贫政策实施后的贫困户个人状况来看，新疆南疆四地州贫困户和非贫困户在外出经商、拥有的资产性和转移性收入，以及患有重大疾病等方面不存在显著性差异，说明通过政府精准扶贫政策的实施，贫困户在外出转移就业、增收渠道、医疗保障方面有明显改善，与非贫困户的差异正在逐步缩小。而贫困户在文化程度、外出务工、国语听说水平和国语阅读水平等方面仍与非贫困户存在显著性差异，其中贫困户的文化程度均值为 2.491，低于非贫困户的均值 2.787，贫困户在文化程度方面仍然存在劣势，但与非贫困户的差距在缩小，教育扶贫在新疆南疆四地州仍需继续巩固拓展，尤其是在加强国语听说、阅读水平培训上，贫困户的均值均大于非贫困户，贫困户的国语听说和阅读水平仍均低于非贫困户，说明教育扶贫政策的实施效果尚未完全显现，且仍需进一步加大对贫困人口的国语培训力度，文化水平和国语水平差异制约着贫困人口转移就业增收。在外出务工方面，贫困户的均值大于非贫困户的均值，表明贫困户外出务工方面的比例低于非贫困户，仍需加强贫困人口转移就业，增加贫困户务工收入。

对比精准扶贫政策实施后的贫困户家庭状况来看，新疆南疆四地州贫困户和非贫困户在家庭人口数、住房保障和耐用消费品数量和是否有贷款等方面不存在显著性差异，说明贫困户的居住条件、消费水平、获得生产用资金等方面具有显著改善，实施的就业促增收、农村富民安居工程、游牧民安居工程、农村危房改造工程、小额信贷帮扶等精准扶贫政策成效显著，与非贫困户差异正在逐步缩小。但在人均拥有耕地面积方面，贫困户和非贫困户存在显著差异，贫困户的人均耕地面积的均值为 1.719，低于非贫困户的人均耕地面积均值 1.947，与非贫困户相比，贫困户在拥有的生产资料上存在显著差异，制约贫困户经营性收入的提高。因此，新疆南疆四地州贫困地区普遍缺生产资料的状况制约着农户持续增收致富，应通过加强发展特色优势产业或者转移就业来增加收入。

对比精准扶贫政策实施后的贫困户生产生活环境状况来看，新疆南疆四地州的贫困户和非贫困户在通电、生产用水、学校、村庄道路等方面不存在显著性差异，说明贫困户在获得生产生活用电、生产用水、受教育、交通出行等方面有显著改善，贫困地区通水、通电、道路、教育等公共基础设施建设方面取得明显成效，与非贫困户享受同等的公共基础服务。但在村卫生室、看病买药便利性、惠民超市、日用品购买方便和出行方便等方面与非贫困户具有显著性差异，贫困户的均值分别为 1.236、1.267、1.446、1.364 和 1.205，均高于非贫困户的 1.024、1.047、1.118、1.077 和 1.053，说明贫困地区在医疗服务设施、生活服务设施建设方面存在滞后性，贫困户在就医和生活便利性方面相对于非贫困户来说都存在劣势，仍需加大贫困地区健康扶贫和公共服务生活设施建设力度，对贫困户医疗服务和提高生活便利性方面进行帮扶。

表 9-6　精准扶贫政策实施后贫困户与非贫困户显著性差异对比表

类别	项目	变量含义	非贫困户		贫困户		显著性差异
			均值	标准偏差	均值	标准偏差	差值
个人状况	文化程度	文盲 =1，小学 =2，初中 =3，高中 =4，大学 =5，其他 =6	2.787	0.788	2.491	0.795	0.296★★★
	是否外出务工	是 =1，不是 =2	1.645	0.480	1.747	0.435	−0.102★★
	是否经商	是 =1，不是 =2	1.746	0.437	1.741	0.438	0.004
	是否有资产性收入	有 =1，没有 =2	1.935	0.247	1.963	0.189	−0.028
	是否有转移性收入	有 =1，没有 =2	1.556	0.498	1.597	0.491	−0.040
	是否患有重大疾病	是 =1，不是 =2	1.746	0.437	1.733	0.443	0.013
	国语听说水平	可以交流 =1，交流有障碍 =2	1.183	0.388	1.273	0.446	−0.089★★
	国语阅读水平	能看懂 =1，有障碍 =2	1.243	0.430	1.438	0.497	−0.195★★★
家庭状况	家庭人口数	1~5 人 =1，6~10 人 =2，11~15 人 =3，16 人及以上 =4	1.355	0.581	1.307	0.503	0.048
	人均耕地面积	0~5 亩 / 人 =1，5~10 亩 / 人 =2，10~15 亩 / 人 =3，15~20 亩 / 人 =4，20 亩 / 人以上 =5	1.947	1.201	1.719	1.046	0.228★★
	住房类别	富民安居房 =1，抗震安居房 =2，自建砖混 / 砖木结构住房 =3，土坯房 =4	1.911	0.944	2.000	0.993	−0.089
	家庭耐用品数量	1~2 个 =1，3~4 个 =2，5~6 个 =3，7~8 个 =4，9 个及以上 =5	2.876	0.971	2.832	0.853	0.043
	是否有贷款	有 =1，没有 =2	1.402	0.492	1.364	0.482	0.039

续表

类别	项目	变量含义	非贫困户		贫困户		显著性差异
			均值	标准偏差	均值	标准偏差	差值
生产生活环境状况	是否通电	是 =1，不是 =2	1.024	0.152	1.020	0.140	0.004
	生产用水是否充沛	是 =1，不是 =2	1.047	0.213	1.085	0.280	−0.038
	居住周边是否有学校	有 =1，没有 =2	1.024	0.152	1.051	0.221	−0.027
	是否有村卫生室	有 =1，没有 =2	1.024	0.213	1.236	0.443	−0.212★★★
	看病买药是否便利	是 =1，不是 =2	1.047	0.152	1.267	0.425	−0.220★★★
	村里是否有惠民超市	有 =1，没有 =2	1.118	0.324	1.446	0.498	−0.328★★★
	日用品购买是否方便	是 =1，不是 =2	1.077	0.267	1.364	0.482	−0.287★★★
	出行是否方便	是 =1，不是 =2	1.053	0.225	1.205	0.404	−0.151★★★
	村庄道路情况	土路 =1，石子路 =2，水泥路或柏油路 =3	2.787	0.478	2.739	0.512	0.048

综上，对比精准扶贫政策实施后贫困户和非贫困户个人状况、家庭状况、生产生活环境状况等差异性来看，贫困户在外出务工、住房保障、消费水平、获得生产用资金、通电、生产用水、学校、村庄道路等方面，与非贫困户差异正在逐步缩小，说明在外出转移就业、拓宽增收渠道、医疗保障、住房保障、小额信贷帮扶、通水、通电、道路、教育等公共基础设施建设方面精准扶贫政策取得成效显著，贫困户在获得就业增收机会、教育保障、医疗保障、住房保障等方面，贫困地区在生产生活用电、生产用水、受教育、交通出行等方面有明显改善。但在文化程度、外出务工、国语听说阅读水平、人均拥有耕地、看病买药便利性、日用品购买方便性和出行方便性等方面仍与非贫困户存在显著性差异，说明新疆南疆四地州贫困人口在转移就业、教育帮扶、生产生活资料、健康帮扶和生活便利性等方面仍需进一步加大帮扶力度。

9.2 新疆南疆四地州精准扶贫基层扶贫干部满意度评估

本文从喀什、和田两个地区抽取了皮山县、叶城县、疏附县、民丰县、疏勒县 5 个贫困县作为研究对象，对基层扶贫干部关于精准扶贫、精准脱贫开展问卷调查，得到其关于扶贫满意度的问卷数据，运用 SPSS（Statistical Prodnet Service Solutions，统计产品与服务解决方案软件）26.0 软件，引入修正的 IPA 分析法（Importance-performance analysis，绩效性分析法）对当地基层扶贫干部的精准脱贫工作的重要性和满意度进行分析，并根据引申重要性和满意度数值建立二维坐标系，评价各项政策措施的实施绩效和未来优化调整发展方向。

9.2.1 调查问卷设计

通过发放调查问卷的方法来获取数据，结合国家"六个精准"要求、"五个一批"脱贫政策，以及在自治区"七个一批""三个加大力度"精准脱贫政策的基础上，综合考虑贫困人口的致贫原因，深入喀什、和田地区抽取了皮山县、叶城县、疏附县、民丰县、疏勒县 5 个贫困县进行实地调查、定向访谈，并综合相关专家意见设计调查问卷。调查问卷内容共分三部分。

第一部分：调查对象，即扶贫干部的人口统计学特征，包括性别、年龄、民族、职位、受教育程度等基本信息。

第二部分：调查对象对精准脱贫政策的满意度评价以及原因的自述，包括产业扶贫、转移就业、生态扶贫、教育扶贫、医疗扶贫、社保兜底等六项精准脱贫政策的满意度评价，以及后续的每项政策存在问题的拓展。关于满意度的问题采取了五分制李克特量表（Likert scale）法的设计思路，每项政策的满意度均设置 5 个选项，分别为"很不满意""不满意""一般""满意""很满意"，对应 1~5 五个数字得分，满意度越高，数字越大。为构建修正的 IPA 模型和后续的样本分析奠定了坚实的数据基础。

第三部分：基层扶贫干部对贫困户的综合评价，涉及贫困户参与扶贫项目的积极性以及贫困户的自我发展意愿、致富能力等问题。

9.2.2 *数据来源及研究方法*

9.2.2.1 数据来源

为了获取基层扶贫干部对精准脱贫工作满意度的数据，依托参与其他单位扶贫调研项目的实地调研，调查组于 2019 年 7-8 月深入喀什地区的疏附县、疏勒县、叶城县与和田地区的民丰县、皮山县进行调研，与扶贫干部、驻村工作队进行多次交流，采用随机抽样的方法，共对基层扶贫干部发放问卷 160 份，回收有效问卷 154 份，其中疏附县 8 份、疏勒县 37 份、叶城县 47 份、民丰县 15 份、皮山县 47 份，问卷回收率高达 96%。在回收的 154 份有效问卷中，部分问卷存在漏填情况，部分个人特征数据存在缺失，但对满意度核心指标并未缺失，考虑到这部分问卷仍然具有很高的分析价值，将其也作为有效问卷处理。

从调查的基层扶贫干部数据来看（表 9-7），可以得出以下特征：

（1）从性别来看，基层扶贫干部的男性比例高于女性，基本为女性的 2 倍，调查对象以男性为主。

（2）从年龄来看，基层扶贫干部年龄在 30~39 岁居多，其后依次为 20~29 岁、40~49 岁，50 岁以下的扶贫干部占比 91.91%，调查对象是以 50 岁以下的中青年干部为中坚力量。

（3）从民族来看，以维吾尔族和汉族为主，两者占比超过 85.8%，便于对精准扶贫工作的交流。

（4）从干部职位来看，以一般干部为主，占比为 73.5%，调查对象是从事扶贫工作，与贫困户经常密切接触和联系的基层干部。

（5）从受教育程度来看，占比从高到低依次为：本科及以上、中专及大专、高中、初中，其中接受过高等教育的干部占比为 88.96%，占扶贫干部的绝大多数，调查对象普遍学历较高，具备参与精准扶贫的基本素质，保证了调查结果的可信度。

表9-7 调查样本的基本统计特征

项目	属性	频数（人）	频率（%）
性别	男	91	64.08
	女	51	35.92
年龄	20—29	40	29.41
	30—39	59	43.38
	40—49	26	19.12
	50—59	10	7.35
	60岁以上	1	0.74
民族	维吾尔族	78	48.15
	汉族	61	37.65
	哈萨克族	5	3.09
	回族	4	2.47
	蒙古族	1	0.62
	其他	13	8.02
干部职位	厅级	3	1.99
	县级	4	2.65
	副县级	3	1.99
	科级	18	11.92
	副科级	12	7.95
	一般干部	111	73.50
受教育程度	初中	12	8.28
	高中	4	2.76
	中专及大专	51	35.17
	本科及以上	78	53.79

注：根据问卷调查数据整理所得。

9.2.2.2 研究方法

IPA分析法是Martilla和James[201]提出的一项评价方法，20世纪90

年代开始广泛应用于服务行业。当IPA分析法应用于满意度评价领域时，其称为重要性—满意度分析法，主要思路是根据受访者对各个项目的重要性和满意度评价，对各项目的绩效进行综合评价，进而针对不同的项目采取不同的发展策略，以实现资源的最优配置。IPA分析法具体的操作步骤：从调查问卷上得到受访者的重要性和满意度评价指标，然后以重要性和满意度的均值作为坐标轴构建二维坐标系，以重要性为横轴，满意度为纵轴，将平面分割为四个象限（图9-1）。

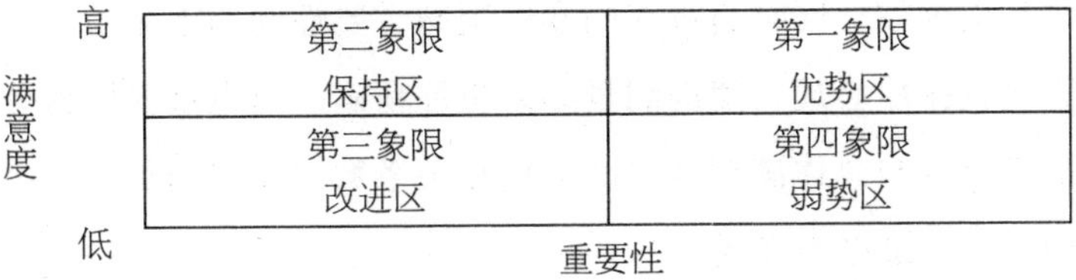

高	第二象限	第一象限
满意度	保持区	优势区
	第三象限	第四象限
低	改进区	弱势区

重要性

图9-1 IPA分析法四象限模型图

第一象限是优势区。该象限受访者的满意度和重要性感知都比较高，说明针对该政策实施所做的工作较为充足，受访者满意度也较高。因此，该象限内的实施政策措施可以成为整个工作的优势所在，需继续保持，维持受访者的满意度。

第二象限是保持区：该象限也称"供给过度区"，受访者认为政策措施实施不太重要但是对其满意度较高，说明资源过多地投入到了这项政策措施上，存在资源错配的问题，在保证满意度不会大幅下降的前提下，应该适当调整资源配置。

第三象限是改进区。该象限也称"次优发展区"，受访者认为政策措施实施不太重要且满意度也不高，对政策措施的重要性感知不高，较低的满意度也会拉低总体的满意度。该象限内的政策措施可以作为次优发展对象，当效率最高的政策措施得到实施后，继而转向提高该象限政策措施的满意度。

第四象限是弱势区。该象限也称"优先发展区"，受访者的重要性感知较高，但满意度较低，是最应优先配置资源重点投入的政策措施，当该象限内的政策措施满意度提高时，受访者的整体满意度会大幅提高。

该象限内的政策措施应该首先得到实施。

传统的 IPA 分析方法也存在缺陷，因为模型的两个前提条件不能很好地满足：一是现实生活中受访者的重要性评价一般无法独立于满意度评价，二是单个项目的满意度很难与总体满意度呈现线性关系和对称关系。因此，为了增加结果的准确性，本文采用经过 Wei-Jaw[202] 改进后的修正 IPA 分析法，即采用引申重要性代替受访者的自述重要性，重新构建四象限，使得 IPA 分析法能够克服传统的 IPA 分析法中前提条件无法满足的弊端，同时通过在问卷中削减重要性问题来减少受访者工作量，减轻其排斥心理，使得测量结果更加精确。引申重要性得分是政策实施的满意度与总体满意度之间的偏相关系数，反映的是一种净相关关系，使评价结果更为客观。

9.2.3　新疆南疆四地州贫困地区精准脱贫满意度结果分析

9.2.3.1　信度检验

信度最早被 Spearman 应用于心理学的测量，是对测量结果的一致性和可靠性程度的检验。一般而言，信度检验中 Cronbach's α 系数值越大，表明变量的内在一致性越强，Cronbach's α 系数大于 0.7，可认为变量之间的一致性较好。本文主要对问卷数据进行内在信度检验，即对调研问卷中问题设置的一致性进行检验。剔除缺失数据后，对样本数据进行Cronbach's α 检验，得到六个变量的 Cronbach's α 系数值为 0.876，说明量表具有较强的可信度（表 9-8）。

表 9-8　样本数据的可靠性统计

Cronbach's α	基于标准化项的 Cronbach's α	项数
0.876	0.880	6

9.2.3.2　效度检验

本文利用 SPSS 26.0 软件，采用 KMO 和 Bartlett 球形检验对问卷数据的有效性进行检验，KMO 检验统计量数值为 0.855，说明各变量间的相关程度较高，适合做因子分析；Bartlett 球形检验结果小于 0.05，拒绝球形假设，说明各变量间存在相关性，适合做因子分析（表 9-9）。

表 9-9　样本数据的 KMO 和 Bartlett 检验

KMO 取样适切性量数		0.855
Bartlett 球形检验	近似卡方	435.284
	自由度	15
	显著性	0.000

9.2.3.3　修正 IPA 分析

根据 Wei-Jaw 提出的修正 IPA 分析法，基于调查问卷中的数据，先对基层扶贫干部满意度数据取自然对数，使之具有良好的特性并符合前提假定，然后在控制其他变量的条件下，分别计算各项评价政策满意度与总体满意度的偏相关系数，作为各个政策评价的引申重要性，最后计算出各政策评价的引申重要性和满意度并取均值（表 9-10）。

从整体来看，基层扶贫干部对精准扶贫、精准脱贫政策措施实施的总体满意度较高，总体满意度的均值为 4.627。从问卷的统计数据上分析，"很满意"占比 66%，"满意"占比 27%，整体满意度高达 93%，精准脱贫政策成效是明显的。

从引申重要性来看，基层扶贫干部重要性感知较强的政策实施依次是生态扶贫、转移就业扶贫和产业扶贫，说明基层扶贫干部对这三项精准扶贫政策实施具有较强感知性，或者说这三项精准扶贫政策实施受到基层扶贫干部的重视。

从满意度排序来看，基层扶贫干部满意度最高的精准扶贫政策是社保兜底保障政策，其次是教育扶贫和医疗扶贫政策，说明这三项精准扶贫政策实施效果较好，得到了基层扶贫干部的认可。

从综合引申重要性和满意度来看，产业扶贫、转移就业扶贫、生态扶贫处于弱势区、优先发展区，说明基层扶贫干部较为重视但是政策实施效果满意度却不高，存在政策实施效果不佳，重要性与满意度的矛盾，其中满意度和引申重要性差值最大的是转移就业扶贫政策，即政策的制定与实施中存在目标偏差、实施效果欠佳的问题，未达到政策制定的目标。另外，教育扶贫、医疗扶贫、社保兜底位于保持区、过度供给区，说明基层扶贫干部对其实施的重要性感知度较低但满意度比较高，这些兜底保障类政策实施效果较好且政策工具供给过度，不利于培育贫困户内生动力和可持续发展能力，扶贫资源配置过度，需加以调整。

表 9-10　评价指标的引申重要性及扶贫干部满意度

序号	评价指标	引申重要性	引申重要性排序	满意度	满意度排序
1	产业扶贫	0.870	3	4.556	5
2	转移就业扶贫	0.905	2	4.604	4
3	生态扶贫	0.913	1	4.493	6
4	教育扶贫	0.835	5	4.708	2
5	医疗扶贫	0.806	6	4.688	3
6	社保兜底	0.845	4	4.715	1
	均值	0.862		4.627	

9.2.3.4　二维定位分析图

以二者均值的交点（0.862，4.627）为原点，以引申重要性为横轴、满意度为纵轴建立二维坐标系，将平面分割为四个象限，并把各评价项目标注在象限中，如下图 9-2 所示。从修正的 IPA 定位分析图可以看出，教育扶贫、医疗扶贫和社保兜底政策位于第二象限，属于保持区、过度供给区；产业扶贫、转移就业扶贫和生态扶贫政策位于第四象限，属于弱势区、优先发展区。

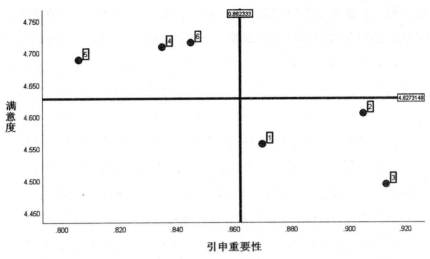

1.产业扶贫 2.转移就业扶贫 3.生态扶贫 4.教育扶贫 5.医疗扶贫 6.社保兜底

图 9-2　新疆南疆四地州精准扶贫修正的 IPA 定位分析图

从位于第二象限的政策措施来看，基层干部对教育扶贫、医疗扶贫和社保兜底政策措施实施的重要性感知比较低，而满意度比较高，说明投入到这些政策措施的资源相对较多，可能存在资源错配的问题，在保证满意度不会大幅下降的前提下，应适当的调整资源配置。对这三项政策措施重要性感知相对比较低的原因在于，基层扶贫干部可能认为当前新疆南疆四地州教育、医疗和社保兜底等领域的精准脱贫政策措施是比较完善的，且多以贫困人口被动接受补助的形式进行帮扶，起到兜底保障的作用，但无法较好实现"扶志"，而以激发贫困人口的内在动力和增强贫困人口的致富能力的政策措施在精准脱贫中可能更迫切需要。同时，教育、医疗和社保兜底等政策均需长期投入和"软环境"的改善，相对于其他的扶贫措施，投入产出在短期内相对不显著，因而重要性感知也相对比较低。但普遍基层扶贫干部对这几项政策满意度比较高，可能因为教育、医疗和社保兜底等政策属于改善民生政策，政府能够快速推进，成效在很大程度上取决于政府及其资金支持力度，对市场的依赖性较低，能够较容易解决贫困户当时的困境，政策效果更易显现。因此，这些精准脱贫政策措施由于扶贫干部对其重要性感知相对较低，满意度感知相对较高，属于保持区、供给过度的扶贫政策措施。2020 年以后的巩固拓展脱贫攻坚成果阶段，应在保证满意度不会大幅度下降的前提下适当优化调整部分教育、医疗和社保兜底等领域政策措施，需将更多资源投入到第四象限弱势区的政策措施中，提升贫困人口持续致富的能力，从而实现资源的合理配置。此外，还要详细分析这三项政策措施重要性感知比较低是否存在宣传不到位或者其他因素导致的"虚假的不重要"。比如，教育扶贫政策措施本身是解决代际贫困、实现"扶智"的精准脱贫的治本之策，但也可能由于基层扶贫干部自身的认知局限性，导致其重要性感知低，因此应通过宣传教育来提升干部群众对其重要性的感知，或许能够实现从第二象限向第一象限的转变，而第一象限才是精准脱贫政策措施绩效实施较好的优势区域。

从位于第四象限的政策措施来看，基层干部对产业扶贫、转移就业扶贫和生态扶贫政策实施的重要性感知较高，但对政策措施实施的满意度较低，需进一步加大政策措施实施的力度，优先配置资源重点投入，这与当前新疆南疆四地州脱贫攻坚成果亟须巩固拓展的领域相一致。产业扶贫、转移就业扶贫和生态扶贫政策措施之所以对于基层扶贫干部来说重要性较高，主要因为：一是这些扶贫政策措施覆盖面较广，只要具有劳动能力和就业意愿的贫困人口，就可以通过一定的培训或者学习来参与到当地的特色产业、实现转移就业或者参与到一些生态项目的建设中去，获得持续的收入，带来稳定的脱贫；二是这些政策措施能够给贫困人口带来收入增加的感知更为直接，也具有一定的持续性，一旦贫困户实现稳定的就业，就会直接带来收入增加和生活水平上升的感知，有效抵御贫困的脆弱性，防止返贫致贫，也有利于社会稳定。而对这些扶贫政策措施实施满意度比较低可能的原因有：一是产业扶贫、转移就业扶贫和生态扶贫等领域涉及的扶贫政策措施和项目实施精准化的要求普遍较高、落实难度大，导致政府工作可能存在偏差。比如，产业扶贫政策的制定和扶贫项目的实施必须根据当地的实际条件，因地制宜地制定适合新疆南疆四地州发展的特色产业。这既需要基层扶贫干部对当地产业发展条件进行深入了解，又需要精准扶贫政策制定者的正确决策，对政府和扶贫干部的治理能力提出了较高的要求，政府的治理措施可能存在瞄准偏差。二是这些领域精准扶贫政策措施从制定到施策再到见效，一般周期较长，见效慢、效率低，不能较快体现基层扶贫干部的政绩，因而可能成为满意度低的另一个原因。在本次的调研问卷中，关于产业扶贫存在的问题的调研结果显示，基层扶贫干部中有接近一半的人认为扶贫产业脆弱导致了产业扶贫效果欠佳，可见从建立起适合当地发展的特色产业到该产业发展壮大需要的时间较长，短时间内难以形成一定的扶贫绩效，导致满意度可能较低。三是这些领域精准扶贫政策措施实施更需要社会各界帮扶力量形成合力施策，扶贫产业的发展壮大不只是政府一方努力就可以实现的，还需要成熟的市场条件，需要市场主体的配合，而一些企业对于风险的考虑可能不愿加入，而当地居民的思想较为保守，问卷调查显示有51.30%的基层扶贫干部表示贫困户思想较为保守不愿意转移就业，这也对政策实施的效果形成了一定的制约，导致政策措施实施的满意度较低。因此，产业扶贫、转移就业扶贫和生态扶贫的精准脱贫政策措施由于基层扶贫干部对其重要性感知比较高，但是满意度却比较低，需要重点提升产业扶贫、转移就业扶贫和生态扶贫的政策措施实施中的满意度，加大对这些扶贫领域的投入力度，在新疆南疆四地州巩固拓展脱贫攻坚成果阶段提升产业扶贫、转移就业扶贫和生态扶贫的政策措施实施效果，只有当该象限内的政策措施满意度提高时，整体满意度才会大幅提高，才会助力新疆南疆四地州巩固拓展脱贫攻坚成果，全面推进乡村振兴。

9.3 本章总结

本章主要通过问卷调查的方式，将贫困人口和基层扶贫干部作为调查对象，考查了新疆南疆四地州贫困人口精准扶贫绩效，以及基层扶贫干部对实施精准脱贫政策措施的满意度，开展了对新疆南疆四地州精准脱贫人口瞄准绩效评估。

（1）对比精准扶贫政策实施后贫困户和非贫困户个人情况、家庭情况、生产生活环境状况等差异性来看，贫困户在外出务工、住房保障、消费水平、获得生产用资金、通电、生产用水、学校、村庄道路等方面，与非贫困户差异正在逐步缩小，说明在外出转移就业、拓宽增收渠道、医疗保障、住房保障、小额信贷帮扶、通水、通电、道路修建、教育等公共基础设施建设方面精准扶贫政策取得的成效显著，贫困户在获得就业增收机会、教育保障、医疗保障、住房保障等方面，贫困地区在生产生活用电、生产用水、受教育、交通出行等方面有明显改善。

（2）对比精准扶贫政策实施后贫困户和非贫困户个人情况、家庭情况、生产生活环境状况等差异性来看，在文化程度、外出务工、国语听说阅读水平、人均拥有耕地、看病买药便利性、日用品购买方便性和出行方便性等方面仍与非贫困户存在显著性差异，说明在转移就业扶贫、教育帮扶、生产生活资料、健康帮扶和生活便利性等方面仍需进一步加大帮扶力度。

（3）从整体来看，基层扶贫干部对精准扶贫、精准脱贫政策措施实施的总体满意度较高，总体满意度的均值为4.627。从引申重要性来看，基层扶贫干部重要性感知较强的政策实施依次是生态扶贫、转移就业扶贫和产业扶贫，说明基层扶贫干部对这三项精准扶贫政策实施具有较强感知性，受到基层扶贫干部的重视。从满意度排序来看，基层扶贫干部满意度最高的精准扶贫政策是社保兜底保障政策，其次是教育扶贫和医疗扶贫政策，说明这三项精准扶贫政策实施效果较好，得到了基层扶贫干部的认可。

（4）从修正的IPA定位分析图可以看出，教育扶贫、医疗扶贫和社保兜底政策位于第二象限，属于保持区、过度供给区；产业扶贫、转移就业和生态扶贫政策位于第四象限，属于弱势区、优先发展区。基层干部对教育扶贫、医疗扶贫和社保兜底政策措施实施的重要性感知比较低，而满意度比较高，说明投入到这些政策措施的资源相对较多，可能存在资源错配的问题。在保证满意度不会大幅下降的前提下，应适当调整资源配置。对产业扶贫、转移就业扶贫和生态扶贫政策实施的重要性感知较高，但对政策措施的实施的满意度较低，需进一步加大政策措施实施力度，优先配置资源重点投入，这与当前新疆南疆四地州脱贫攻坚成果亟须巩固拓展的领域相一致。

10

大数据背景下新疆南疆四地州
精准扶贫主要经验总结

党的十八大以来，自治区党委、人民政府全面贯彻落实党中央精准扶贫决策部署，以超常规的力度聚力新疆南疆四地州脱贫攻坚，全力以赴补短板，千方百计提弱项，倾心尽力惠民生，加强脱贫攻坚的顶层设计，精准脱贫思想深入人心，五级书记抓扶贫、全党动员促攻坚的良好态势基本形成，各项决策部署得到较好落实，新疆南疆四地州贫困人口的生活水平明显提高，贫困地区的生产生活条件明显改善，农村贫困面貌发生了显著变化，脱贫攻坚取得了全面胜利和显著的成绩。

10.1　全面贯彻落实习近平精准扶贫思想

自治区紧紧围绕社会稳定和长治久安总目标，深入学习贯彻新时代习近平精准扶贫思想，始终用习近平精准扶贫思想武装头脑，指导实践，推动工作，基本构建起了较完善的脱贫攻坚责任体系、工作体系、监督体系、政策体系、投入体系、监测体系、社会组织体系，各项扶贫工作基础不断夯实，脱贫攻坚实践创新不断深入，脱贫攻坚成效显著，习近平精准扶贫思想成为新疆打赢脱贫攻坚战的科学指南和根本遵循，在新疆南疆四地州脱贫攻坚实践中起到了重要作用。

10.1.1 强化组织领导推动脱贫攻坚

自治区各级党委和政府高度重视脱贫攻坚任务，压实脱贫责任，引导广大干部增强政治担当、责任担当，党政一把手负总责，专职扶贫副书记、政府分管领导专抓专管；建立起"自治区负总责、县市抓落实"的扶贫工作机制，县级党委作为脱贫攻坚总指挥部，各行业部门、各驻村工作队、村"两委"班子落实配合责任，新疆南疆四地州贫困县（市）、乡镇增设专职副书记，专门负责脱贫攻坚工作；成立自治区深度贫困地区脱贫攻坚领导小组，下设16个专项小组，每季一部署，每月一调度，贫困县党委和政府实施每月至少专题研究一次脱贫攻坚工作；实施五级书记遍访贫困对象行动，42名省级领导联系到县，新疆南疆四地州领导联系到乡，26个贫困县（市）领导联系到村，乡镇党委书记和村党组织书记遍访贫困户，了解贫困群体实际需求，解决突出问题。

10.1.2 深入推进抓党建促脱贫攻坚

自治区实施抓党建促脱贫攻坚行动，推动党建工作与脱贫攻坚深度融合，强化新疆南疆四地州贫困地区基层党组织领导核心地位，对建档立卡贫困村"两委"班子进行集中摸底，分析研判，坚决撤换不胜任、不合格、不尽职的村党组织书记，大力整顿贫困村软弱涣散党组织，进一步畅通选配渠道，从大学生村官、本村致富能手、外出务工经商创业人员中选配，配齐配强贫困村第一书记，近年来全疆各级机关事业单位、国有企业选派约1.2万名优秀干部、后备干部到贫困村担任第一书记；鼓励农牧民党员领办创办农牧民专业合作社、家庭农牧场，示范增收致富，带头结对帮扶，把"一抓双促"落到实处；派强用好第一书记和驻村工作队，贫困村第一书记统领驻村各种力量，推动精准扶贫开展工作，深化"访惠聚"驻村工作，配齐配强基层组织力量，打造"不走的工作队"。

10.1.3　着力锻造过硬扶贫干部队伍

自治区加强县级以上领导干部关于精准扶贫思想认识培训，领导干部掌握精准脱贫方法论，提升解决推进精准扶贫工作中问题的能力，保持新疆南疆四地州贫困县负责脱贫攻坚工作的县级党政正职的稳定；按照新疆南疆四地州级扶贫班干部力量不少于 30 人，深度贫困县扶贫办不少于 20 人，深度贫困乡不少于 10 人的标准，配齐配足基层扶贫干部队伍；在扶贫领域开展大规模培训，建立新疆南疆四地州专职副书记常态化培训机制，采取案例教学、现场教学等实战培训方法，使所有贫困村第一书记、贫困村"两委班子""访惠聚"驻村工作队，以及所有参与扶贫工作的干部每年至少参加 1 次县级以上培训，解决基层干部"不会干"问题；对脱贫攻坚一线干部的关爱激励机制逐步完善，对表现优秀的基层扶贫干部给予提拔使用，对因公牺牲的基层干部家属及时给予了抚恤，贫困村干部报酬待遇、津补贴、周转房等政策得到了全面落实。

10.1.4　营造良好脱贫攻坚舆论氛围

自治区精心组织策划融媒体报道，围绕新疆南疆四地州深度贫困地区摘帽的村级第一书记，制作系列访谈《第一书记话脱贫》，开展"决战决胜脱贫攻坚"主题报道；加大多语种稿件传播力度，扎实做好了扶贫方针政策、扶贫成效、扶贫致富故事的互联网多语种传播，组织自治区重点新闻网站、民间民语平台通过维吾尔语、哈萨克等语种，转载翻译脱贫攻坚相关稿件；以"同奔小康·幸福新疆"为主题，举办新媒体传播竞赛活动，广泛发动了网民创作、传播"我亲历、我见证"的脱贫攻坚温暖故事，引导新媒体、自媒体从业者用笔和镜头展示精准帮扶、精准脱贫的骄人成绩，营造了新疆南疆四地州脱贫攻坚的良好氛围。

10.2 严格落实"六个精准"要求

10.2.1 扶贫对象精准

自治区严格扶贫标准和识别程序，逐村逐户逐人摸排，精准锁定扶贫对象，确保了应纳尽纳、不落一人；扶贫对象动态管理不断加强，建设扶贫一体化信息平台，完善扶贫大数据库，加强部门信息共享，符合条件的及时纳入，稳定脱贫的及时退出，不断提高识贫精准度；实行到村到户到人扶持实名制，建档立卡信息数据复核工作成效前所未有；2017 年，组织近 22 万名干部，先后开展了 2 次全疆扶贫对象建档立卡信息数据复核工作，逐县逐乡逐村逐户逐人精准核查对比，在新疆历史上第一次全面摸清了贫困底数，建立起了区、地、县、乡、村、户六级的"户有卡、村有表、乡有册、县有档、地有卷、区有库"完整的贫困人口信息资料库，从根本上解决了长期困扰新疆南疆四地州脱贫攻坚底数不清、情况不明的问题，为"真脱贫、脱真贫"奠定了扎实的基础。

10.2.2 项目安排精准

自治区加大了扶贫项目的谋划、组织实施和管理，将扶贫项目审批权限全面下放到县一级，各地州、县市建立起动态管理、有序接替的县级脱贫攻坚项目库，项目设计更加突出了新疆南疆四地州贫困地区贫困人口的需求，新增项目更多向深度贫困地区倾斜；对入户项目严格落实号段管理制度，实现了与建档立卡贫困户扶持证内容相统一，确保了扶贫项目安排精准，每一个扶贫项目都落实到贫困户上；加强扶贫项目管理，严格公示公告制度，持续推进了区、地、县、乡、村五级扶贫资金项目公告公示工作，规范脱贫攻坚政策、扶贫资金管理及分配使用、扶贫项目监管实施等公告内容，拓宽新闻媒体、村务公开等公示渠道，常态化开展监督检查，客观评估项目效果，推行项目绩效奖惩机制，确保扶贫项目规范运行、安全高效、透明公开。

10.2.3　资金使用精准

自治区明确对贫困县可统筹整合使用涉农资金，发挥专项扶贫资金引导功能，引导金融扶贫资金投入，汇聚行业部门资金投入，加大援疆扶贫资金倾斜力度，确保投入力度与深度贫困县脱贫攻坚相匹配。财政扶贫资金必须重点用于产业发展，精准安排到村、到户、到人，对脱贫退出形成有效支撑。截至 2020 年 3 月底，新疆南疆四地州深度贫困地区脱贫攻坚三年实施方案扎实推进，"七个一批"措施全面落实，已累计落实资金 566.2 亿元，实施项目 2865 个。中央和自治区预算财政专项扶贫资金安排下达新疆南疆四地州的财政专项扶贫资金占到全区资金总规模的 80% 以上，安排下达到深度贫困县的财政专项扶贫资金占到新疆南疆四地州资金总规模的 85% 以上。财政涉农资金整合稳步推进，在新疆南疆四地州 26 个国定贫困县开展资金整合试点，将 17 项中央资金、14 项自治区资金纳入整合范围，做到了应整尽整。自治区建立了常态化监管机制，完善了扶贫资金使用绩效考核评价，提高了扶贫资金使用管理水平；深入开展扶贫领域监督执纪问责和专项整治，对新疆南疆四地州 22 个深度贫困县开展了扶贫领域专项审计和常态化督查巡查，对违规违纪的严肃查处、严惩不贷，执纪监督力度前所未有。

10.2.4　措施到户精准

自治区坚持帮扶到户到人，因户因人因贫困类型，精准制定帮扶措施，做到"一户一本台账、一户一个脱贫计划、一户一套帮扶措施"，对症下药，靶向治贫；着力推进"七个一批"，解决贫困人口脱贫问题，以补短板为突破口，强化支撑保障体系，推进"三个加大力度"，着力解决基本公共服务和基础设施薄弱等问题，不断改善贫困地区生产生活条件；坚持正向激励机制，将帮扶措施同贫困群众参与挂钩，支持采用生产奖补、劳务补助等方式开展项目建设，确保贫困群众全面参与、深度受益；转变扶贫思路，既扶贫又扶智扶志，大力推进金融扶贫、资产收益扶贫，激发脱贫志向和内生动力，提高发展生产和务工经商的基本能力。

10.2.5　因村派人精准

新疆南疆四地州抓扶贫的组织领导和干部力量配备前所未有，按照地区、县、乡、村四级分别不少于 30 人、20 人、10 人、5 人的标准增配各级扶贫办工作力量，喀什地区在所有贫困村均设立了扶贫工作站；选优配强深度贫困村第一书记、"访惠聚"驻村工作队，每个贫困村至少有 1 个上级部门单位结对帮扶、1 个援疆省市帮扶共建、1 名县级领导干部定点联系、1 名第一书记驻村领导、1 个"访惠聚"工作队驻村工作，实现了"五个一"包联全覆盖体系；精准选派优秀干部到贫困村工作，对合格的优先选拔使用，对不称职的及时调整。

10.2.6　脱贫成效精准

自治区严格执行脱贫标准，贫困人口脱贫必须达到"两不愁三保障"[①]标准，贫困村和贫困县退出贫困发生率必须低于 3%，并达到"一高于一接近[②]"标准；严肃履行退出程序，贫困人口脱贫必须经过民主评议、核实认可、公示核查，贫困村退出必须经过申请验收、核实公示、公告备案，贫困县退出必须由县市申请、地州初审、自治区核定、国家评估后，分别公告销号、标识和批准退出。脱贫结果必须真实，脱贫退出要实行第三方评估，确保群众认可、社会认同、政府认定。贫困发生率、错退率、漏评率、群众认可度 4 项指标，任何一项指标不达标决不允许退出。截至 2020 年年末，新疆南疆四地州现行标准下建档立卡贫困人口 267.74 万实现全面脱贫，贫困县 26 个实现全部

---

①　"两不愁三保障"："两不愁"即不愁吃、不愁穿，"三保障"即义务教育、基本医疗、住房安全有保障。

②　"一高于一接近"：贫困地区农民人均纯收入增长幅度高于全国平均水平，基本公共服务主要领域指标接近全国平均水平。

摘帽，建档立卡贫困村 3242 个实现全部退出，"七个一批 ①""三个加大
力度 ②"措施扎实推进，"两不愁三保障"全面实现，区域性整体贫困得
到基本解决，绝对贫困问题得到历史性解决。

10.3　建立脱贫攻坚六大制度保障体系

自治区各级党委、政府始终用习近平精准扶贫思想武装头脑，指导
实践，推动工作，基本建立起责任、政策、投入、动员、监督、考核等
六大制度保障体系，为打赢新疆南疆四地州脱贫攻坚战提供了坚实制度
保障。

10.3.1　建立脱贫攻坚责任体系

自治区坚持区负总责、地县抓落实、乡村抓落地的五级书记齐抓
共管，地、县、乡、村各级书记履行第一责任人责任，并进一步强化
新疆南疆四地州各级党委和政府主体责任，新疆南疆四地州和深度贫
困县、深度贫困乡镇三级党委各增配 1 名专职副书记，与政府一名副职，
共同抓脱贫攻坚，一定三年不变；选优配强深度贫困村第一书记、"访
惠聚"驻村工作队，三年保持基本稳定；建立了三级领导干部联系帮扶
机制（自治区省级领导干部联系贫困县、地州市领导干部联系有贫困村
的乡镇、县市领导干部联系贫困村）。实施"三级包联制度"，自治区 51
名省级领导联系帮扶 44 个贫困县市，325 名地州领导干部联系 318 个
有贫困村的乡镇，1490 名县市领导干部联系 1467 个贫困村，保稳定、
出主意、解民忧、促发展、夯基础；实行驻村工作队包村履行"五项
职责"，驻村工作队员履行"五项责任"，派出单位全力支持驻村包联。

---

① "七个一批"：通过转移就业扶持一批、通过发展产业扶持一批、通过土地清理再分
配扶持一批、通过转为护边员扶持一批、通过实施生态补偿扶持一批、通过易地扶贫搬迁
扶持一批、通过综合社会保障措施兜底一批。

② "三个加大力度"：加大教育扶贫力度、加大健康扶贫力度、加大基础设施建设力度。

10.3.2　建立脱贫攻坚政策体系

从前文第五章分析中可知，新疆南疆四地州已基本形成三维立体网状结构的精准扶贫政策体系，X维涉及命令型、激励型、能力建设型等不同精准扶贫政策工具，Y维涉及产业扶贫、就业扶贫、易地扶贫搬迁、教育扶贫、健康扶贫、社会保障等"七个一批""三个加大力度"不同精准脱贫路径，Z维涉及解决温饱、资源整合、脱贫致富、公平正义等不同层级的精准扶贫价值链目标，最大限度地为每一户贫困家庭提供脱贫政策保障。据不完全统计，自治区党委、人民政府制定出台脱贫攻坚配套文件及各厅局出台的关于产业扶贫、易地扶贫搬迁、教育扶贫、健康扶贫、金融扶贫等方面的政策文件或实施方案，以及各地州制定出台相关文件100多个，已建立起"1+N"的脱贫攻坚系列政策体系，基本形成了国家、自治区、地州、行业部门多维"横向""纵向"交织严密的政策合力。

10.3.3　建立脱贫攻坚投入体系

自治区发挥专项扶贫资金引导功能，统筹整合使用涉农资金，引导金融扶贫资金投入，汇聚行业部门资金投入，加大援疆扶贫资金倾斜，已基本建立专项扶贫资金、涉农整合资金、行业部门专项资金、援疆资金、金融扶贫资金等多元化脱贫攻坚投入保障体系，确保了新疆南疆四地州的财政专项扶贫资金占到全区资金总规模的80%以上，安排下达到深度贫困县的财政专项扶贫资金占到新疆南疆四地州资金总规模的85%以上，实现了投入规模、力度与新疆南疆四地州脱贫攻坚任务相匹配。

10.3.4　建立脱贫攻坚动员体系

自治区举全疆之力，动员各方面力量合力攻坚，基本建立起了专项扶贫、行业扶贫、社会扶贫、援疆扶贫等"四位一体"帮扶机制，实施区内33个经济实力较强县市区与新疆南疆四地州27个县市开展协作帮扶，19个援疆省市对口帮扶、兵地融合帮扶、5717个疆内单位定点帮扶、军队和武警部队帮扶、"访惠聚"驻村工作队包村联户、"千企帮千村""民族团结一家亲"结对认亲活动帮扶等，形成帮扶攻坚"组合拳"；注重发挥共青团、妇联、工商联等社会群众团体作用，做好"巾帼扶贫建功""青年助力脱贫攻坚"、光彩事业、希望工程、春蕾计划、爱心包裹等活动的指导和服务工作，把社会扶贫与贫困群众需求有效衔接起来，引导更多的社会力量投入到新疆南疆四地州脱贫攻坚中。

10.3.5 建立脱贫攻坚监督体系

自治区严格开展督查巡查，区党委巡视工作领导小组组成 10 个巡视组，重点对新疆南疆四地州 22 个深度贫困县开展扶贫专项巡视督查；设立了南疆扶贫督导组，深入开展扶贫领域腐败和作风问题专项整治；设立了新疆南疆四地州深度贫困地区脱贫攻坚指挥部，建立起脱贫攻坚南疆指挥部工作督导机制，聚焦 22 个深度贫困县，一线督战攻坚；常态化督查巡查工作领导小组下设 36 个督查巡查工作队，紧盯 35 个贫困县，开展常态化驻县巡查，推动各级扶贫干部下沉到县市前沿督战、乡村一线巡查，实施精准督查、精准指导，开展常态化督查巡查。

10.3.6 建立脱贫攻坚考核体系

自治区实行最严格考核机制，将脱贫攻坚成效作为党政领导班子和领导干部年度考核的主要指标，奖惩、选拔任用的重要依据，对与自治区党委签订脱贫责任书的新疆南疆四地州党委和政府（行署）、26 个贫困县市党委和政府扶贫开发工作成效进行考核和综合评价，自治区党委常委会专门听取考核评定等情况汇报，对强化考核成果运用提出要求；进一步完善了干部考核评价机制，规范了考核方式和程序，确保一年一考核、一年一表彰，安排对考核评定为一般和较差等次的地县党政主要领导进行约谈；严格第三方精准扶贫绩效评估，将第三方评估结果纳入年度考核指标中，确保客观评价精准脱贫成效、脱贫结果真实；严格执纪问责，深入开展扶贫领域监督执纪问责和专项整治，发挥好巡视巡查、纪检监察、检查、审计、媒体、群众等各方面的监督力量，解决形式主义等问题。

10.4 建立健全精准脱贫监测与评估体系

10.4.1 持续开展建档立卡复核工作

自治区严格建档立卡标准和识别程序，持续开展精准扶贫、精准脱贫"回头看"工作，及时修正建档立卡数据、公安户籍信息，逐村逐户逐人摸排，精准锁定扶贫对象，确保应纳尽纳、不落一人；全面准确把握致贫原因、贫困程度、脱贫难度等，切实把建档立卡复核工作做实做细，2017年先后开展2次全疆大规模扶贫对象建档立卡信息数据复核工作，在新疆历史上第一次全面摸清了贫困人口底数，建立起了区、地、县、乡、村、户六级贫困人口信息资料库，贫困人口信息与公安、民政、住建、卫生计生、教育、人社、金融、援疆等部门信息实现互联。

10.4.2 完善贫困人口动态调整机制

自治区加强扶贫对象动态管理，实行了有进有出动态管理。基于贫困人口信息资料数据库，自治区加强了部门之间数据比对、信息共享，做到了对符合建档立卡标准的贫困人口及时纳入，稳定脱贫人口的及时退出，使得扶贫对象动态调整更加精准，提高了新疆南疆四地州贫困人口的识贫精准度。

10.4.3 建立统一脱贫攻坚大数据平台

自治区加强大数据、云计算、互联网技术在脱贫攻坚中的运用，已建成运行"新疆维吾尔自治区脱贫攻坚数据平台"，实现全国扶贫开发信息系统横向与自治区公安、民政、住建、卫计、教育、人社、金融、援疆等方面信息系统互联，纵向与区、地、县、乡、村、户6级直通，涵盖了扶贫对象、扶贫项目、结对帮扶、援疆扶贫、区内协作等内容的扶贫大数据一体化平台，基本实现了动态监测、精准帮扶；依托自治区脱贫攻坚大数据平台，对新疆南疆四地州267.74万已脱贫人口和37万多边缘易致贫人口开展动态返贫致贫监测，根据监测对象的动态变化，及时预警、动态响应，防止返贫和新致贫。

10.4.4 严格执行贫困退出标准和程序

自治区建立健全贫困县、贫困村、贫困人口退出机制，规范退出组织实施程序，贫困县摘帽严格执行由自治区扶贫开发领导小组负责"县市申请、地州市初审、自治区核定、国家评估、批准退出"程序；贫困村退出严格执行由县级扶贫开发领导小组负责"申请验收、核实公示、公告备案、标识退出"程序。自治区进一步改进了贫困县退出专项评估检查标准，完善了贫困县验收指标，重点评估"两不愁三保障"实现情况，简化程序，精简内容，对超出"两不愁三保障"标准指标予以剔除或不做硬性要求。对已脱贫县、脱贫村、脱贫人口，继续强化帮扶，攻坚期间脱贫不脱政策、脱贫不脱帮扶、脱贫不脱责任、脱贫不脱监管，做到工作力度、资金投入、政策支持、帮扶力度"四个只增不减"，相关政策保持一段时间，有效抑制脱贫返贫和新生贫困现象，确保了脱贫成果得到有效巩固。

10.4.5 建立健全绩效考核评估机制

当前，新疆南疆四地州已形成了一套完整的扶贫对象识别、精准帮扶、扶贫过程监控、扶贫资金项目监管、扶贫成效评估、扶贫对象动态管理的绩效考核评估业务流程，更多从经济、社会等多个维度对贫困人口以及贫困地区进行识别、登记和跟踪，了解贫困地区的贫困状况和致贫原因，帮助建档贫困对象掌握自身脱贫发展情况和政府扶贫的实施效果。从2017年到2020年，自治区每年开展一次年度考核评估，把减排成效、精准识别、精准帮扶、扶贫资金等作为脱贫攻坚年度考核评估的主要指标，考核评估组织实施由自治区扶贫开发领导小组负责，采用第三方评估方式开展绩效评估；对已摘帽的贫困县市，每年由第三方对其脱贫成效巩固情况进行评估，评估结果与财政专用扶贫资金绩效考评结果、县域农村牧区居民人均可支配收入增长情况，经综合分析后共同作为当年考核成绩。

10.5　形成"七个一批""三个加大力度"精准脱贫路径

新疆南疆四地州深度贫困地区作为自治区脱贫攻坚的主战场，为此自治区研究制定了《新疆维吾尔自治区新疆南疆四地州深度贫困地区脱贫攻坚实施方案（2018—2020 年）》，提出"聚焦深度贫困人口突出制约问题，以补短板为重点，因地制宜，因村因户因人精准施策，重点实施'七个一批''三个加大力度'精准脱贫重要任务"，加大政策倾斜和资金整合力度，汇聚起了攻克"坚中之坚"的强大合力。截至 2020 年 3 月底，新疆南疆四地州深度贫困地区脱贫攻坚"七个一批""三个加大力度"重点任务得到全面落实，已累计落实资金 566.2 亿元，实施项目 2865 个，新疆南疆四地州的财政专项扶贫资金占全疆财政专项扶贫资金总规模 80% 以上，深度贫困县的财政专项扶贫资金占新疆南疆四地州财政专项扶贫资金总规模 85% 以上 [206]。

10.5.1　通过转移就业扶持一批

针对贫困家庭劳动力就业难、农村富余劳动力转移就业等问题，以新疆南疆四地州为重点区域，以农村"两后生"为重点对象，自治区先后制定实施了《喀什、和田地区城乡富余劳动力有组织转移就业计划》《新疆南疆四地州 10 万贫困劳动力转移就业计划》，以就地就近就业为主要形式，有序扩大有组织、成建制转移内地就业规模，通过向北疆、东疆跨地区，向县域内城镇、企业、园区，向"卫星工厂""扶贫车间"等转移就业、自主创业就业途径，推进了贫困家庭劳动力就业。为实现更高质量和更充分就业，拓展就业渠道，自治区因地制宜建立"村办工厂""扶贫车间"吸纳就业；在其他省市区成立"自治区驻各省区市区务工经商人员服务管理工作组"以加大内地转移就业力度。自治区实施纺织服装产业、新成长劳动力和少数民族国家通用语言3个专项就业技能培训项目，新疆南疆四地州累计培训15.7万人，实现就业10.96万人。据不完全统计2018—2020年，新疆南疆四地州累计转移并稳定在岗就业14.4万人、提前一年完成3年10万人就业扶贫计划，稳定就业率达到90%以上，有效保障了有劳动能力的贫困家庭至少有1人稳定就业。

案例一：

2017年，乌鲁木齐市积极响应自治区党委、政府号召，推进喀什、和田地区城乡富余劳动力转移就业工作，接收安置南疆富余劳动力转移就业。买买提托乎提·买买提和妻子阿依努尔·热依木坐是喀什、和田两地三年10万人就业计划的受益者。小两口在乌鲁木齐的工作、生活都很好，工作期间也不全是整天面对机器，工闲时买买提与工友相约球场，准备参加公司组织的足球比赛，或二人参观游览乌鲁木齐市区，感受城市的发展变化，生活充满乐趣。他们通过自身变化为当地宣传外出务工致富政策，动员更多贫困家庭劳动力通过培训后外出务工，使农牧民思想观念得到较大转变。

10.5.2 通过发展产业扶持一批

产业扶贫是稳定脱贫的根本之策。自治区坚持宜农则农、宜林则林、宜牧则牧、宜工则工、宜商则商、宜游则游，因地制宜加快发展对贫困户增收带动作用明显的特色产业，种植业、养殖业、农副产品加工、民族特色手工业、特色食品、乡村旅游等特色产业支持力度不断加大，纺织服装、电子产品组装加工等劳动密集型产业规模不断扩大，有效促进了新疆南疆四地州贫困人口通过发展产业持续增收；重点扶持了新疆南疆四地州优良种畜、规模化标准化养殖小区、庭院经济、卫星工厂、扶贫车间、电子商务等一批产业发展类项目建设，将南疆畜牧业生产发展贷款全部纳入贴息补助范围；支持了新疆南疆四地州深度贫困地区发展"互联网＋旅游"，使深度贫困地区智慧文化旅游公共服务体系不断完善，电子商务进农村综合示范工作稳步推进，已实现新疆南疆四地州22个深度贫困县的电子商务进农村全覆盖。据不完全统计"十三五"以来，新疆南疆四地州县乡村三级共落地特色产业项目1799个，覆盖110.9万贫困人口；阿克苏地区、喀什地区纺织服装产业规模不断扩大；支持了新疆南疆四地州深度贫困地区33个乡镇产业扶贫园区建设，新增就业3.8万余人，带动贫困户就业成效突出，产业扶贫"造血"功能逐步显现，让更多贫困人口实现了就地就近稳定就业，促进了稳定脱贫。

案例二：

2020年7月6日，喀什地区莎车县艾力西湖镇其兰格日村的樱桃园内，大而红的樱桃挂满枝头，干部与村民们正忙着采摘、销售。吐尔孙尼亚孜·阿卜杜拉是其兰格日村村民，他在一亩地里套种了樱桃，樱桃长势好，收成也不错。2018年，"访惠聚"驻村工作队和村"两委"班子牵头，手把手教村民做好樱桃施肥、浇水、剪枝等工作，不断帮助村民学习种植管理技术，对全村250亩樱桃树进行整合，形成了产、供、销一体化发展模式。如今，其兰格日村将特色种植、农旅结合作为脱贫攻坚、乡村振兴的重要抓手，依托独特的地域和资源优势，延伸产业链，大力发展乡村旅游，带动村民增收致富。

10.5.3　通过土地清理再分配扶持一批

　　土地清理再分配是对新疆南疆四地州深度贫困地区脱贫攻坚工作的创新探索，主要解决深度贫困人口生产资料不足矛盾。自治区通过依法依规清退和收回机关、企事业单位、干部、种植大户等违法违规占有的农用耕地，通过入股流转企业化经营，把土地收益用于向贫困人口购买劳务，普惠所有深度贫困人口。据不完全统计2018—2020年共清理违法违规占有耕地386万亩、草场146万亩、生态林26万亩，确保深度贫困地区贫困人口每人新增2亩地，每亩每年受益不低于500元。以克州为例，克州的土地清理主要集中在阿图什市和阿克陶县，2018年阿图什市共清理回收各类违规开发占用土地5.1万亩（均是有效耕地），已清理土地再分配面积5.1万亩；根据就近就地的原则，将清退出的1.3万亩零散耕地无偿分配给有意愿种植的贫困户，使2036户9296人受益，2018年阿克陶县共清理可发包土地15.1万亩，已清理土地再分配面积14.4万亩，设立公益性岗位1000个，使1036名贫困人口受益，年人均增收6126元。

案例三：

　　早春时节，喀什市英吾斯坦乡艾日木巴格村清理了780多亩土地，通过分红受益项目，给每个贫困户按每户2亩地每年分红1000元，通过土地清理回收，更好地助力了贫困户发展。2018年，喀什地区通过依法依规清理回收土地280多万亩，重点用于75.67万贫困人口脱贫，将土地入股或流转、承包和经营收益统一规划管理再分配，增加贫困户收益，为贫困户带来一笔稳定收益。

10.5.4 通过转为护边员扶持一批

按照未脱贫户"1 户 1 个护边员"的原则,优先安排了新疆南疆四地州 7 个深度贫困县的边境一线贫困农牧民转为护边员,进一步落实了新疆南疆四地州边境县护边员补助政策,促进了护边工作与护边员家庭收益的统筹发展。据不完全统计 2018—2020 年,新疆南疆四地州贫困地区新增护边员 8265 名,且均为边境一线贫困边民,每人每月补贴 2000 多元,带动了 2.48 万人稳定脱贫。

案例四:

克州阿图什市吐古买提乡,与吉尔吉斯坦共和国接壤,拥有 80 多千米的边境线,属于一线边乡。全乡护边员有 2000 名左右,占全乡人口的 20%,距离边境线 5 千米、10 千米、30 千米处,分布着不同卡点,护边员每 15 人一组,每 6 天或 8 天换班。买买提·哈斯木值班作为护边员,徒步巡逻后,住在为护边员专门修建的住勤房里。换勤轮休时,他就把家里 40 多只羊赶上山,按 1 只羊卖 500~600 元计算,收入在 2 万元左右。买买提·哈斯木每月护边员津贴补助 2600 元,老婆为护林员,每月有津贴补助 800 元,一家脱贫不是问题,生活过得越来越好。

10.5.5 通过实施生态补偿扶持一批

自治区将脱贫攻坚和生态文明建设统一起来,既为经济社会发展筑起了重要的生态安全屏障,又为贫困人口找到了可行的脱贫之路。自治区全面落实国家新一轮草原生态保护补助奖励政策,新疆南疆四地州深度贫困县年发放草原生态保护直补到户资金 4170.85 万元,户均发放奖补资金 6299.4 元，受益贫困牧户 6621 户；通过购买服务、专项补助等方式，以草原管护、森林公园、国有林场、湿地沙化土地管护为重点，从建档立卡贫困户中选聘了 1.3 万草原管护员和生态护林员，每人每年劳务报酬 1 万元，不仅有效改善了贫困地区生态环境质量，增强了抵御自然灾害能力，也达到了生态环境与贫困人口"双受益"的目的。

案例五：

  洛浦县纳瓦乡诺布依村建档立卡贫困户阿布来提·阿布拉，一家收入主要依靠种植 8 亩地，还要养育 3 个孩子。2018 年，她被选聘为  生态护林员，除每月获得 2000 元补贴外，还在扶贫干部和科技专家的帮助下，掌握了林果管理技术，承包了 40 亩樱桃地，除其中 40% 的收益分给贫困户外，其余都归自己，实现了全家的稳定脱贫。

10.5.6 通过易地扶贫搬迁扶持一批

  易地搬迁是在实践基础上探索出的一种扶贫模式，主要对生产条件恶劣、自然灾害频发、生态环境脆弱、难以实现就地脱贫等"一方水土养不了一方人"的贫困人口实施易地扶贫搬迁，稳妥有序向县城、小城镇、产业园区、乡村旅游区、中心村等搬迁。"十三五"以来，新疆南疆四地州深度贫困地区累计实施易地搬迁 40026 户 16.92 万人，将搬迁安置区与现代农业开发基地、产业园区建设有机结合起来，加强后续扶持，完善了搬迁安置区基础设施和公共服务建设，实现了搬迁对象在安置区企业"嵌入式"务工，确保了搬得出、稳得住、能脱贫、可致富。

案例六：

于田县达里雅布依村村民长期过着半封闭的游牧生活，居住地生产生活条件恶劣，不能支撑该村村民脱贫。因此，该村363户村民通过易地扶贫搬迁项目，于2019年9月全部搬入新居民点，配套齐全的教育、医疗设施，满足了孩子上学和老人就医的需求。同时依托新居民点的资源禀赋优势，村民发展畜牧业、大芸种植、乡村旅游等产业，提高了村民收入，开始了崭新的现代生活。

10.5.7　通过综合社会保障措施兜底一批

自治区将22个深度贫困县（市）所有符合低保条件、无法通过自己的劳动摆脱贫困的32.17万名建档立卡贫困人口全部纳入农村低保范围；建立最低生活保障兜底脱贫专项基金，从2017年起连续10年每年安排20亿元作为兜底脱贫资金，确保困难群众基本生活有保障[87]；大力落实"全面实施全民参保计划"，将贫困人口纳入全民参保计划；在自愿前提下对符合条件的农村特困人员实行集中供养；建立防范因灾致贫返贫长效机制，妥善解决救助群众临时性基本生活困难；针对建档立卡贫困户、易返贫致贫家庭的重病患者、重度残疾人等抗风险能力相对较差的困难群体，制定了"参照单人户纳入低保、一年渐退期"的民政惠民政策。强化了对困境儿童基本生活保障与救助，每年在22个深度贫困县（市）实施一批扶老、助残、互助养老等各类扶贫救济项目，加强了对困难群体中精神障碍患者的救治救助。

案例七：

　　策勒县固拉哈玛镇幸福村贫困户如则尼亚孜罕·依米尔阿则，独自抚养3个孩子，一家收入来源除一亩土地收入外，主要依靠就地打工收入和低保收入，家中3个孩子均享受低保，极大地减轻了他家里的负担。扶贫干部又在村子附近的一家养殖企业给他介绍了一份饲喂员工作，每月保障收入2000元，再加上对贫困户家庭实施的教育、医疗扶贫救助政策，多措并举，有效带动了其一家稳定脱贫。

10.5.8　加大教育扶贫力度

　　为保障深度贫困地区学生接受公平、有质量的教育，新疆南疆四地州实施15年免费教育，比北疆地区更早实现15年免费教育。新疆南疆四地州深度贫困县已全部实现"两基"教育目标，在学前教育、义务教育阶段均已实现国家通用语言文字教学全覆盖，确保了贫困家庭学生"有学上、上得起学、不辍学"；同时，自治区通过"新疆学生资助管理信息系统平台"，2019年，新疆南疆四地州小学学龄儿童入学率达到99.9%，九年义务教育巩固率达到95%以上。强化与扶贫部门建档立卡贫困户数据比对，逐一核验贫困学生信息，实现了受助困难学生认定精准、资金发放手段创新、资金消费有效监管、数据调用方便高效，确保了对新疆南疆四地州22个深度贫困县（市）的51.26万名建档立卡家庭困难在校生全学段、全过程资助。自治区对建档立卡的贫困家庭学生实施"精准资助"和"差异化资助"政策，据不完全统计每年拨付各类奖助学金和资助资金约 63 亿元，惠及学生 692 万人次，基本实现建档立卡贫困家庭学生资助精准全覆盖，无盲点、无遗漏，确保了贫困家庭义务教育阶段孩子无因贫失学辍学现象，有效阻断了贫困代际传递。

案例八：

2017 年 2 月 14 日，喀什地区疏勒县洋大曼乡举办为家庭困难在校大学生发放教育救助金仪式，为该乡 14 名家庭困难的在校大学生发放教育救助金。为确保每个困难家庭学生都能受到救助，洋大曼乡将教育与脱贫攻坚有机结合，遵循"统筹规划、保证重点、扶持贫困、奖励先进"的原则，组织驻村工作人员分队、分组深入村、组宣传走访，通过入户走访、建档立卡了解全乡贫困户子女就学情况。此次受资助的人员之一阿依古丽·阿迪力，2016 年以优异的成绩考入华中师范大学，不仅得到了助学金，还帮助其家庭实现脱贫，有效阻断了代际贫困问题。

10.5.9 加大健康扶贫力度

自治区坚持每年开展免费健康体检，基本医疗保险、大病保险、医疗救助三重保障制度不断完善，贫困人口基本医疗保险、大病保险参保率均达到 100%，做到了贫困人口得了大病、重病后基本生活有保障；不断完善贫困乡村医疗基础设施，加快组建县、乡、村三级医联体，配备乡村全科医生，乡村卫生院（室）标准化率均达到 100%，县及县以上医院、乡镇卫生院和社区卫生服务中心远程医疗覆盖面分别达到 100% 和 70%，基本做到了"小病不出乡村、大病不出县"；建立了深度贫困人口补充医疗保险制度，将建档立卡贫困人口纳入医疗救助范围，新疆南疆四地州按不低于 80% 的比例给予救助；从 2018 年起，自治区每年安排 3 亿元财政资金对贫困人口进行补充医疗保险，进一步降低了贫困人口医疗费用个人支付比例；实施了全民免费健康体检和健康扶贫"三个一批"行动，对新疆南疆四地州 15 岁以上人群进行肺结核病监测，深入推进了大病、慢病分类救治，已实现深度贫困地区先诊疗后付费和一站式结算。贫困人口大病重病专项救治行动扎实推进，为新疆南疆四地州农牧民家庭每个家庭配备一个健康小药箱和常用药物。医疗人才"组团式"援疆深入推进，已实现南疆四地州贫困县（市）三级综合医院对口支援全覆盖。据不完全统计截至 2019 年，新疆南疆四地州安排医疗救助资金超 20 亿元，160 多万深度贫困人口获得补充医疗保险投保。"互联网＋医疗健康"得到大力发展，在深度贫困地区实施了一批全民健康信息平台和基层医疗卫生机构管理信息系统等重点建设项目，有效提升了新疆南疆四地州深度贫困地区远程医疗服务体系建设水平。

案例九：

　　艾散·库尔班是明勒克霍伊拉村建档立卡贫困户，身患严重的白内障，存在视力障碍，日常生活均由儿子照料，行动极为不便，致使其儿子常年在家照顾父亲而无法外出就业，家庭收入受到极大影响。驻村工作队将爱尔眼科医院专家邀请到村里为村民做义务会诊，纠正了部分村民不良的用眼习惯，排查了全村人口眼科疾病，并给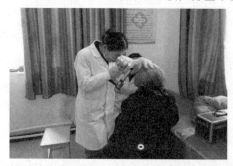艾散·库尔班等三位老人免费做了白内障手术治疗。艾散·库尔班手术后视力恢复正常，生活能够自理，儿子也能够毫无顾虑地外出就业做工赚钱，家里的生活越来越好。

10.5.10 加大基础设施建设力度

通过实施农村安居和游牧民定居工程、大中型灌区续建配套与节水改造工程、农村饮水安全巩固提升工程、农村公路畅通工程、农村电网升级工程等，新疆南疆四地州贫困群众生产生活条件得到大幅改善。截至 2020 年底，新疆南疆四地州所有贫困村实现了通硬化路，通行条件不断改善；94% 的贫困村通上了自来水，自来水普及率达到 77.3%；96% 的贫困村用上了电，已实现村村通动力电；98% 的贫困村通了广播电视，75% 的行政村通了光纤；全面解决了剩余 9355 户贫困户住房安全问题，完成了所有贫困户危房改造，使得贫困村农田水利、乡村道路、人畜饮水、贫困人口住房、生产生活用电用水等生产生活条件得到明显改善。其中，新疆南疆四地州深度贫困地区 96% 以上的农村水、电、路等基础设施和社会公共服务设施已达国家基本要求，基础设施建设短板弱项问题基本得到解决，有效解决了惠及贫困人口的一些重大民生问题，为贫困人口脱贫提供了基础性支撑保障，有效解决了区域性贫困。

案例十：

2020 年 7 月，暑期回家的喀什地区伽师县返乡大学生参观了正式通水的城乡饮水安全工程并拍照留念。过去，伽师县的水氟砷超标，味道苦咸，各族群众一直盼望能喝上安全饮用水。2019 年 5 月，在国家支持下，总投资 17.49 亿元的伽师县城乡饮水安全工程开工，建设了取水、输水和供配水工程，包括日处理规模达到 8.5 万方的总水厂、总长 112 千米输水工程管线、新建、改扩建 17 座分水厂，总管线长度达 1827 千米、入户改造提升 1.68 万户。2020 年 5 月，完成了跨城引水正式通水，全县 47 万群众喝上了

优质安全的放心水，解决了 1.53 万贫困人口饮水安全问题，标志着新
疆贫困人口农村安全饮水问题得到了彻底解决，为决战脱贫攻坚、决
胜全面小康奠定了坚实基础。

10.6 凝聚八方脱贫攻坚合力

自治区注重统筹扶贫开发领导小组 64 家成员单位、5717 家定点扶
贫单位、33 个经济实力较强协作扶贫县市、19 个对口援疆省市、生产
建设兵团等各方力量，发挥各自优势，各尽其责、各履其职，集中支持
新疆南疆四地州脱贫攻坚，形成了专项扶贫、行业扶贫、社会扶贫、援
疆扶贫等"四位一体"大扶贫格局，打好全社会帮扶"组合拳"；坚持
精准配置资源，把专项扶贫的重点放在增强贫困群众生产发展能力上，
把行业扶贫的重点引导到贫困地区基础设施建设和公共服务水平提
升上，把社会扶贫的重点引领到贫困群众生产生活条件改善上，把援疆
扶贫的重点下移到补齐贫困村短板缺项上。

10.6.1 建立区内协作帮扶机制

自治区成立了对口支援南疆工作协调小组，推进区内 33 个经济实
力较强县市区与新疆南疆四地州 27 个县（市）开展协作帮扶，建立协
作双方联席会议制度，统筹推进资金支援、产业支援、干部人才支援，
取得了显著成效。对口协作帮扶重点以产业发展和民生改善为主，对
新疆南疆四地州贫困县（市）经济社会开展全方位对口支援帮扶。
"十三五"期间，据不完全统计区内各县市累计投入对口协作帮扶资
金约 1.3 亿元，在产业合作、劳务协作、人才支援、资金支持上精准
发力，教育、文化、卫生等领域协作不断深化，有力助推了新疆南疆四
地州贫困县（市）的精准脱贫。产业发展协作不断强化，帮助受援县市
引进发展了一批劳动密集型产业，助力产业发展带动脱贫。劳务协作不
断深入，实现了新疆南疆四地州贫困人口疆内转移就业 10 万余人，人

才支援协作不断深入，建立了南北疆两地干部、人才双向交流机制，不断创新合作方式，实现了优势互补、共同发展。

区内协作帮扶基本情况

乌鲁木齐市对口协作帮扶和田地区：乌鲁木齐市 8 个区（县）一对一对口协作帮扶和田地区 8 个县（市）。

昌吉州对口协作帮扶克州：昌吉州 7 个经济强县（市）和 3 个国家级开发区对口帮扶克州 4 个县（市）和伊尔克斯坦口岸开发区。

伊犁州、克拉玛依市、塔城地区、库尔勒市、五家渠市、石河子市对口协作帮扶喀什地区：伊犁州直 4 个县（市）、克拉玛依市 3 个区、塔城地区 2 个县（市）、五家渠市、石河子市以及库尔勒市，共计 12 个经济强县（市、区），对口协作帮扶喀什地区 12 个县（市）。

哈密市、吐鲁番市对口协作帮扶阿克苏地区：哈密市伊州区和吐鲁番市高昌区、鄯善县 3 个经济强县（区）对口协作帮扶阿克苏地区乌什县、阿瓦提县、柯坪县 3 个县。

10.6.2 建立援疆扶贫协作机制

自治区深入贯彻落实中央东西部扶贫协作会议精神，将援疆资源更多地向精准帮扶倾斜，援疆效果更多与带动受援地扶贫开发效果挂钩，产业援疆、就业援疆、教育援疆和人才援疆政策项目的实施更多向精准扶贫倾斜，援疆资金 80% 以上用于民生，80% 以上安排到县及县以下乡村的精准扶贫项目，将援疆资金与扶贫资金有效捆绑，形成合力；重点帮助受援地解决好贫困人口住房、就业、教育等突出问题，给予建档立卡贫困户"安居富民"和"游牧民定居"工程房屋建设补助资金 2 万 ~3 万元 / 户，减轻建档立卡贫困户建房压力；资助约 5 万余名在内地普通高校就读的新疆籍贫困家庭学生，在改善住房条件、发展教育、完善医疗卫生服务、带动就业等方面发挥了重要作用。推动了对新疆南疆四地州优势产业、重点行业产业链招商，吸引纺织服装、农副产品加工、电子产品组装等劳动密集型企业到新疆南疆四地州贫困地区投资兴业，建成一批"卫星工厂""扶贫车间",有效带动了新疆南疆四地州贫困群众就近就地就业。加大了"组团式"援疆力度,完善了"带帮提升"工作机制,持续为新疆南疆四地州培养能留得住的人才队伍。

10.6.3 建立兵地融合帮扶机制

自治区加强兵团与地方开展结对共建扶贫,按照属地与就近原则,积极开展师团连各级与周边地方县乡村结对共建活动,实现了新疆南疆四地州与周边兵团师市帮扶就业任务;充分发挥兵团各师优势,突出做好对新疆南疆四地州贫困地区帮扶工作,在教育、科技、文化和卫生等领域开展协作帮扶,辐射带动了地方各族贫困群众脱贫致富;兵团干部职工群众与周边地方各族群众开展"一对一"结对帮扶力度持续增强。

10.6.4 建立完善定点帮扶机制

自治区定点帮扶力度不断加大,共组织自治区、地州、县(市)党政机关、参照公务员法管理的事业单位和中直驻疆各单位、高等院校与科研机构、驻疆解放军和武警部队等5717家,中央企业16家定点扶贫27个贫困县,以帮扶对象稳定脱贫为目标,各级单位选派了中青年干部到定点帮扶地区挂职扶贫,承担定点帮扶具体任务,精准扶贫到村到户到人;多渠道筹措帮扶资源,通过转移就业、产业扶贫、协调帮扶资源、村级组织建设等形式帮助贫困人口脱贫,创新帮扶方式,据不完全统计累计帮助建档立卡贫困户劳务就业约25万人次,帮助协调解决了定点扶贫地区经济社会发展中存在的突出问题。

10.6.5 建立"访惠聚"驻村帮扶机制

自治区以"访惠聚"驻村帮扶工程为平台,以进村入户、建档立卡为主要内容,协助基层组织开展精准脱贫攻坚工作,打通精准扶贫"滴灌"管道,助推建档立卡贫困人口脱贫;全面开展"访惠聚"驻村工作队包村联户,配强新疆南疆四地州22个深度贫困县深度贫困村驻村帮扶力量，由区直和中央驻疆单位、兵团、高校向深度贫困村派驻工作队，选派第一书记和驻村工作队队员。2018年选派驻村工作队12554个，干部77923人，一定三年不变，其中自治区区直和中央驻疆单位、兵团向南疆22个深度贫困县、深度贫困村选派第一书记1289名，自治区高校选派第一书记助理1292名，实现了新疆南疆四地州深度贫困村自治区级"访惠聚"驻村工作队全覆盖包联。协助扎实开展建档立卡复核工作，协助贫困地区分析致贫原因，制订帮扶计划，协调统筹安排使用帮扶资金，监督帮扶项目实施，帮助贫困户、贫困村脱贫致富，确保不脱贫不脱钩。"访惠聚"包村联户帮扶成效凸显，据不完全统计"访惠聚"工作队队员累计与群众结对子42.2万户120.81万人，帮助各族贫困群众提高发展生产和务工经商的基本技能，贫困群众克服"等靠要"思想显著提升；开展百名企业家走进"访惠聚"活动，汇聚了全社会参与脱贫攻坚的强大合力。

10.6.6 建立企业定点帮扶机制

驻疆中央企业定点帮扶贫困地区深入推进，帮助贫困地区实施一批村内道路、小型农田水利等基础设施建设，有效带动了建档立卡贫困户脱贫致富；继续实施"同舟工程—中央企业参与'救急难'行动"，对面临突发性、临时性特殊困难的贫困家庭开展帮扶救助；开展"千企帮千村"活动，共动员和组织911家民营企业定点帮扶新疆南疆四地州821个贫困村，对16.57万贫困人口开展结对帮扶，采取"一企帮一村""多企联合帮一村"及"企业负责人联系贫困户"等多种形式，加大对建档立卡贫困村帮扶力度；积极开展社会公益事业，各地民营企业家致富思源，慷慨解囊，无私援助；每年对在挂钩帮扶中做出突出贡献的先进企业和优秀企业家予以表彰奖励。

10.6.7 建立社会力量帮扶机制

社会组织、社会工作专业人才和志愿者等各类组织人员通过包村包户、爱心捐赠、志愿服务、结对帮扶等多种形式参与帮扶，开展了助教、助学、助医、文化下乡、科技推广、创业引领等扶贫活动，光彩事业、希望工程、贫困地区儿童营养餐改善、春蕾计划、爱心包裹等公益行动的品牌效应持续扩大，社会力量参与扶贫力度不断加大。新疆妇女儿童发展基金会开展妇女儿童健康医疗扶贫，实施妇女慈善项目，直接惠及妇女儿童 4 万余人；实施"蓝天春蕾"项目，发放春蕾助学金惠及 3500 余人；实施"关爱女性生殖健康保险保障计划"，为于田县、喀什市 26600 名育龄妇女每人购买了一年期的"两癌"健康保险；实施"复明眼科流动车"项目，为伊犁州地区和喀什地区 2678 余名贫困群众完成白内障手术；实施母亲微笑行动，为符合资助条件的 198 名唇腭裂患儿进行免费手术治疗。自治区各级工会筹措"送温暖"资金支持新疆南疆四地州 26 个村实施农村青年创业"十小工程"项目。自治区团委编辑出版《教你学汉语——情景会话即学即用》，为新疆南疆四地州 1962 个深度贫困村免费发放教材 58860 册，教学光盘 1962 套；在南疆具备网络传输条件的行政村（社区）试点开展"共青团网上夜校"，实现了少数民族青年不出村（社会）即可参与培训；动员 17 所高校组织 56 支"三下乡"暑期社会实践团队。自治区加强与商务部国际经济技术交流中心、联合国开发计划署、可口可乐和壹基金公益基金会的沟通对接，有效推进了新疆扶贫与净水计划，解决了新疆南疆四地州深度贫困地区学校水质安全达标的问题。

10.6.8 建立"民族团结一家亲"结对认亲帮扶机制

"民族团结一家亲"结对认亲广泛开展，自治区本级机关事业单位全体干部职工与新疆南疆四地州基层群众开展"民族团结一家亲"结对认亲帮扶活动，地（州、市）机关事业单位干部职工与本地基层群众结对认亲，"访惠聚"工作队与所在村基层群众结对认亲，中央和国家机关、援疆省市干部与受援地基层群众结对认亲，共有 112 万名干部职工与 161 万户各族群众结对认亲，干部职工与结对认亲户至少每 2 个月进行一次见面交流，围绕就医、就学、就业、发展生产等方面做实事、好事，实现了全疆机关事业单位干部职工与基层群众结对认亲全覆盖、与贫困户结对认亲全覆盖，在助脱贫中促团结、在助团结中促脱贫。

10.7 本章小结

本章主要总结归纳新疆南疆四地州精准脱贫主要经验，在全面贯彻落实习近平精准扶贫思想的基础上，新疆南疆四地州精准脱贫工作实施中严格落实"六个精准"要求，建立起了脱贫攻坚六大制度体系，夯实了精准脱贫监测与评估工作，形成了"七个一批""三个加大力度"精准脱贫路径，凝聚起了八大脱贫攻坚合力。

（1）在全面贯彻落实习近平精准扶贫思想中，自治区通过强化组织领导推动脱贫攻坚、深入推进抓党建促脱贫攻坚、建立锻炼过硬脱贫攻坚干部队伍、营造良好舆论氛围等，基本构建起了较完善的脱贫攻坚责任体系、工作体系、监督体系、政策体系、投入体系、监测体系、社会组织体系，各项扶贫工作基础不断夯实，脱贫攻坚实践创新不断深入，脱贫攻坚成效显著，习近平精准扶贫思想成为新疆打赢脱贫攻坚战的科学指南和根本遵循，在新疆南疆四地州脱贫攻坚实践中起到重要作用。

（2）自治区严格落实"六个精准"要求，做到扶贫对象精准、项目安排精准、资金使用精准、措施到户精准、因村派人精准、脱贫成效精准，在新疆历史上第一次全面摸清了贫困底数，建立起了区、地、县、乡、村、户六级的"户有卡、村有表、乡有册、县有档、地有卷、区有库"完整的贫困人口信息资料库，从根本上解决了长期困扰新疆南疆四地州的贫困人口底数不清、情况不明的问题，为"真脱贫、脱真贫"奠定了扎实的基础。

（3）自治区建立起脱贫攻坚六大制度保障体系，基本建立起了脱贫攻坚责任、政策、投入、动员、监督、考核六大制度保障体系，脱贫攻坚顶层设计不断完善，为打赢新疆南疆四地州脱贫攻坚战提供了坚实的制度保障。

（4）自治区建立健全精准脱贫监测与评估体系，通过持续开展建档立卡复核工作、完善贫困人口动态调整机制、建立统一脱贫攻坚大数据平台、严格执行贫困退出标准和程序、建立健全绩效考核评估机制等，全面准确把握致贫原因、贫困程度、脱贫难度等数据信息，加强了扶贫对象动态管理，实现了建档立卡贫困人口"有进有出"动态管理，形成了一套完整的扶贫对象精准识别、精准帮扶、扶贫过程监控、扶贫资金项目监管、扶贫成效评估、扶贫对象动态管理的精准脱贫监测与评估体系。

（5）自治区形成"七个一批""三个加大力度"精准脱贫路径，通过转移就业、发展产业、土地清理再分配、转为护边员扶持、实施生态补偿、易地扶贫搬迁、综合社会保障措施兜底等"七个一批"措施，以及加大教育扶贫、健康扶贫、基础设施建设等"三个加大力度"措施，因地制宜，因村因户因人精准施策帮扶，有效推动了新疆南疆四地州精准脱贫。

（6）自治区凝聚八方脱贫攻坚合力，建立了区内协作帮扶、援疆扶贫、兵地融合帮扶、定点帮扶，"访惠聚"驻村帮扶、企业帮扶、社会力量帮扶、"民族团结一家亲"结对认亲帮扶等机制，基本形成了专项扶贫、行业扶贫、援疆扶贫、社会扶贫等"四位一体"的大扶贫格局，通过发挥各自优势，各尽其责、各履其职，集中支持了新疆南疆四地州脱贫攻坚，全社会帮扶"组合拳"形成攻坚合力。

11

大数据背景下新疆南疆四地州
精准扶贫中存在的主要问题

党的十八大以来，党中央和自治区大力实施精准扶贫，以前所未有的力度推进，使集中了全疆 90% 以上贫困人口的新疆南疆四地州区域性整体贫困得到基本解决，全面消除了绝对贫困现象，取得了精准扶贫、精准脱贫的全面胜利。但是，新疆南疆四地州在精准脱贫过程中仍存在不少问题，精准扶贫监督考核还存在不容忽视的薄弱环节，以及防止返贫和新致贫压力较大、巩固拓展区域脱贫攻坚成果任务艰巨等，亟须进一步完善精准脱贫监测与评估体系。

11.1 精准扶贫动态监测体系仍待进一步完善

精准扶贫动态监测过程主要包括扶贫开始前、扶贫进程中以及扶贫完成后三个阶段：扶贫开始前主要是对扶贫对象的动态监测，对已脱贫人口及时退出，对返贫和新致贫人口及时纳入扶贫对象进行帮扶；扶贫进程中主要是对扶贫政策、扶贫项目、扶贫资金、扶贫成效的监测；扶贫完成后主要是对防止返贫和新致贫的动态监测。

11.1.1 扶贫对象识别存在目标偏离

11.1.1.1 扶贫对象识别过程农户参与形式化

新疆南疆四地州扶贫对象历经两次大规模的精准识别，2014 年精准识别确定新疆南疆四地州建档立卡贫困人口 219 万人，占全疆农村贫困人口的 83.9%；2017 年经过重新识别和复查后，最终确定新疆南疆四地州建档立卡贫困人口 267.74 万人，占全疆农村贫困人口的 87.4%。经过两轮精准识别后，自治区进一步摸清了新疆南疆四地州贫困人口，做到了扶贫对象的精准识别。扶贫对象的识别过程包括自主申报、民主评议和考核公示三个环节：在自主申报环节，由农户主动提出申请，但在实践中往往存在对贫困户指标分配及总量控制的"隐性规则"，在对扶贫对象的识别时，除了农户主动申请外还要受村干部主观决策的影响，由村干部在综合乡村人情关系与实际贫困状况后，简单将名额分配给各村大队和小组，由大队长或小组长与村民代表开会讨论，直接决定贫困户名单，农户参与形式化，部分贫困户的参与机会被剥夺，造成精准识别瞄准偏误[208]；在民主评议环节，由于新疆南疆四地州农民文化素质普遍偏低，加之长期受到自上而下决策模式的影响，村民权利意识、参与意识薄弱，在民主评议时存在部分象征性举手赞同村干部拟定的贫困户名单现象，民主评议环节变成走过场、搞形式；在审核公示环节，县乡政府主要依靠村级组织审核，较少开展入户调查。在实际识别过程中，贫困识别阶段的农户形式化参与，贫困人口的错选漏选问题普遍存在。针对建档立卡不实问题，2017 年全疆组织 17 万名各级干部，逐户逐人开展深入复核工作，通过贫困家庭实情、建档立卡数据、公安户籍信息三方比对，清退不符合条件贫困户，经过反复核查识别，基本解决了漏登错登、档案不准、底数不清的问题。

11.1.1.2 扶贫对象识别机制有待完善

贫困问题本身是一个多维度综合评价的结果，对扶贫对象识别的标准简单地以农民人均纯收入为标准，即以收入单一指标来识别贫困户并不能做到完全精准。由于入户调查的多维度综合指标体系、家庭统计制度的不健全以及贫困户个人资产信息不对称等，在实践中开展多维度综合评价贫困程度较难实现和执行，加之新疆南疆四地州农村居民普遍国语水平较低，给入户调查带来了一定困难，使得扶贫对象在识别过程中存在目标偏离问题。同时，由于新疆南疆四地州属于集中连片特困地区，区域内农户之间的生产生活条件差异性并不是很凸显，在扶贫对象识别过程中对收入略高于贫困线以上或部分因病、因灾、因残、因学等因素致贫或返贫的农户易被忽略，未被识别出来，未能及时建档立卡实施帮扶措施，造成该部分遗漏人群与贫困户之间的差别越来越大，成为易致贫和新致贫人群，为后续的防治返贫和新致贫、巩固脱贫成果带来严峻考验。

11.1.1.3 扶贫对象识别方法较单一

当前，扶贫对象识别大多采用观察、询问、主动申报等定性方法，所获取的信息大多数是静态的、局部的、模糊的、碎片的，主观粗略、简单易行，扶贫对象识别方法较单一，无法体现贫困个体之间致贫成因的差异性，无法精确识别出贫困人口真实的致贫因子，以及致贫因素之间的量化关系，影响了扶贫识别、扶贫政策实施的精确性以及扶贫效果。扶贫对象识别虽对扶贫对象、扶贫项目等内容进行了一定量化，但由于获取定量数据成本高，较多以下发各类指标表让基层干部填报的形式获取，会受到基层干部一定程度上的主观排斥，耗费基层干部大量工作时间，还由于基层干部专业知识有限，对稍微计算复杂点的指标较难正确填报数据，造成数据的偏误现象较多，数据可用性较差。

11.1.2 扶贫措施存在"失准"现象

11.1.2.1 帮扶过程中贫困户被动式参与

新疆南疆四地州在精准扶贫过程中主要根据本地区贫困人口主要致贫原因，因户施策，对不同的致贫因子采取不同的帮扶措施，制定了"七个一批""三个加大力度"的精准帮扶措施，但在实际帮扶贫困户的过程中，将贫困户作为帮扶客体而非脱贫主体，主要体现在贫困户对实施的扶贫项目自主权较低，被动参与扶贫项目落实的现象普遍存在，属于被动接受参与帮扶过程。在确定实施的扶贫项目上，较多贫困户属于被动接受扶贫干部的安排，主要体现在：一是贫困人口普遍文化知识水平较低，未能很好地参与扶贫项目的决策；二是少数扶贫干部在工作中存在"懒政""一刀切"的不实工作作风，造成有些扶贫项目不能满足贫困户的差异化脱贫需求，扶贫效果欠佳。因此，在帮扶过程中，贫困户更多的是被动式参与，导致帮扶政策措施可能会偏离了贫困户的脱贫诉求。

11.1.2.2　扶贫项目安排粗放

由于新疆南疆四地州贫困户致贫原因复杂、贫困程度深，在减贫需求、减贫措施、减贫内容等诸多方面存在较大差异，扶贫项目在实施中更多的是采取自上而下推动单一化、同质化的帮扶方式，有些地方只是安排一些简单为贫困户提供一些资金、生活用品和部分生产资料，如买牛、买羊等扶贫项目，或是为特别贫困的家庭修建房屋的项目，或是一个区域的各贫困县（市）、各贫困村同一时间均实施畜牧养殖场项目等，未考虑市场需求以及项目实施效果的持续性，而实施的提高自身"造血能力"和创收能力的产业扶贫类的项目较少，整个扶贫工作异化为政府单方面的政治任务，导致了扶贫项目"失准"或"脱靶"，不利于从根本上解决贫困问题。

11.1.2.3　扶贫资源配置不合理

新疆南疆四地州在精准扶贫项目安排中仍较多以传统的畜牧业、养殖业和种植业为主，较重视养殖业、农业和农产品的生产、加工环节，较少关注市场需求，较少能根据贫困地区资源禀赋等比较优势和实际情况，通过产业帮扶真正做到发展壮大特色乡村产业来带动贫困户脱贫，较多依然采用传统扶贫模式，只注重解决"眼前"贫困问题，不注重培育"长远"脱贫动能，导致扶贫资源配置不合理和效率低下问题。同时，在产业扶贫项目实施中，普遍对畜牧业产品和农产品的市场销售环节不重视，不了解相关扶贫项目农产品的销售渠道、盈利模式等，精准扶贫项目产品与市场脱离，使得贫困户通过扶贫产业生产的农副产品找不到销路，制约了贫困户增收以及产业扶贫项目成效，致使扶贫干部不愿意安排实施更多的提高贫困人口持续增收的产业扶贫类项目，造成扶贫资源的错配，影响扶贫成效。

11.1.3　防止返贫和新致贫动态监测亟待完善

新疆南疆四地州在扶贫完成后阶段，扶贫管理的动态监测机制和手段仍不健全：一是未能持续监测扶贫项目的进展情况，不能充分做到随着贫困户生产生活条件的改善，扶贫干部通过动态监测能够有针对性地更改帮扶措施，以实现动态"靶向精准"；二是对易返贫和新致贫人群的动态监测机制尚不健全，在脱贫攻坚大数据库中尚不能及时有效反映出脱贫不稳定户、边缘易新致贫户以及因病因灾因意外事故等刚性支出较大或收入大幅缩减导致基本生活出现严重困难户情况的动态变化；三是贫困退出机制不灵活，部分地区不注重贫困人口的发展意愿和后生计策略的转化、持续增收能力的提高等问题，扶贫对象的退出名单直接由村委会干部讨论决定，致使部分脱贫人口依然面临严峻的返贫风险。

11.2　实践中精准扶贫绩效考核评估体系不健全

绩效考核评估是反映精准扶贫工作成效的重要环节。基于第四章对新疆南疆四地州精准扶贫绩效评估体系现状分析可知，当前新疆南疆四地州已形成一套完整、精准的扶贫绩效考核评估业务流程，2017 年在制定出台的《自治区贫困县市党政领导班子和党政正职脱贫攻坚工作年度考核办法》中，规定了扶贫开发工作考核的具体实施细则。但在实际精准扶贫绩效考核评估过程中，也存在绩效考核评估内容未充分反映贫困户意愿、绩效考核评估指标设计不合理、绩效考核评估过程缺乏全面系统性、绩效考核评估方式模板化现象严重、绩效考核评估外部监督力量不足和绩效考核评估结果反馈应用不充分等问题。

11.2.1　绩效考核评估内容未充分反映贫困户意愿

自治区对贫困县市党政领导班子和党政正职脱贫攻坚工作年度绩效考核评估，主要集中在减贫成效、精准识别、精准帮扶和扶贫资金四个维度，具体内容包括建档立卡贫困人口识别和退出、贫困人口增收、因村因户帮扶政策措施、扶贫资金使用等方面，更多偏重于对贫困人口脱贫人数、扶贫政策落实和资金管理的长效机制、扶贫任务目标完成情况等方面，较少体现贫困个体对扶贫成效的客观评价指标，无法反映扶贫主体的满意度。同时，绩效考核评估数据主要来源脱贫攻坚大数据平台、第三方评估、各县市上报的完成情况等方面。除第三方评估之外，其他数据均由地方政府搜集的贫困户材料信息整理汇总后上报，并未及时进行入户调查，也没有从贫困户直接采集一手数据资料，在一定程度上影响了绩效考核评估的客观化、科学化。加之，第三方评估虽通过实地对贫困户进行入户问卷调查，但调查内容多为仅限于是否达到"两不愁、三保障"等脱贫摘帽的具体数字指标，多采用封闭式提问法，也存在贫困户难以真正参与考核、有效反映意见的现象，因而影响了考核的实际结果。

11.2.2　绩效考核评估指标设计不完全合理

缺乏科学的绩效评估指标体系，考核评估指标设计不精准。在绩效评估指标体系设计中，减贫成效维度指标占比65%，精准识别指标占比10%，精准帮扶维度指标占比10%，扶贫资金使用效率维度指标占比15%，大部分绩效考核指标集中于基层政府整体扶贫任务完成度等数字化指标，过度注重对党政领导干部的考核，而直接针对贫困户满意度的指标仅有1个，占比10%。同时，对扶贫对象的精准识别、项目的精准安排、资金的精准使用、措施因家因户精准、干部选派精准等影响精准扶贫的核心要素在绩效考核评估指标体系中体现得不充分，指标在分类考核设计上仍不够完善，考核指标在设计上存在机械性、公平性不足等缺陷，也忽视了贫困户满意度，以及各部门帮扶、各行业帮扶、援疆帮扶、社会帮扶等方面的绩效评估，造成数字化和形式化的绩效考核结果，导致绩效考核评估结果不精准问题[209]。同时，新疆南疆四地州基层扶贫干部较多工作无法仅仅通过量化指标进行考核评估，承担的大量第一线与贫困户一起脱贫的任务很难进行量化准确考核，造成了考核存在偏误，扶贫干部满意度不足。

11.2.3 绩效考核评估过程缺乏系统性

新疆南疆四地州精准扶贫绩效考核评估过程中主要以数据监测、省际交叉、日常督查、年度审查、第三方评估等形式，由自治区扶贫开发领导小组负责组织实施，自治区扶贫办会同党委组织部及其他有关成员单位完成，也包含暗访、审计部门检查、民主党派监管等多种辅助方式。但总体来看，考核监督主体仍较单一，以政府部门监督评估为主，各社会组织参与积极性不足，各部门、行业扶贫指导和监管力度也不足，各类监督尚未贯穿到绩效考核的各环节。同时，绩效考核评估呈现"重结果、轻过程"考核现象，为应付上级监督部门的考核，更倾向于实施一些"见效快、成果突出"的项目，更热衷于展现结果，缺少实施一些长远发展的精准扶贫政策措施，不考虑对扶贫政策实施效果的可持续性，造成扶贫项目安排不精准和"漫灌式"扶贫等现象。

11.2.4 绩效考核评估方式模板化现象严重

目前，新疆南疆四地州在精准扶贫绩效考核评估方式上，存在多方绩效评估主体，包括由国家扶贫办组织的第三方评估、省际交叉评估、年度审查等；由自治区扶贫办组织的年度考核、日常督查、第三方评估等；由各地州、县（市）组织的年度考核、日常督查等多部门、多方式的绩效考核评估等。但总体来看，各部门、各种方式对绩效考核评估的内容差异化不大，运用大数据手段进行考核评估的方式较匮乏。考核评估方式模板化严重，多为采用精准填表式、简单汇报数据和下乡抽查调研式的考核评估方式，存在各部门重复考核评估，基层干部频繁应付督查、检查等现象，既加重了基层干部工作负担，也使得基层干部出现"应付、厌烦"心理。

11.2.5 绩效考核评估外部监督力量不足

精准扶贫绩效考核评估组织实施最为常见的是国家、自治区、各地州县市扶贫部门派出评估小组对贫困地区的党政机关扶贫绩效进行评估，更多体现在内容监督考核评估，难免出现"人情""同事""同学"等徇私舞弊现象。同时，从现有绩效考核评估政策以及实际执行情况来看，除委托具备资质的大专院校、科研机构和社会组织的第三方评估外，均未涉及外部社会力量对精准脱贫的绩效考核评估，更多的是上级部门的年度绩效考核评估，仍然是一种结果考核评估方式。对绩效考核评估进行外部监督考核评估的力量不足，第三方评估主体，主要受考核组织者委托，并不完全独立于党政系统之外，缺乏社会各界的多元化主体的参与，易导致无法反映真实的精准扶贫绩效。

11.2.6 绩效考核评估结果反馈应用不充分

目前，绩效考核评估结果主要由国务院扶贫办、自治区扶贫办以及各级政府简单将考核结果进行汇总，作为对贫困地区党政领导提拔以及制定奖惩措施、开展整改的主要依据，并以此制定出一些具体的奖惩和整改措施，但在实践中整体上绩效考核评估结果所带来的激励效用不明显，对绩效考核评估结果反馈运用不充分，考核结果的反馈应用具有封闭性，不能较好地运用绩效考核评估结果中发现的问题指导基层干部进一步反思，有效地指导新疆南疆四地州基层扶贫干部更好地完成扶贫任务。同时，绩效考核评估具体结果公布不透明，信息公示的内容比较有限，社会公众无法对绩效考核评估有足够的了解，无法较好参与监督。

11.3 精准扶贫监测评估大数据平台建设滞后

11.3.1 统一的扶贫数据信息资源库建设滞后

2014 年，国务院扶贫办制定和组织实施了全国扶贫开发信息化建设方案，致力于构建协调统一的扶贫网络化平台。2015 年 9 月，国务院扶贫办将甘肃省列为全国大数据平台建设试点地区，率先探索精准扶贫大数据管理平台建设，此后贵州、四川、广东、广西等地区相继开展将大数据技术应用到精准扶贫、精准脱贫的各个领域[187]，强化了大数据技术在精准脱贫中的识别、监测、评估等环节的运用，构建了统一的"大数据"精准扶贫应用平台。贵州较好地在精准扶贫中运用大数据技术，通过云计算、云储存、云管理等现代化信息处理手段将经济、人口、自然资源和空间地理等基础信息资源相连接，实现了税务、金融、民政、社会保障、城乡建设等扶贫业务相关领域信息的共享，建设了统一的扶贫数据信息资源库[188]。而自治区统一的扶贫数据信息资源库建设相对滞后，2018 年年底自治区统一脱贫攻坚数据平台才正式建成投入使用，前期喀什地区已开发建立了精准扶贫综合性管理服务平台，新疆南疆四地州其他地州也均加强了现代信息技术手段在脱贫攻坚中的应用，建设扶贫相关的数据平台，基层扶贫干部有时相关扶贫数据既需要录入自治区平台，也需要录入本地区数据平台，造成基层重复劳动问题突出。

11.3.2 精确挖掘扶贫数据资源能力薄弱

精确挖掘扶贫数据资源可将多样化的扶贫信息加以集成融合，找出贫困的整体关联性和内在规律性，以了解贫困者的生产生活状况和技能掌握程度，分析梳理出不同类型的致贫原因，制定有针对性的帮扶政策，开展更为有效精准帮扶。但由于新疆南疆四地州扶贫干部对普遍数据进行分析的专业知识不足，以及个别基层干部对数据库操作不熟练，很难熟练地从数据库中筛选出有用的信息；对数据库中的扶贫数据资源信息很难进行充分挖掘分析，找出当地贫困内在规律性，将分析结果更好地用于指导精准帮扶。

11.4　精准扶贫政策瞄准亟待优化调整

从第五章、第六章对精准扶贫政策制定瞄准评估、政策效果瞄准评估结果来看，新疆南疆四地州精准扶贫政策体系基本建立，呈现三维立体网状结构多元化特征，但政策制定主体协同性低，政策制定主体之间缺乏有效沟通、多部门的协调合作机制欠佳；以命令型工具为主，法律法规类政策工具的使用占比低，政策工具使用结构不合理，过多使用命令型工具不利于在实践中采取根据具体的致贫原因与脱贫需求的针对性措施，导致制度僵化；以教育扶贫和产业扶贫路径为主，更加注重激发贫困人口脱贫致富的内在动力；政策价值首要目标为"脱贫致富"，正向"公平正义"转移，让所有的贫困人口获得公平发展机遇等特征。

11.4.1　以命令型工具为主体，政策执行存在僵化现象

从6类政策工具使用结构来看，命令型工具使用响应次数最高，占比51.3%，自愿性和系统变革型政策工具使用不足，新疆南疆四地州精准扶贫政策体系以命令型工具为主，政策工具使用结构存在不合理性。过多使用命令型工具不利于在实践中采取根据具体的致贫原因与脱贫需求的针对性措施，导致制度僵化。受传统的粗放式、政府主导型的扶贫模式影响，新疆南疆四地州精准扶贫工作仍实行自上而下的科层治理和指令性扶贫资源配置方式，部分扶贫干部机械执行扶贫政策，参与式和瞄准式扶贫观念缺位，扶贫对象认定存在行政化、静态化现象，政策过于刚性而缺乏灵活性，忽视了贫困户个性化脱贫需求，简单、机械地照搬精准扶贫路径，采取"一刀切"模式，扶贫项目与市场规律脱节，致使一些扶贫项目执行不规范、效益差，扶贫项目存在趋同化、功利化发展倾向。同时，扶贫资金的筹措普遍过于依靠财政，筹资渠道单一，未

能广泛引入金融机构和社会组织筹资路径，未能较好地将社会资源有效转化为扶贫资源。

11.4.2 政策制定主体协同性低，政策相容性和创新性欠缺

在政策制定上，自治区各部门制定政策的协同性较低，联合制定出台发布的政策文件较少，部门联合出台占比仅27.0%，政策制定主体之间缺乏有效沟通、多部门的协调合作机制欠佳，存在政策设计缺陷。精准识别政策设计忽视贫困的多维性，仅以收入作为衡量标准，易造成识别贫困的偏误；农户因无法参与政策制定，因而无法了解政策内涵；政策设计缺乏差异性和创新性，未能考虑多元主体的多元利益，不能根据贫困人口不同时点上的不同致贫原因采取针对性动态政策调整，进而导致政策对接出现落差、衔接出现缝隙、承接出现障碍。

11.4.3 法律法规类政策工具使用占比低，政策合法性不够

从不同政策工具内部具体工具使用响应情况来看，命令型工具中对于建立制度、完善体系的指示指导类政策工具使用最多，占比达到50%左右；法律法规类政策工具的使用占比最低，政策合法性不够。在政策的决策过程中，决策主体、执行过程缺失合法性，各县、乡镇级的扶贫部门面临多重行政制约，无权调动其他部门的行政资源。如在缺乏完善核算体系情况下，扶贫干部无法精准监测和核实农户收入；各村两委成员大多都是所属村的村民，政策执行过程中简约性村庄治理机制，缺乏规范性，导致在扶贫项目执行中存在不公平现象，致使瞄准偏离。

11.4.4 兜底救助类扶贫政策实施较多，存在资源错配现象

从第五章精准扶贫政策作用的脱贫路径来看，新疆南疆四地州精准扶贫以教育扶贫和产业扶贫路径为主，制定出台的教育扶贫和产业扶贫政策措施占比分别达到21.1%和19.5%。但从第九章精准扶贫人口瞄准绩效评估结果来看，教育扶贫、医疗扶贫和社保兜底政策实施位于第二

象限，属于保持区、过度供给区，产业扶贫、转移就业扶贫和生态扶贫政策位于第四象限，属于弱势区、优先发展区。基层干部对教育扶贫、医疗扶贫和社会保障等兜底救助类政策措施实施的重要性感知比较低，可能存在资源错配的问题，在保证满意度不会大幅下降的前提下，应适当调整资源配置；对产业扶贫、转移就业扶贫和生态扶贫政策实施的重要性感知较高，但对政策措施的实施的满意度较低，政策执行效果欠佳，政策制定目标与执行效果存在偏差，不利于培育贫困户内生动力和可持续发展能力，应加大扶贫政策调整，提升产业扶贫、转移就业和生态扶贫的政策措施实施效果，助力新疆南疆四地州巩固拓展脱贫攻坚成果，全面推进乡村振兴。

11.5 贫困人口持续增收能力仍较弱

11.5.1 农村居民收入结构不尽合理

从第三章分析的新疆南疆四地州贫困地区农村居民收入结构来看，经营性收入、工资性收入及转移性收入是新疆南疆四地州贫困地区农村居民人均可支配收入的主要来源，分别占比 27.72% 和 46.02%，工资性收入显著低于全国贫困地区和特困片区平均水平，经营性收入显著高于全国贫困地区和特困片区平均水平，说明新疆南疆四地州贫困地区农村居民通过稳定就业获得的工资性收入占比较低，收入结构不合理，更多还是依靠"一亩三分地"的经营性收入。这与当前新疆南疆四地州脱贫人口自我发展能力仍较弱、文化程度普遍偏低、生产经营能力仍较弱、致富能力和自我发展能力脆弱有关，造成收入不稳定性、增收不稳定性、脱贫不稳定性，亟须建立脱贫人口收入稳步增长长效机制。

11.5.2 贫困人口持续增收能力仍较弱

从第九章新疆南疆四地州精准扶贫人口瞄准绩效评估结果来看，对产业扶贫、转移就业和生态扶贫政策实施满意度较低，对扶持贫困人口获得持续增收能力的帮扶效果欠佳，仍较多停留在对贫困户的简单物质帮扶上，贫困人口持续增收能力提升不足。新疆南疆四地州贫困地区由于远离市场中心，在技术、信息、交通、基础设施等方面发展滞后，运输成本高，产业发展制约因素较多，使得产业扶贫类项目较难设计和实施，加之扶贫到户的产业需求项目零乱，小而散，难以形成规模效应，一些养殖业项目属于短期效应，难以支撑脱贫人口通过产业发展获得持续增收的能力。

11.6 基层专业人员严重匮乏

11.6.1 基层扶贫干部综合素质有待提升

新疆南疆四地州贫困地区扶贫工作任务重，复杂多样，政策性强，基层干部队伍建设长期滞后，具体存在以下三方面问题：一是基层扶贫部门人员严重缺乏，虽然为新疆南疆四地州配齐了基层扶贫干部，使得新疆南疆四地州扶贫办干部力量不少于30人，22个深度贫困县扶贫办不少于20人，但与实际要开展帮扶的贫困人口规模来看，仍面临扶贫干部缺乏的现象；二是部分基层干部还存在学历低、国语水平低和能力弱的问题，对现行精准扶贫、精准脱贫认识不到位、政策理解不透彻、执行力大打折扣，影响了扶贫质量和政策落实效果；三是有的驻村干部不熟悉基层工作，所拥有的专业知识不足，不能较好协助村"两委"班子厘清发展思路、制定脱贫路径等。

11.6.2 基层大数据处理员匮乏

新疆南疆四地州基层缺乏大数据专业处理员,扶贫干部大多为因工作需要而临时借调,以及驻村工作队人员、干部队伍身兼多职,需要处理多项事情,部分干部对大数据运用于精准扶贫认识不足,专业知识不足,在向大数据平台录入数据时,存在错录、漏录、录入数据不正确等较多问题,致使数据管理部门进行反复核实,反复纠错;也未能充分利用数据开展挖掘分析工作,大大降低了扶贫政策落实效果。

11.7 巩固拓展区域脱贫攻坚成果任务艰巨

11.7.1 防止返贫和新致贫压力较大

从第九章新疆南疆四地州精准扶贫人口瞄准绩效评估结果来看,贫困户在文化程度、外出务工、国语听说阅读水平、人均拥有耕地、看病买药便利性、日用品购买方便和出行方便等方面仍与非贫困户存在显著性差异,基层扶贫干部对产业扶贫、转移就业扶贫、生态扶贫政策实施的满意度较低,说明新疆南疆四地州脱贫人口在转移就业、教育帮扶、获得生产生活资料、健康帮扶和生活便利性等方面仍具有返贫和新致贫风险,持续脱贫能力有待增强。同时,部分地区的贫困退出机制不灵活,不注重脱贫人口的发展意愿和后生计策略的转化、持续增收能力的提高问题,部分脱贫人口依然面临严峻的返贫风险。

2020 年新疆南疆四地州打赢脱贫攻坚战之后,仍面临较大的防止返贫和新致贫压力,一些摘帽贫困县、退出贫困村和脱贫人口仅是刚过"及格线",脱贫水平不高、基础不牢,存在较大返贫风险,巩固拓展区域脱贫成果任务艰巨。据不完全统计,2019 年年底全疆已脱贫人口中有 3.96 万户 16.89 万人存在返贫风险,边缘人口中有 8.63 万户 37.29 万人存在新致贫风险,其中新疆南疆四地州是全国深度贫困地区"三区三州"之一，集中了全疆90%以上的贫困人口，虽已消除绝对贫困，但仍存在相对贫困人口，脱贫人口文化程度仍较低，劳动力素质普遍偏低，务工就业收入、政策性补贴收入占比较高，脱贫人口发展的内生动力不足；区域生态环境脆弱，产业发展基础薄弱，抗风险能力弱，带贫益贫能力相对不足，促进脱贫人口持续稳定增收不足、产业对政策资源依赖性较高、产品市场竞争力较弱；部分脱贫户仍存在"等靠要"思想，"要我脱贫"向"我要脱贫"思想并未完全转变到位，尚未实现精神脱贫。扶贫政策和扶贫资金的倾斜，导致贫困户和非贫困户之间的矛盾日益凸显，贫困村和非贫困村建设投入差距问题显现，对巩固拓展脱贫攻坚成果、全面推进乡村振兴带来挑战。

11.7.2 区域发展基础仍较薄弱

从第七章、第八章对新疆南疆四地州精准扶贫区域瞄准、县域瞄准绩效评估结果来看，2013年实施精准扶贫、精准脱贫政策之后，新疆南疆四地州区域精准扶贫绩效综合评价指数呈现逐步提升趋势，区域经济发展、居民生活水平、就业与收入水平、教育水平、卫生保障水平均得到明显改善；2012年新一轮国家级贫困县调整后政策实施，对新疆南疆四地州贫困县具有显著经济发展带动效应及减贫效应，且该政策实施越久带动作用越显著，有助于新疆南疆四地州区域经济发展，促进了区域精准脱贫，但区域发展基础仍较薄弱、财政自给能力不足、农牧民生活水平仍有待提高；交通、水利、电力、通信等乡村基础设施瓶颈制约仍较突出，教育、医疗、文化、体育、社保等基本公共服务均等化水平仍较滞后；区域产业发展水平较低，产业结构单一，工业化水平低，仍以传统农业为主，农业生产经营方式粗放落后，农业效益低，县域经济发展缺乏产业支撑；农村劳动力普遍综合素质低、思想观念落后、劳动就业意愿和能力不足，受文化层次、技能水平、语言障碍、传统习惯等各种因素影响，转移就业和增收难度大，缺乏稳定的就业增收渠道；生态环境容量和承载力约束趋紧，自然条件恶劣，自然灾害多发，地方病高发，人地矛盾突出，水资源形势严峻，因灾因病返贫率高，多处位于国家和自治区重点生态功能区，区域开发与生态保护矛盾突出等。

11.8 本章小结

本章主要根据前文的现状分析，在政策瞄准、区域瞄准、县域瞄准、贫困人口瞄准绩效评估以及经验总结的基础上，发现新疆南疆四地州精准扶贫监测评估中仍存在精准扶贫动态监测体系有待进一步完善、实践中精准扶贫绩效考核评估体系不健全、精准扶贫监测评估大数据平台建设滞后、精准扶贫政策瞄准有待优化调整、贫困人口持续增收能力仍较弱、基层专业人员严重匮乏、巩固拓展区域脱贫攻坚成果任务艰巨等问题。

12

大数据背景下巩固拓展新疆南疆四地州脱贫攻坚成果的对策建议

2020 年新疆南疆四地州摆脱绝对贫困之后，已从解决绝对贫困问题进入巩固拓展脱贫攻坚成果、全面推进乡村振兴的新阶段，但仍面临较大的防止返贫和新致贫压力，巩固拓展区域脱贫成果任务艰巨。开展"精准化"的巩固提升，建立健全巩固脱贫攻坚监测评估体系，是确保脱贫攻坚成果经得起历史和实践检验，顺利转向全面推进乡村振兴的重要保证。

12.1 建立健全防止返贫和新致贫动态监测体系

加强对易返贫致贫人群的动态监测，按照监测预警的不同阶段，通过明确监测对象、完善发现机制、建立预警和政策保障机制等，对巩固脱贫成果实施过程、实际操作管理和建设产出情况进行监测，对返贫和农村低收入人口的参与和覆盖情况进行监测，对巩固脱贫成果指标、经济社会指标变化情况进行跟踪监测等，以较早发现并识别存在返贫和新致贫风险的人口，开展监测预警，一旦符合识别条件及时纳入帮扶对象，实施精准帮扶，防止脱贫人口返贫、边缘人口新致贫。

12.1.1 明确监测对象

依托自治区脱贫攻坚大数据平台，采取分级预警、区地县乡村五级分级负责方式，确保对扶贫对象的各方面情况实时掌握，及时进行动态帮扶。

（1）明确防止返贫和新致贫人口监测对象。以家庭为单位，主要监测建档立卡已脱贫但不稳定户，收入略高于建档立卡贫困户的边缘易新致贫户以及因病因灾因意外事故等刚性支出较大或收入大幅缩减导致基本生活出现严重困难户，开展定期检查、动态管理，重点监测其收入支出状况、"两不愁三保障"及饮水安全状况，定期核查，及时发现，及时帮扶，动态清零[210]。

（2）明确农村低收入人口监测对象。以现有社会保障体系为基础，对农村低保对象、农村特困人员、农村易返贫和新致贫人口，以及因病因灾因意外事故等刚性支出较大或收入大幅缩减导致基本生活出现严重困难人口等农村低收入人口开展动态监测。

12.1.2 完善发现机制

自治区扶贫、统计、农经、民政、财政等部门应开展对新疆南疆四地州农村贫困情况的联合监测，形成"监测内容、监测口径、监测力量"相统一的农村贫困情况监测网络，实现定期共享互通监测信息。同时，从多角度进行返贫和新致贫人员的测评，对新疆南疆四地州贫困的测评标准进行多维度归纳，完善贫困识别机制，从教育、保险、健康等方面综合测评贫困人口，实现测评结果科学化、民主化、透明化，有助于防止返贫政策的高效实施。

（1）完善防止返贫和新致贫人口发现机制。实施区地县乡村五级联动，以县级为单位组织开展，充分发挥各级帮扶责任人作用，加强数据比对，逐户逐人摸底排查，按照农户申报、部门信息比对、基层干部定期跟踪回访等途径，监测预警和帮扶返贫致贫人口，并实行全程记录、动态管理[211]。一是畅通渠道，及时发现，通过基层上报、个人申请等措施及时发现返贫户；二是严格标准，精准识别，参照贫困户认定标准，遵循现场调查、群众评议、乡镇审核、县级认定程序，准确识别返贫户并及时纳入帮扶对象，推进返贫人口再脱贫；三是跟踪回访，动态管理，对脱贫户进行定期跟踪回访，对脱贫户继续享受脱贫攻坚政策和增收项目实施情况密切关注。

（2）完善农村低收入人口发现机制。充分利用民政、扶贫、教育、人力资源社会保障、住房城乡建设、医疗保障等部门现有数据平台，加强数据比对和信息共享，完善基层主动发现机制；健全多部门联动的风险预警、研判和处置机制，实现对农村低收入人口风险点的早发现和早帮扶。

12.1.3 建立预警机制

实施动态监管、超前谋划，加强预警机制建设。通过基层干部不定期跟踪回访和返贫户自行申报等多种途径，及时掌握脱贫户返贫情况；实行预警分级管理，定向跟踪新疆南疆四地州农户数据，对于人均可支配收入低于国家扶贫标准1.5倍左右的家庭，以及因病、因残、因灾、因新冠肺炎疫情影响等引发的刚性支出明显超过上年度收入和收入大幅缩减的家庭，根据严重程度分级进行预警管理，对年收入低于4000元脱贫人口给予重点关注；充分运用第三方评估成果对新疆南疆四地州各县（市）脱贫攻坚情况调查核实、监测评估信息数据，分析返贫和新致贫风险，及时制定预警方案。

12.1.4 健全精准帮扶机制

健全新疆南疆四地州返贫和新致贫精准帮扶机制，防止已脱贫人口返贫、边缘人口新致贫，对确认返贫的脱贫家庭，重新识别并分层分类及时纳入帮扶政策范围，根据返贫原因及时实施帮扶政策措施，给予帮扶直至重新脱贫；对有劳动能力且有务工意愿的返贫和新致贫人口，主要通过转移就业、发展产业、公益性岗位安置等开发式帮扶措施，定向开展以用工企业为主体的岗前培训，提高其就业技能，开展就业帮扶，助力劳动增收致富脱贫；对无劳动能力的返贫和新致贫人口，实施综合性社保兜底政策措施，及时将符合条件的返贫和新致贫人口纳入农村低保、特困人员救助供养或临时救助覆盖范围，按困难类型给予专项救助、临时救助等，确保兜底保障"不漏一户、不落一人"；对因病、因残、因灾等意外变故返贫致贫的家庭，采取健康扶贫、残疾人帮扶、临时救助等综合性保障政策，助其脱困[212]。

12.2 构建巩固脱贫成果绩效评估体系

12.2.1 构建参与式监测评估体系

精准扶贫绩效考核评估过程未受到广泛的参与，尤其是缺少扶贫对象的参与，不利于对精准扶贫效果的全面评估。因此，需提高扶贫对象在绩效考核评估中的参与度。监测系统主要是在政府主导、扶贫对象参与下，有效监测帮扶对象识别的瞄准效率，帮扶资源分配的合理性，扶贫资金、扶贫项目的有效监督管理，以及监测好扶贫成效；评估系统主要是以精准扶贫评估制度与政策为依据，合理科学设置评估思想、评估目的、评估方法、评估指标，通过大数据技术将监测系统和评估系统连接起来，监测系统为评估提供基础数据，评估系统为监测系统反馈相关信息，完善监测系统，构建参与式绩效监测评估体系。同时，加强村一级的组织和贫困户参与扶贫资金和项目管理，积极引入扶贫对象参与评估的机制，扩大群众的知情权；鼓励群众参与精准扶贫政策执行全过程，加大网络等新兴媒体的介入，以及第三方评估、省际交叉检查、日常督查、年度审查、定期暗访等多种形式的广泛参与式绩效考核评估机制，有效提升精准扶贫内外部监督，也使普通群众更深刻了解精准扶贫政策执行的具体过程（图 12-1）。

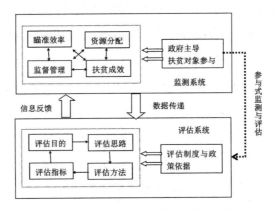

图 12-1　构建参与式监测评估体系框架

12.2.2　增强绩效考核评估指标设计的科学性

在设计绩效考核评估指标时，既要关注客观性指标，也要关注一些反映扶贫对象、扶贫工作者、非扶贫群体的满意度等的主观性指标，增加设计一些群众满意度、认可度等定性定量指标。同时，考核指标和权重应根据不同地区的差别来设置，应该有所区别。在考核指标的设计上自治区需体现考核指标设计的公平性，兼顾贫困县与非贫困县的一致性和差异性。根据贫困县（市）的实际情况调整各级指标的分配情况，实行分类分地区考核，考核评估指标还应对凸显各县（市）自身变化的纵向角度进行比较。由于新疆南疆四地州受自然条件恶劣、人地矛盾突出、生态环境脆弱、远离市场中心、经济发展滞后等发展制约因素较多，在考核评估指标设计上更应关注该区域的实际情况，突出发展性指标的设计，可适当提升区域经济发展、产业发展、生态环境保护等指标权重，提升发展性考核指标的比重；还可适当增加一些提升农牧民自身发展能力，思想脱贫、精神脱贫等帮扶成效的指标，凸显考核帮扶政策措施的可持续性。

12.2.3　优化创新绩效考核评估方式

在绩效考核评估方式上，以减轻基层考核负担为主线，绩效考核评估工作由自治区统筹安排，各县（市）未经允许不得随意开展考核，减少绩效考核评估频次，按照一定的比例对巩固脱贫的脱贫县、脱贫村、脱贫人口以及非贫困县进行抽查，尽量减少绩效考核评估方式的重复安排，但要强化平时绩效考核评估、过程绩效考核评估方式，及时发现问题并加快整改，提高绩效考核评估效率；还应适当增加日常暗访、日常督查、巡查督查的绩效考核评估方式，及时发现精准帮扶政策措施实施过程中存在的问题，帮助及时整改。因此，在绩效考核评估方式上，应均衡地分配年度与平时绩效考核评估方式比例，强化对平时、过程的考核评估检查，开展常态化约谈，发现问题随时约谈等。

12.2.4 健全精准扶贫绩效考核评估信息系统

加快构建自治区统一的精准扶贫绩效考核评估信息系统，运用大数据技术、信息化手段优化绩效考核评估的程序，避免填报表中可能存在的错填、漏填等问题，并将数据平台中的贫困人口识别、贫困人口退出、贫困地区收入增长、扶贫资金配置精确度等考核指标与数据评估系统相对接，客观考察巩固脱贫成效，杜绝考核数据虚报的弊端。同时，应构建可由多方参与评价的精准扶贫绩效评价信息系统，引入第三方评估系统，将第三方评估数据信息量化为一定的参照比重纳入绩效考核评估中，增加绩效考核评估结果的可信度和真实性；通过运用绩效考核评估大数据平台的信息采集、数据分析、数据加工、数据识别等多种方式，提升绩效考核评估的资料数据信息采集的精准性，还可采用现代测绘技术与卫星技术对新疆南疆四地州贫困地区巩固脱贫成效的动态变化进行实时监测，确保持续跟踪动态评估精准脱贫的成效，构建精准的绩效考核评估体系。

12.2.5 加强绩效考核评估的外部监督力量

增强扶贫考核主体的多元化，积极吸纳社会组织参与精准扶贫绩效考核评估，建立由多部门、多组织共同组成的评估团队，构建由政府扶贫部门、第三方专业评估机构、贫困对象、社会公众与公益组织等多方评价主体参与的评估机制；发挥民主党派监督的优势，加强民主党派对脱贫攻坚绩效考核评估开展民主监督工作，积极为新疆南疆四地州贫困治理建言献策；大力引入信息化、专业化的第三方绩效考核评估机构，进一步规范第三方评估，发挥独立公正的第三方在扶贫开发绩效精准评估过程中的评估咨询作用，确保评估的专业性、独立性，构建内部评价与外部评价相结合的绩效考核评价体系，保证绩效考核评估结果的有效性和可靠性。

12.2.6　强化考核结果的反馈运用

完善公开的绩效考核评估结果反馈沟通机制，对绩效考核评估的反馈结果公示应尽可能地详细全面，保证绩效考核评估反馈结果的公开透明，保障全社会参与对精准脱贫成效的监督，以及党政部门针对考核结果反馈的信息及时改变工作重心、策略、方式方法，针对考核中存在的问题及时提出整改措施，形成一套固定的考核结果反馈制度；适度公开绩效考核评估数据来源和结果运用，加大绩效考核评估结果的开放度，将考核评估数据逐步向政府、企业、非政府组织、个人等所有的参与主体开放，使社会大众和其他社会组织，增强社会监督以及评估结果的权威性和公平性，以及将贫困户、贫困村的需求信息与社会各界的扶贫资源、帮扶意愿进行有效对接，提高社会力量参与精准扶贫的有效性，实现社会扶贫资源的精准化配置。

12.3　完善脱贫攻坚大数据信息平台

12.3.1　提高扶贫干部对大数据的认识

大数据精准扶贫模式是一种新型的扶贫模式。由于认识不到位，使得扶贫干部在运用大数据开展扶贫工作时觉悟不高、积极性不高。扶贫干部应与时俱进，加强自身对信息化技术的学习，增强数据敏感性，以及整合数据库、筛选数据的能力；提高将不相关的数据除去、再将各类信息进行加工的能力；提高数据信息的准确率，优化扶贫理念和扶贫方式；加强大数据精准扶贫模式的宣传学习，学习大数据的由来、作用机理、使用价值、数据分析等方面的内容，展示运用大数据进行决策的步骤、方法，增加对大数据的认识，让扶贫干部认识到在大数据的辅助下，精准扶贫会取得更好效果，领悟到大数据对于精准扶贫的重要性。

12.3.2　完善防止返贫和新致贫信息数据库

依托自治区脱贫攻坚大数据平台，做好监测基础数据的动态更新，以乡镇或县为数据节点，对精准扶贫信息进行综合诊断，开展数据信息的及时动态调整，形成"事先预警、事中监控、事后评估"的综合监管体系，进一步完善国家、自治区、地州、县、乡、村等为一体的防止返贫和新致贫信息数据库。具体做好以下工作：一是进一步完善新疆南疆四地州各县（市）政府与返贫和新致贫人口之间的纵向扶贫信息管理平台，以及与金融机构、行业部门、帮扶单位之间的横向信息管理平台，对帮扶中的人、财、物与返贫和新致贫人口的基本情况、致贫原因和帮扶措施进行动态监管，确保帮扶工作的实时观测与动态分析，实现返贫和新致贫人群精准帮扶的精细化。二是动态更新精准帮扶对象，对返贫和新致贫人口要及时纳入信息管理系统，达到脱贫条件后及时从数据库中移除，做到帮扶对象可动态调整。三是整合多维数据，运用大数据技术、云计算平台等信息技术，整合新疆南疆四地州范围内的金融部门、民政部门、农业部门、气象部门、工商部门以及乡村振兴局等不同行业的相关信息，全面动态地收集返贫和新致贫人口（包括收入情况、身体状况、劳动力状况、学历水平、技术技能等）多维信息，精准锁定每个返贫致贫人员的基本信息，实行定期动态更新并对外公开。四是加大信息共享，扩大信息采集渠道，综合扶贫办、医疗卫生部门、公安部门、房管部门、人社部门等各领域帮扶资源，全面动态地掌握帮扶工作的各种数据，制定更加科学合理的帮扶措施和方案。例如，对既享受民政部门，又享受扶贫部门帮扶的返贫和新致贫人口，存在帮扶对象交叉的，为有效衔接不同部门的帮扶政策，需加强"扶贫＋民政"的信息共享，实现扶贫帮扶政策和社会保障政策的有效衔接，避免因信息不对称造成帮扶资源配置浪费。五是提高数据资源挖掘运用效率，加强录入数据的管理，做好数据录入分工，明确跑基层、录数据的人员，做到数据采集全面、真实、无遗漏；加强与相关部门数据共享，将采集数据进行分析、核实、汇总，保证数据的准确性；在收集数据的过程中，增加第三方进行监督，确保数据的真实性。

12.3.3 加快建立农村低收入人口信息数据库

低收入家庭一般是指家庭人均收入高于当地城乡低保标准，但低于低保标准 1.5 倍，且财产状况符合当地相关规定的低保边缘家庭。[①] 根据自治区农村低收入人口的具体认定标准，加快制定适合新疆南疆四地州农村低收入家庭的认定办法，尽快开展对农村低收入人口的认定工作，加强与民政、教育、人力资源社会保障、住房城乡建设、医疗保障等部门数据的共享比对，全面将农村低收入人口纳入动态监测和帮扶，精准识别困难群众，建立统筹城乡、分层分级、上下联动、部门协同、定期更新的低收入人口动态监测信息平台，实现对低收入人口的信息汇聚、监测预警和精准救助。

12.4 强化基层干部人才队伍建设

12.4.1 加大基层人才队伍建设

加强基层人才队伍建设应着重做好以下几项工作：

一是继续选派驻村第一书记和工作队，挑选精兵强将担任第一

---

① 出自民政部 财政部《关于进一步做好困难群众基本生活保障工作的通知》（民发〔2020〕69 号）文件

书记、驻村工作队队长，按照"硬选人，选硬人"的要求配齐帮扶干部，将觉悟高、能力强、作风硬的高素质干部充实到返贫预防与后期帮扶一线，挑选后备干部、年轻干部委以重任；二是根据新疆南疆四地州贫困村的特点、实际需要，精准选派驻村工作队，因村选人组队，把熟悉党群工作、基层工作经验丰富的干部派到党支部软弱、涣散、矛盾纠纷较多的落后村，将熟悉经济工作，有技术特长的干部选派到产业基础差、集体经济薄弱的脱贫村，充分发挥派出单位和自身优势，帮助解决落后区域面临的突出困难和问题，确实做到务实管用；三是继续加大基层干部人才支持，继续支持新疆开展专项招录内地高校毕业生工作，对于有意愿返乡考取新疆南疆四地州县公务员、"村官"的大学生，落实完善艰苦边远地区工资倾斜政策，鼓励和引导各方面人才向新疆南疆四地州基层一线流动；四是建立健全人才向重点村、艰苦岗位、巩固脱贫一线流动的激励机制，积极选派"三支一扶"、乡镇站所干部、科技特派员等人员充实到重点乡村领导班子；五是积极动员挑选责任心强、有经营能力、有热情、愿意为群众服务、为集体奉献的成功人士、退休的企事业干部回村担任两委干部，帮助带领群众实现发家致富；六是积极动员高校、科研院所的科技人员，到新疆南疆四地州深度贫困地区挂职，到乡、村担任科技特派员，指导产业项目的技术工作，推广优良品种和先进技术，帮助群众提供科技致富。

12.4.2 加强基层大数据队伍建设

加强基层大数据队伍建设主要应做好以下工作：

一是加强基层大数据人才培养，开展对现有的大数据和扶贫干部、大学生村官等相关工作人员进行大数据应用知识培训，使他们能够熟练操作大数据系统，解决一些简单的技术性问题，以及进行简单的数据分析；二是加大数据人才引进，通过给予引进人才优厚的工资待遇等措施吸引高素质人才到基层工作，打造高素质大数据脱贫人才队伍；三是通过委托第三方机构开展数据管理、数据更新、数据分析等工作。

12.4.3 强化基层干部教育培训

结合新疆南疆四地州贫困地区巩固脱贫成果以及乡村振兴目标任务实际情况，强化基层干部教育培训，具体应做好以下工作：一是加强巩固深度贫困地区脱贫成果，注重同乡村振兴在思想、政策、措施等方面的有效衔接的认识及学习，使基层干部深刻理解和掌握巩固脱贫成果与乡村振兴理论精髓、方法路径，凝聚思想共识，提高思想认识，提升政策决策水平；二是加强学习与巩固脱贫成果、乡村振兴相关业务知识，培训返贫致贫、农村低收入人口对象精准识别、建档立卡、档案管理、帮扶项目、考核评估等方面的业务知识，切实增强巩固脱贫成果工作的精准度和实效性，提升群众的满意度和获得感；三是加强对巩固脱贫成果同乡村振兴有效衔接相关政策的学习，对继续实施的产业扶贫、金融扶贫、教育扶贫、健康扶贫、生态扶贫、农户危房改造等方面的政策法规、业务知识和专业技能最新变化的学习，及时了解与乡村振兴有效衔接的政策变化情况，确保精准、科学、有效地贯彻落实巩固脱贫成果、全面同乡村振兴有效衔接的各项政策措施。

12.5 加快对精准扶贫政策的逐步优化调整

12.5.1 过渡期内保持特殊扶持政策稳定不变

新疆南疆四地州在 2020 年脱贫攻坚工作取得全面胜利之后，进入全面巩固拓展脱贫攻坚成果阶段，严格落实"四个不摘"要求，全力做好"八个不变"，做到"八个确保"，建档立卡脱贫户可以继续享受脱贫扶持政策，保持帮扶政策总体稳定、投入力度不减、帮扶队伍不撤。实施 5 年过渡期，过渡期内紧盯目标任务，持续巩固拓展脱贫攻坚成效，坚决守住不发生规模性返贫的底线，不断提高群众的幸福感、满意度。新疆南疆四地州面临较大脱贫脆弱性、防止返贫和新致贫压力、巩固拓展区域脱贫成果任务艰巨，保持对新疆南疆四地州深度贫困地区特殊扶持政策，以激发深度贫困地区发展潜力，切实提升脱贫攻坚成效。

继续保持特殊扶持政策不变。在脱贫攻坚期，国家对新疆南疆四地州深度贫困地区在实施产业发展、生态补偿、边境扶贫、土地利用等方面给予特殊政策，带贫益贫成效明显。2020年后，仍需继续保持对新疆南疆四地州深度贫困地区特殊扶持政策：一是加大有效衔接资金以及中央财政一般性转移支付投入倾斜力度，进一步向新疆南疆四地州深度贫困地区倾斜，有效巩固脱贫成效；二是加大项目布局倾斜力度，在新疆南疆四地州深度贫困地区优先安排公益性基础设施项目、社会事业领域重大工程建设项目以及能源、交通等重大投资项目；三是继续支持新疆南疆四地州深度贫困地区劳动密集型产业发展，继续执行发展纺织服装产业优惠政策，将现有支持新疆纺织服装产业政策再延续10年，并将政策拓展到电子产品及装备组装加工业、农副产品加工业、民族手工业等劳动密集型产业；四是继续保持护边员扶持政策，落实边境县护边员补助政策，带动脱贫人口稳定脱贫；五是继续保持生态扶贫扶持政策，优先安排新疆南疆四地州深度贫困地区退耕还林还草任务，继续实施生态护林员、草管员计划，落实国家草原生态保护奖补政策，吸纳脱贫人口稳定就业，持续增收。

保持现行精准扶贫政策稳定

四个不摘：严格落实摘帽不摘责任、摘帽不摘帮扶、摘帽不摘政策、摘帽不摘监管。

八个不变：领导力量不变、五级书记一起抓不变、党委主体责任不变、纪委监委监督责任不变、地县乡班子专职力量稳定不变、村第一书记和驻村工作队帮扶机制不变、各级帮扶力量不变、结对帮扶关系不变。

八个确保：确保扶贫政策稳定、确保防止返贫和新致贫、确保产业优化升级、确保持续稳岗就业、确保做好后续帮扶、确保社会保障兜底、确保加大社会助力、确保增强内生动力。

12.5.2 分类优化调整精准扶贫政策

加强对新疆南疆四地州现有帮扶政策进行逐项梳理、分类优化调整，科学合理把握调整步骤，逐步实现由集中资源支持脱贫攻坚向全面推进乡村振兴平稳过渡；对现有帮扶政策该延续的延续，该优化的优化，该调整的调整，确保政策连续性和民生保障普惠性。新疆南疆四地州各县市、各部门要抓紧研究制定出台各项政策完善优化的具体实施办法，明确延续的政策范围，以减少工作中的矛盾，确保工作不留空当、政策不留空白，打消脱贫户的顾虑，给脱贫群众吃上"定心丸"；对教育、医疗、住房、农村饮水等民生保障救助性政策继续保持稳定，跟踪评估政策效果，及时调整政策措施，并根据脱贫人口实际困难给予适度倾斜；逐步推动产业扶贫、就业扶贫等发展类扶贫政策优化调整，给予脱贫地区的强化能力提升政策要维持一段时间，并逐步与全面推进乡村振兴有效衔接。

12.5.3 科学合理调整政策工具结构

为解决命令型工具使用过程导致制度政策僵化、参与主体单一、政策合法性缺失等问题，在政策制定中应加强自愿性、法律法规政策工具的应用。具体：一是利用网络、新媒体等宣传工具，加大对精准扶贫政策的宣传力度，用通俗简单易懂的形式向贫困群众讲解相关政策，让社会公众能够更好地认识、理解政策实施。二是应加大精准扶贫领域的社会服务购买力度，通过购买社会服务的资金激发社会组织挖掘社会资源的潜力，提高社会组织对新疆南疆四地州帮扶参与度，更好地凝聚更多的资源、发挥更多社会力量。三是引导更多的非政府机构，如社会组织、市场行业、公民个体等参与到精准扶贫领域中来，支持社会团体开展志愿服务以及开展募捐；通过税收优惠政策来引导更多资金雄厚、经营规模大的企业到带动新疆南疆四地州产业发展，发挥其在资金、技术、市场等方面的优势，提升新疆南疆四地州乡村经济发展水平，促进农牧民持续增收。

12.5.4 兜底保障类政策保持适度扩大

认真落实好教育、健康、兜底保障等政策，继续保持稳定，但要注意政策措施中可能存在扶贫资源错配现象，将只针对脱贫人口的民生保障类政策范围逐步扩大避免产生"福利陷阱"。在精准扶贫体制下，所有扶贫政策只针对建档立卡贫困户，对相对贫困群体未采取福利补偿，造成了贫困户与非贫困户、贫困地区与非贫困地区的差距逐渐显现，不利于共同富裕。因此，在兜底保障类政策优化调整中，注意个体性和普适性，重点推动农村生产生活环境、产业发展水平等的整体性改善提高，医疗救助、教育资助、社保兜底等领域政策逐步调整为可承受的普惠性政策，弱化福利悬崖影响，减缓贫困户与非贫困户，贫困地区与非贫困地区的矛盾。

12.5.5 发展类政策加快调整衔接

对于产业扶贫、转移就业扶贫和生态扶贫等发展类政策在制定目标与执行效果上存在的偏差，继续巩固拓展该类政策的实施，同时结合乡村振兴中乡村产业政策，逐步将产业扶贫、转移就业扶贫和生态扶贫等发展类政策与乡村振兴政策有效衔接，更加注重区域经济的长期发展，加强乡村产业链、价值链的构建，积极搭建有特色的电商平台，构建"特色产业＋电商"的扶贫模式，鼓励引导开展线上销售，巩固拓展新疆南疆四地州深度贫困地区脱贫成果。

12.6 巩固拓展新疆南疆四地州区域脱贫攻坚成果

从巩固新疆南疆四地州区域脱贫成果出发，围绕巩固拓展"两不愁三保障"成果，增强自身"造血"功能；从特色产业发展、稳定就业、提升公共服务能力、环境整治、巩固易地扶贫搬迁成果等方面，积极谋划一批重大工程及项目，促进脱贫人口实现持续稳定增收，防止出现规模性返贫。

12.6.1　巩固拓展产业扶贫促增收

把培育发展壮大产业作为推动已脱贫群众持续、稳定增收的根本举措，结合乡村振兴战略，深入开展产业发展促增收专项行动，推动扶贫产业提档升级，产业帮扶政策措施由到村到户为主向到乡到村带户为主转变，突出产业联贫带贫，打造产业扶贫升级版。采取"土地租赁＋返聘务工""能人＋托管代养""企业＋扶贫车间"等模式，强化利益联结，巩固拓展持续增收能力，着力解决脱贫户长效产业基础不稳固，收入不稳定、不持续的问题；继续通过分类施策、精准帮扶、产业发展等政策，稳定带动脱贫人口实现稳定持续增收，夯实脱贫人口稳定增收支撑基础，不断提高脱贫户收入水平。大力发展特色种植业、林果业、畜牧业、设施农业，推动农村一二三产业融合发展，促进提质增效；推进服装服饰家纺产业出口加工集聚区建设，扶持新疆南疆四地州服装服饰、地毯、艾德莱斯绸、刺绣、针织等劳动密集型产业。扶持发展农副产品加工业，重点发展红枣、核桃、牛羊肉、乳制品、葡萄酒、粮油等优势产业；扶持发展手机系列、电子元器件、计算机外设、小家电、电采暖等产品制造。围绕建设南疆丝绸之路文化与民族风情旅游目的地，重点扶持旅游基础设施建设项目、国家文化和自然遗产保护利用设施建设项目，加强乡村旅游示范村、特色农庄建设，持续打造一批乡村旅游示范村。巩固提升卫星工厂发展效益；做强做活"总部＋卫星工厂"的产业帮扶模式，促进现有卫星工厂、扶贫车间、合作社等经营主体提质增效，扶持发展服装服饰、刺绣、电子元器件、计算机外设、小家电等产品制造，吸纳脱贫人口就业增收。

12.6.2　巩固拓展稳定就业促增收

把转移就业扶贫作为巩固脱贫成果最直接、最有效的举措，深入实施就业帮扶促增收专项行动。坚持以培训促就业创业，根据脱贫家庭、低收入家庭劳动力就业情况，分类施策、精准服务，通过就业帮扶促增收，实现脱贫户家庭"一人稳定就业、全家稳固脱贫"，让有劳动能力的脱贫人口、低收入人口通过自身劳动实现稳固脱贫。做好就业帮扶衔接，积极拓宽就地就近就业渠道，加大就业优先政策支持力度，促进脱贫人口稳定就业。推动疆内跨区域转移就业、向兵团转移就业、向内地援疆省市转移就业等转移就业行动。积极开发公益性岗位、居家就业岗位和辅助性岗位，实施困难群体就业行动；开发防贫公益性岗位，用好公益性岗位保就业政策，将岗位更多用于安置无法外出、无业可扶、少数年龄偏大、难以通过市场渠道实现就业的就业困难人员，支持有巩固脱贫任务、低收入人口较集中的县市开发公益岗位，实行托底就业安置，切实发挥公益性岗位"兜底线、救急难"作用。继续落实护边员、护林员、护草员、环卫清洁工、护路工等岗位扶持政策以及安保维稳等政策措施，保持现有就业人员相对稳定。加大创业扶持力度，鼓励和支持有条件的相对贫困群众积极创业，实施促进创业行动，以创业带动就业。结合市场用工需求和贫困家庭和低收入家庭劳动力特点，大力实施职业技能提升工程，统筹各类培训资源，有针对性地开展脱贫家庭劳动力职业技能和国家通用语言培训，确保有培训愿望的已脱贫家庭劳动力全部得到培训，提高培训的针对性，解决好相对贫困群众因技能不足而难以就业、就业稳定率不高的问题。加强培训机构与企业对接，根据用工需求精准开展订单培训、定向培训，切实提高参加培训人员的转移就业率。

12.6.3 巩固拓展易地扶贫搬迁成果

针对不同安置方式、不同类型安置区资源禀赋，重点支持安置区配套基础设施提升，实施污水处理、垃圾处理等配套工程建设，统筹完善教育、医疗、文体等公共服务功能，提升公共服务水平，因地制宜、分类施策，持续巩固易地扶贫搬迁脱贫成果。加强安置区配套产业培育，大力推进安置区特色种植养殖业、产业园区、扶贫车间、乡村旅游、电子商务、民族特色手工业等一二三产业融合发展；大力拓宽搬迁群众就业渠道，加大有组织劳务输出力度，精准开展劳动技能培训，鼓励搬迁群众自主创业；加强基层党组织建设，全面提升社区治理水平，巩固复垦复绿成效，保障搬迁群众合法权益，实现搬迁群众稳得住、有就业、能致富，不断增强搬迁群众的获得感、幸福感、安全感。

12.6.4 巩固提升农村人居环境治理工程

以建设"地绿、水净、安居、乐业"的美丽宜居乡村为目标，实施农村人居环境整治提升五年行动，继续推进"千村示范、万村整治"工程，因地制宜推进农村改厕、村容村貌、生活污水、生活垃圾治理等建设，优先支持脱贫人口、低收入人口较集中地区加快补齐人居环境突出短板，全面提升农村生态环境、人居环境、发展环境质量，努力打造一批美丽乡村；加快乡村人居环境整治，持续开展"美丽庭院 最美家庭"创建，推进农村生活垃圾、污水处理、卫生改厕和村庄绿化美化等环境综合治理工程，打造整洁有序、生态宜居的新农村。

（1）实施村容村貌提升工程。因地制宜开展村庄规划建设，统一建设标准，整体推进村容村貌提升；实施村庄绿化美化亮化专项行动，拆除和清理各类乱搭乱建设施，各种乱堆乱放物品，户外广告牌和各类"小广告"，整治各种乱贴乱画，保持村庄整洁美观，推进庭院生活区、养殖区、种植区"三区分离"，全面推进农村居民房前屋后硬化、净化、亮化、绿化、美化。

（2）因地制宜推进农村改厕。实施"厕所革命"，全面拆除露天坑厕、有条件的村庄同步推进卫生厕所进院入室；加快农村公共卫生厕所建设，推广农户无害化卫生厕所建设。

（3）实施农村生活垃圾治理工程。按照"分类收集、定点存放、定时清运、集中处理"要求，加大农村生活垃圾收集、转运及处理等配套设施建设，全面推行农村生活垃圾就地分类、源头减量，建立健全收运处理体系；深入推进农村生活垃圾专项治理，加强配套设施和队伍建设，建立健全长效管护机制，促进农对生活垃圾减量化、资源化、无害化，加快所有乡镇和行政村的收运处置体系建设，经济开展分类减量试点示范，提升农村生活垃圾治理质量。

（4）实施农村生活污水治理工程。按照"因地制宜、一村一策，分类实施、梯度推进"的原则，根据农村人口集聚程度，充分考虑气候条件、水资源状况基础条件、发展阶段、村庄布局、建设标准等方面的差异，坚持先地下后地上，以污水不乱排，不影响村容整洁为基本出发点，不提超越发展阶段的目标，因地制宜采取污染治理与资源化利用相结合、集中与分散相结合的方式，分区域、分类型、分重点逐步推进农村生活污水治理；按照分散处理、村庄集中处理、纳入城镇排水管网等三种模式，加强农村污水处理设施建设，推进城镇污水处理设施和服务向城镇近郊的农村延伸，在离城镇较远、人口密集的村庄建设污水处理设施，进行集中处理，在人口较少的村庄推广建设户用污水处理设施；分批对不能稳定达标排放的污染治理设施实施提标改造。

12.6.5　巩固拓展住房安全保障

按照"安全为本、因地制宜、农户主体、提升质量"的原则，以实现农村低收入群体住房安全有保障为根本，继续实施农村危房改造和农房抗震改造工程。建立健全农村危房动态监测机制，开展农村房屋安全隐患排查整治，保障群众住房安全。建立农村低收入群体住房安全保障长效机制，通过日常走访、监测分析、动态管理等方式，常态化监测农村低收入人口住房安全情况，对因自然灾害或家庭变故等因素造成房屋损毁、变卖的农户及时跟踪掌握，根据具体情况及时纳入农房抗震防灾工程计划予以解决，保障农村低收入人口住房安全。对农村低保边缘家庭和未享受过农村住房保障政策支持且依靠自身力量无法解决住房安全问题的其他脱贫户给予支持。巩固提升农村安居和游牧民定居工程，配套完善供水、供电、供暖、热水器等设施，提升农牧民安全住房质量和水平。

12.7　全力做好巩固脱贫攻坚成果同乡村振兴有效衔接

在巩固拓展脱贫成果基础上，以接续推进全面脱贫与乡村振兴有效衔接为重点，紧扣巩固脱贫衔接振兴这一主线，扎实做好"八个衔接"，聚焦实施"五大行动"，构建衔接"五大振兴体系"。坚持守住底线，产业主导，收入为先，夯实基础，补齐短板，有效推动脱贫攻坚政策举措和工作体系逐步向乡村振兴平稳过渡。围绕新疆南疆四地州乡村优势特色产业发展、就业稳岗增收、基础设施提档升级、公共服务均等化、人居环境治理、村级集体经济壮大、人才支撑、内生动力激发等重点领域，全力做好巩固脱贫攻坚成果同乡村振兴有效衔接，因地制宜，分类指导新疆南疆四地州各地州、各县市全面转向乡村振兴。

12.7.1　扎实推进巩固脱贫成果同乡村振兴"八大衔接"

在巩固拓展脱贫攻坚成果推进中注重与乡村振兴战略，在认识、观念、规划、措施、政策、产业、机制、体制八个方面加强与乡村振兴的有效衔接，畅通巩固脱贫攻坚成果与乡村振兴衔接工作机制，将脱贫攻坚好的经验做法延伸、借鉴运用到新疆南疆四地州贫困地区的乡村振兴实施中，推动减贫战略和工作体系平稳转型，逐步实现由集中资源支持脱贫攻坚向全面推进乡村振兴平稳过渡[95]，推动巩固拓展脱贫攻坚成果与乡村振兴深度融合、互促共进。

（1）做好认识上有效衔接。做好两者有效衔接的前提在于思想认识到位，无论是贫困治理还是乡村振兴，主体都是农民，坚持人民主体地位，积极调动农民的积极性，切实改善和保障民生，增强农村居民的获得感、幸福感和安全感。

（2）做好观念上有效衔接。两者本质上都是为了使人民群众过上美好幸福生活，都是为了维护人民群众根本利益、促进人民共同富裕，做到发展为了人民，发展依靠人民，发展成果由人民共享。

（3）做好规划上有效衔接。两者在顶层设计上，做到一张蓝图绘到底，统筹谋划拓展巩固脱贫攻坚成果与乡村振兴工作，遵循乡村建设规律，科学规划，通盘考虑，建立健全城乡融合、区域一体、多规合一的规划体系。做到县市有项目库、乡有路线图、村有施工图、户有明白卡，确保乡村振兴战略落地落实。

（4）做好措施上有效衔接。两者在具体实施的措施上应清晰明确制定符合新疆南疆四地州发展实际的短期过渡计划和步骤，将巩固脱贫攻坚成果中需进一步拓展升级的扶贫产业、形成的扶贫资产、正在重点开展的人居环境整治等项目措施，及时纳入当地乡村振兴规划或实施方案[96]。

（5）做好政策上有效衔接。将脱贫攻坚的区域性、特殊性、阶段性政策转化为乡村振兴全域性、普惠性、长期性政策的内容和条件，做好精准脱贫政策衔接优化调整，对现有帮扶政策逐项分类确定需取消、接续、完善的政策，进一步研究现行倾斜性支持政策的延续时限及过渡方法。

（6）做好产业上有效衔接。结合乡村振兴产业发展目标，将现有扶贫产业纳入产业振兴考虑，由原先对贫困户的产业扶贫转到支持县域内主导产业、优势产业发展上，培育一批抗风险强、附加值高、竞争力强的富民产业，进一步发展壮大新疆南疆四地州特色乡村产业、延伸全产业链条，推动产业扶贫向产业振兴转变，稳定促进农业增效、农民增收。

（7）做好机制上有效衔接。沿用"中央统筹、自治区负总责、地县乡抓落实"的工作机制，将横向到边、纵向到底、各负其责的责任、政策、工作、投入、社会动员、帮扶、监督、考核评估等八大体系推广运用到乡村振兴中，建立脱贫攻坚与乡村振兴有机衔接的决策议事机制、统筹协调机制、项目推进机制、事项跟踪办理机制[97]。

（8）做好体制上有效衔接。严格落实党的领导制度，将五级书记抓脱贫的联动机制转向五级书记抓乡村振兴平稳过渡，将驻村第一书记和驻村工作队在脱贫攻坚中已形成的机制、模式和制度向实施乡村振兴平稳过渡；借鉴精准扶贫"定责任、定政策、定计划、定资金、定考核"的经验做法，建立健全"年初下达任务、年中督查督导、年底集中考核"的乡村振兴考核评价体系。

12.7.2 加强工作体系平稳有序过渡

（1）明确工作体系"四个转变"。突出工作侧重由贫困村、贫困人口向所有村和全部农村人口转变、工作目标由稳定脱贫向增收致富转变、基础设施建设由补齐短板向全面提升转变、工作推进由阶段性向长期性转变"四个转变"。

（2）建立工作体系平稳过渡机制。建立脱贫攻坚与乡村振兴有机衔接的统筹协调机制；继续坚持各级党政主要领导负主责，重点发挥好统筹谋划、决策部署、沟通协调和检查指导等作用，其他班子成员各司其职、各负其责，继续压实"访惠聚"驻村工作队、第一书记、村"两委"班子、扶贫专干的具体责任，形成统筹推进、无缝衔接、协调联动、齐抓共管的工作格局，确保巩固拓展脱贫攻坚成果、乡村振兴任务纵向到底。

（3）推动设立乡村振兴有效衔接示范县、示范村。根据新疆南疆四地州各县（市）、乡镇、村实际情况，在新疆南疆四地州深度贫困地区因地制宜、高起点定位、高标准建设、高水平选择打造一批重点帮扶示范县、示范村，分类全面推进同乡村振兴的有效衔接；重点在发展壮大乡村特色产业、补齐基础设施和公共服务短板、强化乡村人居环境治理，壮大村级集体经济、加强乡村人才队伍建设，提升村级治理能力和乡风文明等方面给予重点支持，全面接续推进乡村振兴。

12.7.3 实施乡村特色优势产业壮大行动

发展产业是实现脱贫的根本之策，产业兴旺是乡村振兴的物质基础。尊重市场规律和产业发展规律，立足新疆南疆四地州各县（市）优势特色资源，以县（市）为单位规划发展乡村特色优势产业。

在特色上做文章，培育和发展优势主导产业，实施产业兴县强村培育工程，优化农业区域布局，因地制宜发展多样化优势特色种养业、林果业、手工业等乡土产业，统筹发展农产品初加工、精深加工和综合利用加工，建设一批标准化生产基地，着力打造乡村优势特色产业带，带动农民实现稳定增收。

在市场上下功夫，强化产业发展、市场营销中的互联网思维，形成供需无缝对接的产品销售；以疆内、国内、周边国家市场为重点，统筹供销合作力量，健全产销衔接机制，全方位拓展特色农产品营销渠道，实现农产品流通企业、电商与市场、农户的精准对接，构建起"农产品基地供应—净加工商品化处理—保鲜储藏集散—冷链物流运输—产品销售"营销体系。

在品牌上想办法，按照"一标一品一产业"思路，以新疆南疆四地州各县域优势特色产业产品为重点，以具有独特地域、品质和民族历史文化的地理标志农产品为基础，注重品牌引领，推进绿色兴农、品牌强农，加大产品创新和品牌推介，培育农产品区域公用品牌和知名加工产品品牌，创响一批乡村特色知名品牌，提升品牌溢价，扩大市场影响力。

在融合上出成效，大力发展休闲农业、乡村旅游、民居民俗、康养基地等新兴产业，延长农业产业链价值链，有效提升乡村产业发展的综合效益，促进农牧民增收致富，切实筑牢乡村振兴的产业根基。

12.7.4 实施乡村建设行动

（1）实施乡村基础设施提升工程。坚持查遗补漏、缺项补项、完善提高，以实施乡村建设行动为契机，做好基础设施和公共服务设施的提升衔接，实施乡村提升工程，持续改善乡村道路、电力、通讯、农田水利、宽带等生产生活条件，持续改善乡村义务教育办学条件和医疗卫生设施，进一步巩固拓展脱贫攻坚成果，促进乡村基础设施更趋完善、公共服务更加到位，不断夯实新疆南疆四地州乡村振兴基础条件。参照以工代赈模式，加大相对新疆南疆四地州的道路、电力、水利、网络、污水处理、垃圾处理等项目建设，为脱贫人口持续增收创造基础和发展条件。加快推动农村公路提档升级，强化农村公路与干线公路、村内道路衔接，推进乡村道路联网，继续实施"农村畅通富民工程"，全面推进"四好农村路"建设，实施农村公路"通村入组工程"，推动通村组硬化路建设。巩固提升农村饮水安全，重点解决边远农牧区和分散农户安全饮水问题，不断提升乡村自来水普及率、供水保证率、水质达标率。实施数字乡村战略，加强乡村信息通信基础设施建设，加快农村地区宽带网络覆盖，鼓励基础电信企业针对乡村出台更优惠的资费方案。积极开展远程教育、医疗、科技、文化等服务，建设信息进村入户平台，提升对农村市场、"三农"政策、消费、电商、生产生活等信息服务，改善农民生产生活品质。

（2）实施乡村公共服务提升工程。以实现新疆南疆四地州城乡基本公共服务均等化为目标，除需坚持补短板弱项之外，仍需更加注重普惠性、兜底性、基础性民生政策的实施，进一步完善城乡教育、医疗卫生等公共服务体系，合理布局村级公共服务设施，完善相关配套设施和设备，增强服务功能，提高公共服务水平。加快推动新疆南疆四地州公共服务设施建设，推动公共服务设施向乡村延伸，加大优质教育资源、医疗资源等服务向乡村延伸，健全全民覆盖、普惠共享、城乡一体的基本公共服务体系。优先发展农村教育事业，提高农村学前教育和义务教育普及率；加大幼儿教师培养力度，拓展幼教补充渠道，加快补齐幼教缺口。实施健康乡村建设，加强对乡镇卫生院、村卫生室、乡村计划生育服务站设施设备的配备，积极开展远程诊疗，优化基层卫生资源配置，推进基本公共卫生服务均等化，切实提高农村医疗卫生服务水平，确保小病不出村。

12.7.5　实施乡村人才支撑强化行动

把乡村人才队伍建设放在工作的首要位置，畅通智力、技术、管理下乡通道，全面建立农村人才培养制度，做好扶贫队伍向乡村振兴转变，全面建立农村专业人才培养制度，大力培育高素质职业农民，造就更多乡土人才，保障乡村振兴工作推进中的智力人才支撑。

（1）做好扶贫队伍向乡村振兴转变。将扶贫第一书记、"访惠聚"驻村工作队、扶贫专干等在脱贫攻坚工作中已形成的机制体制和模式，接续用于推进乡村振兴工作，做到"队伍不散、力度不减、作风不变"。探索建立"各级领导挂包乡村振兴示范村，向乡村振兴重点帮扶村选派第一书记，向重点帮扶乡镇选派专业性强的乡村振兴工作队"等工作机制。

（2）实施高素质农民培育工程。大力培养高素质农民队伍，深入实施现代农民培育计划，优先支持有条件乡镇或村建立实用人才培训基地，采取校企结合、打工与培训结合模式，开展高素质农民培训实训。

（3）实施新型农业经营主体带头人培育行动。建立农民合作社带头人人才库，深入推进家庭农场经营者培育行动，加强对农业经营主体带头人的项目支持、生产指导、质量管理和对接市场等服务；鼓励退役军人、高校毕业生、科技人员、农村实用人才等创办领办家庭农场、农民合作社，培养造就一批带动群众脱贫致富的农村实用人才、技能人才。

（4）实施农村创业创新带头人培育行动。充分利用乡愁乡情，引导有资金积累、技术专长、市场信息和经营头脑的返乡农民工在农村创新创业，重点发展新疆南疆四地州特色种植养殖业、特色农产品加工业、乡村旅游业以及劳动密集型制造业等，吸纳更多农牧民就地就近就业。引导大中专毕业生、退役军人、科技人员等入乡创业，带动更多农牧民学技术、闯市场、创品牌；不断改善农村创业创新生态，加快建设农村创业创新孵化实训基地，培育一批扎根乡村、带动农牧民的农村创新创业带头人。

（5）实施乡村能工巧匠培育行动。挖掘"田秀才""土专家""乡创客"等乡土人才，以及乡村工匠、文化能人、手工艺人等能工巧匠，支持创办家庭工场、手工作坊、乡村车间，创响"乡字号""土字号"乡土特色产品，带动农牧民就业增收；支持鼓励传统技艺人才创办特色企业，带动发展乡村特色手工业。

（6）实施乡村新乡贤培育集聚工程。加强农村新乡贤队伍建设，吸引企业家、科技人员、乡贤等回乡投资兴业；鼓励支持党政机关事业单位离退休人员，如退休医生、教师、规划师、建筑师、律师等人才下乡返乡发挥余热；鼓励公职人员回乡建设乡村，支持援疆人才队伍长期服务乡村，引导工商资本回流乡村。

12.7.6 实施生态宜居乡村整治行动

以美丽乡村建设提升乡村生态宜居水平，在推进巩固新疆南疆四地州脱贫攻坚成果与乡村振兴过程中应充分考虑生态环境因素，实施农村人居环境整治提升五年行动，促进区域绿色发展。

（1）持续加大乡村生态环境保护。加强土壤污染、地下水超采、水土流失等治理和修复。推进化肥、农药使用量负增长，强化土壤污染管控与修复。稳步推进退耕还林还草，科学制定退耕范围，确保农户退耕成果巩固。全面加强草地生态系统保护，落实草原生态保护补助奖励政策，对现有退化草地、沙化土地进行全面治理与生态修复。严格落实水资源管理"三条红线"控制目标，有序实施退地减水工程，建立健全生态用水制度，坚决遏制因地下水水位下降等导致森林、草原、湿地生态退化问题。

（2）加强农村污染治理。发展生态循环农业，加强农业面源污染防治，推进畜禽粪污、秸秆、农膜等农业废弃物资源化利用，实施农田废旧地膜污染治理工程，限制超薄地膜使用，严禁生产和使用厚度 0.01mm 以下地膜。完善地膜回收补贴制度，开展可降解地膜应用试验示范，多措并举推进废旧地膜回收再利用。加强农药包装废弃物回收处理，按照废弃物大小、材料性质差异，设置相应补偿金额或"以废换物"回收机制，鼓励农民自觉进行农药包装分类回收。

（3）推动乡村产业生态化。严格乡村产业环境准入，建立乡村产业环境准入负面清单，推进农业"投入品减量化、生产清洁化、废弃物资源化、产业模式生态化"，调整优化农业结构，注重生产绿色食品、有机农产品，增加绿色优质农产品供给。支持新疆南疆四地州农产品加工园区循环化改造，推进清洁生产和节能减排。

（4）推进乡村生态产业化。依托新疆南疆四地州乡村特色人文、生态资源等优势，大力发展乡村生态旅游，鼓励支持将生态涵养与休闲观光旅游、文化体验、健康养老等产业融合，建设一批乡村生态经济发展示范项目。

12.7.7 实施文化润疆行动

以"文化润疆"为引领，加大农村社会主义文化建设，弘扬和践行社会主义核心价值观，加强农村思想道德建设；强化农村移风易俗，消除各类陈规陋习，普及科学知识，加强农民群众"精神帮扶"，着力激发农民群众内生发展动力，激励和引导脱贫群众靠自己努力过上更好生活，全面提高新疆南疆四地州乡村文明程度。

（1）加强农村思想道德建设。加强基层宣传思想文化工作，充分利用农牧民夜校、道德讲堂、基层宣教大会、国旗下宣讲、远程教育等平台，广泛开展习近平新时代中国特色社会主义思想宣传教育，持续开展好中国特色社会主义和中国梦宣传教育，深入开展新疆历史教育，切实增强农民群众对伟大祖国、中华民族、中华文化、中国共产党和中国特色社会主义的认同。深入开展发声亮剑，持续推进"去极端化"，坚决遏制宗教极端思想渗透蔓延加剧。通过广播电视"村村通""户户通"平台，用好乡村大喇叭，宣传好国家政策，把党的声音传到千家万户。

（2）推动农村公共文化设施建设。深入实施文化惠民工程，持续推进文化扶贫，全面推进新疆南疆四地州乡镇文化站、村级综合性服务中心改造提升，巩固提升农村文化阵地。支持新疆南疆四地州各族群众自办文化，扶持有民族特色的文化大院、文化中心户、农民书社、农民演艺团体等群众文化组织，努力形成"一县一特色""一乡一品牌""一村一团队"发展格局。继续实施东风工程、广播电视"户户通"、农村电影放映、"万村千乡文化产品惠民行动"、连环画（口袋书）进村入户、新疆农民报、"新疆民族文学原创和民汉互译作品工程"，以及"'四个一批'文化惠民"和"政府购买演出送戏下乡"等文化惠民工程。积极推动新疆南疆四地州少数民族传统体育发展，扶持秋千、民族式摔跤等民族民俗民间传统运动项目。

（3）增加农村公共文化产品供给。持续开展文艺下乡活动，引导县城文化团体到农村拓展文化服务，挖掘和培养乡土文化能人、民族民间文化传承人，创作推出一批具有浓郁乡村特色、充满正能量、深受农民群众欢迎的文艺作品，广泛开展农民群众乐于参与的群众性文化体育活动。继续做好"文艺助力脱贫攻坚"工作，以州、县（市）、乡（镇）、村各级组织等责任单位和广大文艺工作者深入脱贫攻坚一线创作精品力作。广泛开展送文化下基层活动，开展图书、展览、戏曲、电影四下乡，持续举办乡村百日文体竞赛活动、农村公益电影、元宵节社火、农牧区会演等形式多样且群众喜闻乐见的活动，不断满足农牧民群众精神文化需要。充分发挥农村文化体育活动场所作用，大力开展丰富多彩、农民喜闻乐见的文化体育活动，使文化产品和服务广泛进入脱贫户和农牧民群众的生活中，促进精神脱贫、思想脱贫。

12.7.8 实施乡村治理现代化提升行动

把夯实基层治理基础作为固本之策，坚持自治、法治、德治相结合，加快构建党组织领导的乡村治理体系，创新乡村治理方式，提高乡村善治水平，为巩固新疆南疆四地州脱贫攻坚成果，全面推进乡村振兴提供坚实的组织保障。

（1）加快构建党组织领导的乡村治理体系。坚持党组织的统一领导，强化基层党组织的核心领导，持续抓好软弱涣散农村基层党组织整顿，大力推进村党组织书记通过法定程序担任村民委员会主任和集体经济组织、农民合作组织负责人。完善村级事务管理领导机制，落实村级小微权利清单。加强基层党员队伍建设，重点从优秀青年、妇女、致富能人、外出务工经商人员中发展党员，不断壮大农牧民党员队伍。建设坚强基层党支部，认真开展"三会一课"、组织生活会、民主评议党员等活动，确保组织生活经常化、党员教育常态化、支部主体作用长效化。

（2）健全完善基层党建促脱贫、促振兴工作机制。将"访惠聚"驻村工作、开展"民族团结一家亲"活动与巩固脱贫攻坚成果、乡村振兴紧密结合起来，健全完善基层党建促脱贫、促振兴工作机制。建立健全人才向重点村、艰苦岗位、巩固脱贫一线流动的激励机制，积极选派"三支一扶"、乡镇站所干部、科技特派员等人员充实到重点乡村领导班子。鼓励教育、科技、文化、卫生、法律、金融等行业人员到重点村工作服务，切实选优配强重点乡镇、村领导班子，做到人力保障到位。坚持资金和政策向基层一线倾斜，不断发展壮大村级集体经济，让基层有钱、有能力为群众办实事，进一步提高基层党组织服务群众、带领群众致富的能力。加强农村党组织带头人和致富带头人队伍建设，把党员培养成致富能手、把致富能手发展成党员，通过党带群、强带弱、富带贫，进一步增强基层党组织的凝聚力和向心力。

（3）深入推进平安乡村建设。健全完善群众群治、联防联控工作机制，加强群众性治安信息员、综治协管员、民兵等群防群治队伍建设，广泛动员农村"四老人员"、治安积极分子参与平安乡村建设工作，完善农村公共安全体系。实施雪亮工程，依法打击农村非法宗教活动，持续开展农村安全隐患治理，坚决遏制重特大安全事故；开展农村高利贷专项治理，打击放高利贷者、化解高利贷存量，防止农牧民因高利贷返贫致贫。加强农村矛盾纠纷多元化解；落实"4+1"帮教安置责任制，做好刑满释放人员的帮扶安置教育工作。深入开展"平安村""平安校园"和"平安家庭"等系列创建活动。

（4）完善自治法治德治乡村治理体系。完善村党组织领导下的村民自治机制，健全村民会议、村民代表会议制度，落实村级重大事项"四议两公开"议事决策机制，对村级重大事务和涉及村民利益的重大事项进行决策、实施，发动群众参与微治理、微建设、微服务，形成民事民议、民事民办、民事民管的多层次基层协商格局；制定完善村规民约，将倡导勤劳致富、移风易俗和整治懒汉思想、陈规陋习等纳入村规民约内容，引导群众增强自我管理能力；扎实开展"法治进乡村"普法教育，加大乡村法治宣传教育，学习借鉴新时代"枫桥经验"，持续推进平安乡村、法治乡村建设；推进宣讲家训家风、发展乡贤文化、创建文明村组等乡风文明培育行动；广泛开展最美乡村教师、医生、村官、家庭，以及"好媳妇""好儿女""好公婆"等评选表彰活动；探索在每个村设立公民道德建设基金，培育树立一批向上向善的道德模范。

12.8 本章小结

本章主要针对新疆南疆四地州精准扶贫中存在的问题，以及2020年后新疆南疆四地州已从解决绝对贫困问题进入巩固拓展脱贫攻坚成果、全面推进乡村振兴的新阶段，提出对策建议，包括加强对易返贫和新致贫人群的动态监测、建立健全巩固脱贫成果监测评估体系，完善巩固脱贫成果大数据信息平台，加强精准脱贫政策的优化调整，强化基层干部人才队伍建设，巩固拓展新疆南疆四地州区域脱贫攻坚成果，全力做好巩固脱贫攻坚成果同乡村振兴有效衔接等等。

参考文献

[1] 王碧玉. 中国农村反贫困问题研究 [D]. 哈尔滨：东北林业大学，2006.

[2] Tollefson Jeff. Can randomized trials eliminate global poverty？ [J]. Nature，2015，524(7564)：150-153.

[3] 王冰，余国新，苏武峥. 浅析南疆三地州扶贫开发历程 [J]. 安徽农业科学，2019，47(8)：251-254+258.

[4] Nurkse，Ragner. Problems of Capital Formation in Underdeveloped Countries [J]. Souhern Economic Journd，1954，20（4）：408.

[5] 董春宇，栾敬东，谢彪. 对返贫现象的一个分析. 经济问题探索，2008(3)：176-178.

[6]Nelson R.A Theory of the Low-Level Equilibrium Trap in Underdeveloped Economies [J] American Economic Review，1956(46)，894-908.

[7] 丁军，陈标平. 构建可持续扶贫模式治理农村返贫顽疾 [J]. 社会科学，2010(1)：52-57+188.

[8] 郭志杰，方兴来，杨世枚，等. 对返贫现象的社会学考察. 中国农村经济，1990 (4)：54-58.

[9] 马绍东，万仁泽. 多维贫困视角下民族地区返贫成因及对策研究 [J]. 贵州民族研究，2018，39(11)：45-50.

[10] Sen，Amartya. Poverty：An Ordinal Approach to Measurement [J]. Econometric Society. 1976，44(2)：219-231.

[11] 凌国顺，夏静. 返贫成因和反贫困对策探析 [J]. 云南社会科学，1999(5)：33-38.

[12] 庄天慧，张海霞，傅新红. 少数民族地区村级发展环境对贫困人口返贫的影响分析——基于四川、贵州、重庆少数民族地区 67 个村的调查 [J]. 农业技术经济，2011(2)：41-49.

[13] 邓大松，张晴晴. 农村贫困地区返贫成因及对策探析 [J]. 决策与信息，2020(6)：46-51.

[14] 黄承伟. 中国农村反贫困的实践与思考 [M]. 北京：中国财政经济出版社，2004.

[15] 包国宪，杨瑚. 我国返贫问题及其预警机制研究 [J]. 兰州大学学报（社会科学版），2018，46(6)：123-130.

[16] 李含琳. 甘肃省中部干旱地区返贫现象和反贫困战略研究. 农业经济问题，1993，14(6)：35-40.

[17] 杨婵娟. 脱贫户返贫的影响因素与防治对策 [J]. 特区经济，2021(8)：140-142.

[18] 郑瑞强，曹国庆. 脱贫人口返贫：影响因素、作用机制与风险控制 [J]. 农林经济管理学报，2016，15(6)：619-624.

[19] 李长亮. 深度贫困地区贫困人口返贫因素研究 [J]. 西北民族研究，2019(3)：109-115.

[20] 耿新. 民族地区返贫风险与返贫人口的影响因素分析 [J]. 云南民族大学学报（哲学社会科学版），2020，37(5)：68-75.

[21] 李春根，陈文美，邹亚东. 深度贫困地区的深度贫困：致贫机理与治理路径 [J]. 山东社会科学，2019(4)：69-73+98.

[22] 萧鸣政，张睿超. 中国后扶贫时代中的返贫风险控制策略——基于风险源分析与人力资源开发视角 [J]. 中共中央党校（国家行政学院）学报，2021，25(2)：58-65.

[23] 章文光，吴义熔，宫钰. 建档立卡贫困户的返贫风险预测及返贫原因分析——基于 2019 年 25 省（区、市）建档立卡实地监测调研数据 [J]. 改革，2020(12)：110-120.

[24] 汪三贵. 中国 40 年大规模减贫：推动力量与制度基础 [J]. 高等学校文科学术文摘 2019（1）：118-119.

[25] Esperanza Vera-Toscano, Mark Shuckingmith, David L. Brown. Poverty dynamics in Rural Britain 1991 - 2008：Did Labour's social policy reforms make a difference？[J]. Journal of Rural Studies, 2020（75）：216-228.

[26] 肖泽平，王志章．脱贫攻坚返贫家户的基本特征及其政策应对研究——基于 12 省（区）22 县的数据分析 [J]．云南民族大学学报（哲学社会科学版），2020，37(1)：81-89．

[27]Hunt, Robert. Reducing global poverty: the case for asset accumulation[J]. Community Development, 2012, 43(5):679-681.

[28] 李俊杰，耿新．民族地区深度贫困现状及治理路径研究——以"三区三州"为例 [J]．民族研究，2018(1)：47-57+124．

[29] 蒋和胜，李小瑜，田永．阻断返贫的长效机制研究 [J]．吉林大学社会科学学报，2020，60(6)：24-34+231-232．

[30] 魏后凯，邬晓霞．中国的反贫困政策：评价与展望 [J]．上海行政学院学报，2009，10(2)：56-68．

[31] 崔赢一．精准扶贫背景下的基层政府瞄准识别机制研究 [D]．郑州：郑州大学，2016．

[32] 郑宝华，蒋京梅．建立需求响应机制 提高扶贫的精准度 [J]．云南社会科学，2015(6)：90-96．

[33] 刘流．民族地区农村扶贫瞄准问题研究——基于贵州省民族地区乡级扶贫瞄准绩效的分析 [J]．贵州民族研究，2010，31(4)：118-123．

[34] 李棉管．技术难题、政治过程与文化结果——"瞄准偏差"的三种研究视角及其对中国"精准扶贫"的启示 [J]．社会学研究，2017，32(1)：217-241+246．

[35] 李小云，张雪梅，唐丽霞，等．中国财政扶贫资金的瞄准与偏离 [M]．北京：社会科学文献出版社，2006

[36] 左停，杨雨鑫，钟玲．精准扶贫：技术靶向、理论解析和现实挑战 [J]．贵州社会科学，2015(8)：156-162．

[37] 汪三贵，王姮，王萍萍．中国农村贫困家庭的识别 [J]．农业技术经济，2007(1)：20-31．

[38] 马小勇，吴晓．农村地区的扶贫更精准了吗？——基于 CFPS 数据的经验研究 [J]．财政研究，2019(1)：61-73．

[39] 高鸿宾．关于中国的扶贫开发 [J]．中国贫困地区，2000(6)：6-10．

[40] 许源源．中国农村扶贫瞄准问题研究 [D]．中山：中山大学，2006

[41]Patrick S. Ward. Transient Poverty, Poverty Dynamics, and Vulnerability to Poverty：An Empirical Analysis Using a Balanced Panel from Rural China[J]. World Development, 2016（78）：541-553.

[42] 韩华为, 高琴. 中国农村低保制度的瞄准精度和减贫效果——基于 2013—2018 年 CHIP 数据的实证分析 [J]. 公共管理学报, 2021 (4): 78-92+171.

[43] 张召华, 王昕, 罗宇溪. "精准" 抑或 "错位": 社会保障 "扶贫" 与 "防贫" 的瞄准效果识别 [J]. 财贸研究, 2019, 30(5): 38-47.

[44] 郭佩霞. 经济社会学视野: 少数民族贫困的研究方法与重心建构 [J]. 贵州社会科学, 2008(9)73-76.

[45] 朱梦冰, 李实. 精准扶贫重在精准识别贫困人口——农村低保政策的瞄准效果分析 [J]. 中国社会科学, 2017(9): 90-112+207.

[46] 许源源, 江胜珍. 扶贫瞄准问题研究综述 [J]. 生产力研究, 2008(17): 158-160.

[47] 刘娜, 李海金. 权力运作视野下贫困瞄准偏离与优化研究 [J]. 广西大学学报(哲学社会科学版), 2018, 40(6): 26-31.

[48] 叶初升, 邹欣. 扶贫瞄准的绩效评估与机制设计 [J]. 华南农业大学学报(社会科学版), 2012(1): 63-69.

[49] 郭韦杉, 李国平, 李治. 建档立卡贫困人口瞄准与偏离研究 [J]. 农业经济问题, 2021(4): 71-82.

[50] 周扬, 郭远智, 刘彦随. 中国县域贫困综合测度及 2020 年后减贫瞄准 [J]. 地理学报, 2018, 73(8): 1478-1493.

[51] 刘彦随, 曹智. 精准扶贫供给侧结构及其改革策略 [J]. 中国科学院院刊, 2017, 32(10): 1066-1073.

[52] 刘成良. 2020 年后国家贫困瞄准能力建设研究 [J]. 农业经济问题, 2021(6): 132-144.

[53] 吴雄周, 丁建军. 精准扶贫: 单维瞄准向多维瞄准的嬗变——兼析湘西州十八洞村扶贫调查 [J]. 湖南社会科学, 2015(6): 162-166.

[54] Shenggen Fan, Peter Hazell, Sukhadeo Thorat. Government Spending, Growth and Poverty in Rural India[J]. American Journal of Agricultural Economics, 2000, 82 (4): 1038-1051.

[55] 帅传敏, 梁尚昆, 刘松. 国家扶贫开发重点县投入绩效的实证分析 [J]. 经济问题, 2008(6): 84-86.

[56] 曾志红. 我国农村扶贫资金效率研究 [D]. 长沙: 湖南农业大学, 2014.

[57] Piazza J A. Poverty, minority economic discrimination, and domestic terrorism [J]. Journal of Peace Research, 2011, 48(3): 339-353.

[58] 李实，詹鹏，杨灿．中国农村公共转移收入的减贫效果 [J].中国农业大学学报（社会科学版），2016，33(5)：71-80.

[59] 陈国强，罗楚亮，吴世艳．公共转移支付的减贫效应估计——收入贫困还是多维贫困？[J].数量经济技术经济研究，2018，35(5)：59-76.

[60] Paul Makdissi, Quentin Wodon. Measuring Poverty Reduction and Targeting Performance Under Multiple Government Programs[J]. Review of Development Economics，2004，8(4)：573-582.

[61] 张新文，吴德江．新时期农村扶贫中的政府行为探讨 [J].郑州航空工业管理学院学报，2011(5)：12-20.

[62]Jane Pearce. Living on the edge. Rethinking poverty, social class and schooling[J]. Journal of Educational Administration and History，2015，48(1)：1-2.

[63] 李绍平，李帆，董永庆．集中连片特困地区减贫政策效应评估：基于 PSM-DID 方法的检验 [J].改革，2018(12)：142-155.

[64] 张全红，李博，周强．中国多维贫困的动态测算、结构分解与精准扶贫 [J].财经研究，2017，43(4)：31-40+81.

[65] 张伟宾，汪三贵．扶贫政策、收入分配与中国农村减贫 [J].农业经济问题，2013，34(2)：66-75+111.

[66] 杨超．中国精准扶贫政策及财政支出的减贫效应评估 [J].统计与决策，2021，37(16)：19-23.

[67] 江帆，吴海涛．扶贫开发重点县政策的减贫效应评估——基于拟自然实验方法的分析 [J].现代经济探讨，2017(11)：111-117.

[68] 齐良书．新型农村合作医疗的减贫、增收和再分配效果研究 [J].数量经济技术经济研究，2011，28(8)：35-52.

[69] 黄薇．医保政策精准扶贫效果研究——基于 URBMI 试点评估入户调查数据 [J].经济研究，2017，52(9)：117-132.

[70] 鲍震宇，赵元凤．农村居民医疗保险的反贫困效果研究——基于 PSM 的实证分析 [J].江西财经大学学报，2018(1)：90-105.

[71] Labar K ,Bresson F . A multidimensional analysis of poverty in China from 1991 to 2006[J]. China Economic Review, 2011, 22(4):646-668.

[72] 王志章，韩佳丽．贫困地区多元化精准扶贫政策能够有效减贫吗？ [J].中国软科学，2017(12)：11-20.

[73] 尹志超，郭沛瑶．精准扶贫政策效果评估——家庭消费视角下的实证研究 [J].

管理世界，2021，37(4)：64-83.

[74] 刘祖军，王晶，王磊.精准扶贫政策实施的农民增收效应分析 [J].兰州大学学报 (社会科学版)，2018，46(5)：63-72.

[75] 郤曼，付文林，范燕丽.财政依赖与地区减贫增收——基于国家级贫困县面板数据的实证研究 [J].财政研究，2021(7)：66-79.

[76] 王立勇，许明.中国精准扶贫政策的减贫效应研究：来自准自然实验的经验证据 [J].统计研究，2019，36(12)：15-26.

[77] 韩丰骏，樊东鑫，郭亚军，等.精准扶贫政策对贫困农户家庭收入的影响——基于 PSM-DID 方法的实证研究 [J].农业与技术，2020，40(19)：151-154.

[78] 李明月，陈凯.精准扶贫对提升农户生计的效果评价 [J].华南农业大学学报 (社会科学版)，2020，19(1)：10-20.

[79] 沈宏亮，张佳.精准扶贫政策对建档立卡户收入增长的影响 [J].改革，2019(12)：87-103.

[80] 余兵皓，吴明凯.精准扶贫的过程与绩效探讨 [J].广西质量监督导报，2019(2)：22.

[81] 李芳华，张阳阳，郑新业.精准扶贫政策效果评估——基于贫困人口微观追踪数据 [J].经济研究，2020，55(8)：171-187.

[82] 刘钊，王作功.基于双重差分模型的精准扶贫政策评估与长效性研究——来自中国家庭追踪调查（CFPS）的证据 [J].江淮论坛，2020(3)：12-17.

[83] 徐爱燕，沈坤荣.财政支出减贫的收入效应——基于中国农村地区的分析 [J].财经科学，2017(1)：116-122.

[84] 蔡进，禹洋春，邱继勤.国家精准扶贫政策对贫困农户脱贫增收的效果评价——基于双重差分模型的检验 [J].人文地理，2019，34(2)：90-96.

[85] 易爱军，崔红志.影响农民对精准扶贫政策成效评价的因素分析——兼论农村的扶贫现状 [J].兰州大学学报 (社会科学版)，2018，46(4)：36-43.

[86] 钱力，倪修凤.贫困人口扶贫政策获得感评价与提升路径研究——以马斯洛需求层次理论为视角 [J].人文地理，2020，35(6)：106-114.

[87]Ren Zhoupeng, GE Yong, WANG Jinfen, et al. Understanding the inconsistent relationships between socioeconomic factors and poverty incidence across contiguous poverty-stricken regions in China：Multilevel modelling[J]. Spatial Statistics, 2017, （21）：406-420.

[88] 燕继荣.反贫困与国家治理——中国"脱贫攻坚"的创新意义 [J].管理世界，

2020，36(4)：209-220.

[89] 张琦，史志乐. 我国农村贫困退出机制研究 [J]. 中国科学院院刊，2016(3)：136-142.

[90] 李延. 精准扶贫绩效考核机制的现实与应对 [J]. 青海社会科学，2016(3)：25-34.

[91] 李侑峰. 试论精准扶贫监测与评估体系的构建 [J]. 齐齐哈尔大学学报（哲学社会科学版），2016(10)：12-20.

[92] 莫光辉，凌晨. 政府职能转变视角下的精准扶贫绩效提升机制建构 [J]. 理论导刊，2016(8)：17-32.

[93] 侯莎莎. 精准视阈下的贫困户脱贫绩效评估 [J]. 甘肃社会科学，2017(2)：10-19.

[94] 殷丽梅，杨紫锐. 公共价值导向的精准扶贫绩效评价研究——基于恩施州少数民族贫困地区的实证 [J]. 重庆工商大学学报（社会科学版），2018，35(4)：45-51.

[95] 马良灿，哈洪颖. 项目扶贫的基层遭遇：结构化困境与治理图景 [J]. 中国农村观察，2017(1)：2-13+140.

[96] 仲伟东，尹成远. 扶贫攻坚期精准扶贫绩效评估研究 [J]. 河北金融，2020(11)：17-23+32.

[97] 康江江，宁越敏，魏也华，等. 中国集中连片特困地区农民收入的时空演变及影响因素 [J]. 中国人口·资源与环境，2017，27(11)：86-94.

[98] 张曦. 连片贫困地区参与式扶贫绩效评价 [D]. 湘潭：湘潭大学，2013.

[99] 邢慧斌，刘冉冉. 集中连片特困区教育精准扶贫绩效的空间差异研究——以燕山—太行山区 8 个连片特困县为例 [J]. 教育与经济，2019(1)：7-15.

[100] 刘裕，王璇. 贫困地区贫困人口对精准扶贫满意度及影响因素实证研究 [J]. 经济问题，2018(8)：98-103.

[101] 张大维. 生计资本视角下连片特困区的现状与治理——以集中连片特困地区武陵山区为对象 [J]. 华中师范大学学报(人文社会科学版)，2011，50(4)：16-23.

[102] 孙久文，张静，李承璋，等. 我国集中连片特困地区的战略判断与发展建议 [J]. 管理世界，2019，35(10)：150-159+185.

[103] 张琦，陈伟伟. 连片特困地区扶贫开发成效多维动态评价分析研究——基于灰色关联分析法角度 [J]. 云南民族大学学报（哲学社会科学版），2015，32(1)：

136–142.

[104] 宋俊秀，钱力，倪修凤．动态三支决策视角下连片特困地区多维贫困治理研究 [J]．软科学，2019，33(10)：131–138.

[105] 钱力，倪修凤，宋俊秀．计划行为理论视角下连片特困地区扶贫绩效评价及影响因素研究——基于大别山片区的实证分析 [J].财贸研究，2020，31(5)：39–51.

[106] 曹雨暄．连片特困区扶贫政策效应评估 [J].南方农村，2020，36(5)：49–55.

[107] 伍琴．公共投资对集中连片特困地区的扶贫机制研究——以赣南原中央苏区为例 [J].江西社会科学，2014，34(9)：69–74.

[108] 张国建，佟孟华，李慧，等．扶贫改革试验区的经济增长效应及政策有效性评估 [J].中国工业经济，2019(8)：136–154.

[109] 刘晓红．教育扶贫的产出效应研究 [J].西南民族大学学报 (人文社科版)，2019，40(7)：215–221.

[110] 孙晗霖．连片特困地区财政扶贫绩效评价及影响因素研究 [D].重庆：西南大学，2016.

[111] 靳永翥，丁照攀．精准扶贫战略背景下项目制减贫绩效的影响因素研究——基于武陵山、乌蒙山、滇桂黔三大集中连片特困地区的调查分析 [J].公共行政评论，2017，10(3)：46–70+214.

[112] 张建伟，杨阿维．精准扶贫视域下农村公共品供给绩效评价研究——基于 14 个连片特困地区的实证分析 [J].西藏大学学报 (社会科学版)，2017，32(3)：129–137.

[113] 李翔，李学军．连片贫困地区精准扶贫政策效应研究 [J].干旱区资源与环境，2020，34(10)：34–42.

[114] 郝雄磊．连片特困地区自我发展能力提升研究——基于南疆三地州实证分析 [J].新疆社科论坛，2019(4)：65–72.

[115] 李钢，李景．中国产业扶贫"十三五"进展与"十四五"展望 [J].当代经济管理，2020，42(11)：9–16.

[116] 王立剑，叶小刚，陈杰．精准识别视角下产业扶贫效果评估 [J].中国人口·资源与环境，2018，28(1)：113–123.

[117] 李佳路．扶贫项目的减贫效果评估：对30个国家扶贫开发重点县调查 [J].改革，2010(08)：125–132.

[118] 王小华，王定祥，温涛．中国农贷的减贫增收效应：贫困县与非贫困县的分层比较 [J].数量经济技术经济研究，2014，31(09)：40-55.

[119] 王振振，王立剑．精准扶贫可以提升农村贫困户可持续生计吗？——基于陕西省70个县(区)的调查 [J].农业经济问题，2019(04)：71-87.

[120] 杨颖．公共支出、经济增长与贫困——基于2002—2008年中国贫困县相关数据的实证研究 [J].贵州财经学院学报，2011(01)：88-94.

[121] 张铭洪，施宇，李星．公共财政扶贫支出绩效评价研究——基于国家扶贫重点县数据 [J].华东经济管理，2014，28(09)：39-42.

[122] 周敏慧，陶然．市场还是政府：评估中国农村减贫政策 [J].国际经济评论，2016(06)：63-76+5-6.

[123] 黄志平．国家级贫困县的设立推动了当地经济发展吗？——基于PSM-DID方法的实证研究 [J].中国农村经济，2018(05)：98-111.

[124] 王守坤．国家级贫困县身份与县级城乡收入差距 [J].人文杂志，2018(10)：43-51.

[125] 周玉龙，孙久文．瞄准国贫县的扶贫开发政策成效评估——基于1990—2010年县域数据的经验研究 [J].南开经济研究，2019(5)：21-40.

[126] 方迎风．国家级贫困县的经济增长与减贫效应——基于中国县级面板数据的实证分析 [J].社会科学研究，2019(1)：15-25.

[127] 王佳越，王建忠，张玲．精准扶贫以来中国农村减贫：成效、逻辑与未来路径 [J].世界农业，2020(8)：10-19+29+140.

[128] 陈晓洁，张乐柱，杨明婉．能力贫困视域下中国农村开发式扶贫绩效测度——基于国家扶贫重点县数据 [J].农村金融研究，2018(10)：61-65.

[129] 帅传敏，李文静，程欣，等．联合国IFAD中国项目减贫效率测度——基于7省份1356农户的面板数据 [J].管理世界，2016(3)：73-86.

[130] 王艺明，刘志红．大型公共支出项目的政策效果评估——以"八七扶贫攻坚计划"为例 [J].财贸经济，2016，37(1)：33-47.

[131] 金浩，张文若，李瑞晶．扶贫开发工作重点县政策的经济增长效应——基于河北省县级数据的准自然实验研究 [J].经济与管理，2020，34(1)：27-34.

[132] 王怡，周晓唯．精准脱贫与2020年我国全面建成小康社会——基于2010—2017年扶贫经验的理论和实证分析 [J].陕西师范大学学报(哲学社会科学版)，2018，47(6)：47-56.

[133] 郑家喜，江帆．国家扶贫开发工作重点县政策：驱动增长、缩小差距，

还是政策失灵——基于 PSM-DID 方法的研究 [J]. 经济问题探索，2016(12)：43-52.

[134] 郑家喜，杨东，刘亦农. 农村普惠金融发展水平测度及其对农户经营性收入的空间效应研究 [J]. 华中师范大学学报（自然科学版），2020，54(5)：862-873.

[135] 焦克源，徐彦平. 少数民族贫困县扶贫开发绩效评价的实证研究——基于时序主成分分析法的应用 [J]. 西北人口，2015，36(1)：91-96.

[136] 徐志明. 贫困农户内生动力不足与扶贫政策绩效——基于江苏省 342 个贫困农户的实证分析 [J]. 农业经济，2013(1)：63-65.

[137] 李雨辰. 我国西部地区精准扶贫：理论追溯、实践现状与成效评价 [D]. 南京：南京大学，2018.

[138] 胡晗，司亚飞，王立剑. 产业扶贫政策对贫困户生计策略和收入的影响——来自陕西省的经验证据 [J]. 中国农村经济，2018(1)：78-89.

[139] 宁静，殷浩栋，汪三贵，等. 易地扶贫搬迁减少了贫困脆弱性吗？——基于 8 省 16 县易地扶贫搬迁准实验研究的 PSM-DID 分析 [J]. 中国人口·资源与环境，2018，28(11)：20-28.

[140] Vesalon L , Remus C . Development-Induced Displacement in Romania: the Case of Ro ia Montan Mining Project[J]. Jura Journal of Urban & Regional Analysis, 2012, IV(1):63-75.

[141] 张磊，伏绍宏. 劳动力转移促进还是抑制了贫困户脱贫？——基于凉山彝族聚居区 237 户农民的调查 [J]. 云南民族大学学报（哲学社会科学版），2019，36(5)：55-63.

[142] 辛强. 政府巩固脱贫攻坚的绩效评估指标体系试构建——基于防范返贫成效可持续的隐忧 [J]. 现代交际，2020(10)：247-248.

[143] 陈胜东，周丙娟. 生态移民政策实施农户满意度及其影响因素分析——以赣南原中央苏区为例 [J]. 农林经济管理学报，2020，19(5)：602-610.

[144] 陈文娟，段小红. 农户对易地扶贫搬迁政策实施效果满意度研究——以甘肃省武威市移民区为例 [J]. 资源开发与市场，2020，36(12)：1369-1373.

[145] 姜涛. 精准扶贫项目绩效评估方法研究 [J]. 宝鸡文理学院学报（社会科学版），2016，36(1)：51-54.

[146] 陈爱雪，刘艳. 层次分析法的我国精准扶贫实施绩效评价研究 [J]. 华侨大学学报（哲学社会科学版），2017(1)：116-129.

[147] 任徐珂. 我国农村扶贫政策的绩效研究 [D]. 兰州：兰州商学院，2012.

[148] 刘冬梅. 中国政府开发式扶贫资金投放效果的实证研究 [J]. 管理世界，2001(6)：123-131.

[149] 刘倩倩. 我国农村扶贫绩效评价与实证分析 [D]. 青岛：青岛大学，2017.

[150] 王宝珍，龚新蜀. 边疆少数民族地区扶贫开发绩效评价——以新疆南疆三地州连片特困地区为例 [J]. 广东农业科学，2013，40(24)：214-218.

[151] 孙璐. 扶贫项目绩效评估研究 [D]. 北京：中国农业大学，2015.

[152] 郭黎安. 中国农村扶贫开发财政资金的绩效评价——基于 DEA-Malmquist 指数的分析 [J]. 财政监督，2012(27)：33-35.

[153] 杨庆许，陈彤. 新疆南疆三地州扶贫资金效益评价研究——基于变截距面板模型的实证 [J]. 新疆农业科学，2017，54(6)：1167-1175.

[154] 戴正本，任森春，何良杰. 基于因子分析的安徽省贫困县脱贫绩效评价研究 [J]. 商丘师范学院学报，2019，35(9)：11-16.

[155] 林文曼. 海南农村精准扶贫项目绩效评估实证研究 [J]. 中国农业资源与区划，2017，38(4)：102-107.

[156] 徐孝勇，姜寒. 连片特困地区中央扶贫资金与经济增长关系研究——以四川省凉山彝族自治州国家级贫困县为例 [J]. 西南民族大学学报 (人文社会科学版)，2013，34(10)：147-151.

[157] 司静波，王艺莼. 决胜阶段农村贫困人口收入结构性变化及影响因素分析 [J]. 云南民族大学学报 (哲学社会科学版)，2020，37(6)：66-71.

[158] 游新彩，田晋. 民族地区综合扶贫绩效评价方法及实证研究 [J]. 科学经济社会，2009，27(3)：7-13.

[159] 黄强，刘滨，刘顺伯. 江西省精准扶贫绩效评价体系构建及实证研究——基于 AHP 法 [J]. 调研世界，2019(4)：45-50.

[160] 崔雪燕. 新疆南疆四地州精准扶贫效应评价 [J]. 农场经济管理，2020(2)：33-36.

[161] 李学军. 新疆南疆四地州脱贫攻坚成效分析 [J]. 兵团党校学报，2020(4)：74-79.

[162] 肖云，严茉. 我国农村贫困人口对扶贫政策满意度影响因素研究 [J]. 贵州社会科学，2012(5)：107-112.

[163] 罗玉辉，侯亚景. 中国农村多维贫困动态子群分解、分布与脱贫质量评价——基于 CFPS 面板数据的研究 [J]. 贵州社会科学，2019(1)：141-148.

[164] 陈益芳，张磊，王志章.民族贫困地区农民对国家扶贫政策满意度的影响因素研究——来自武陵山区的经验 [J]. 广西经济管理干部学院学报，2015，27(2)：87-91+100.

[165] 曹军会，何得桂，朱玉春.农民对精准扶贫政策的满意度及影响因素分析 [J].西北农林科技大学学报 (社会科学版)，2017，17(4)：16-23.

[166] 王春萍，张顺翔，郑烨.秦巴山区农户贫困动因识别及精准扶贫满意度调查 [J].中国人口·资源与环境，2018，28(S2)：54-58.

[167] 梁传波，姜雨丝，陈霏霏.苏北地区精准扶贫政策贫困户满意度研究 [J].市场周刊，2019(9)：16-17.

[168]Mai Q, Luo M, Chen J. Has significant improvement achieved related to the livelihood capital of rural households after the effort of reducing poverty at large scale? New evidence from a survey of the severe poverty areas in China[J]. Physics and Chemistry of the Earth, Parts A/B/C, 2021, 122: 102913.

[169] 仲伟东，尹成远.扶贫攻坚期精准扶贫绩效评估研究 [J].河北金融，2020(11)：17-23+32.

[170]Ding J J, Wang Z, Liu YH, et al. Rural households' livelihood responses to industry-based poverty alleviation as a sustainable route out of poverty[J]. Regional Sustainability, 2020, 1(1)14.

[171] 刘汉成，关江华.基于 Logistic 模型的连片贫困区农户精准扶贫满意度的影响因素——以湖北大别山片区为例 [J].江苏农业科学，2018，46(2)：264-268.

[172] 李贝，李海鹏.集中连片特困地区农户贫困及其影响因素研究——基于湖北恩施州龙凤镇的调查 [J].华中农业大学学报 (社会科学版)，2016(3)：61-67+134.

[173] 王西涛.基于结构方程模型的政府精准扶贫公众满意度研究 [J].武汉商学院学报，2020，34(6)：74-79.

[174] 吴萌，任立，张碧莲.参照依赖、脱贫质量感知与农户扶贫政策满意度——基于中介效应模型的微观调查实证 [J].湖北经济学院学报，2021，19(5)：90-99.

[175] 高志刚，苟红霞，陈静.新疆南疆深度贫困区减贫满意度调查分析 [J].新疆大学学报 (哲学·人文社会科学版)，2020，48(5)：1-12.

[176] 严俊乾."大数据"助力精准扶贫 [J].现代经济信息，2016，(1)：

35—36.

[177] 汪磊, 许鹿, 汪霞. 大数据驱动下精准扶贫运行机制的耦合性分析及其机制创新——基于贵州、甘肃的案例 [J]. 公共管理学报, 2017, 14(3)：135-143+159-160.

[178] 谢治菊, 范飞. 大数据驱动民生监察的价值、逻辑与图景——以"T县民生监察大数据平台"为例 [J]. 中国行政管理, 2020(12)：125-131.

[179] Gregory Richards. Big Data and Analytics Applications in Government：Current Practices and Future Opportunities[M].CRC Press：2017.

[180] 罗敏. 机遇、挑战与选择：大数据时代的精准扶贫 [J]. 当代经济管理, 2018, 40(12)：31-36.

[181] 杜永红. 大数据背景下精准扶贫绩效评估研究 [J]. 求实, 2018(2)：87-96+112.

[182]Emily M. Coyne, Joshua G. Coyne, Kenton B. Walker. Big Data Information Governance By Accountants[J]. International Journal Of Accounting & Information Management, 2018, 26(1). 153-170.

[183]Kumar A, Kumar T V V. Big data and analytics: issues, challenges, and opportunities[J]. International Journal of Data Science, 2015, 1(2): 118-138.

[184] 孙莹玉. 运用大数据助力精准脱贫研究 [J]. 乡村科技, 2018(27)：39-41.

[185] 李晓园, 钟伟. 大数据驱动中国农村精准脱贫的现实困境与路径选择 [J]. 求实, 2019(5)：78-87+111.

[186] 王胜, 屈阳, 王琳, 等. 集中连片贫困山区电商扶贫的探索及启示——以重庆秦巴山区、武陵山区国家级贫困区县为例 [J]. 管理世界, 2021, 37(2)：95-106+8.

[187] 莫光辉, 张玉雪. 大数据背景下的精准扶贫模式创新路径——精准扶贫绩效提升机制系列研究之十 [J]. 理论与改革, 2017, (1)：119-124.

[188] 莫光辉. 大数据在精准扶贫过程中的应用及实践创新 [J]. 求实, 2016(10)：87-96.

[189] 中共新疆维吾尔自治区委员会办公厅. 新疆维吾尔自治区贫困退出实施意见 [N]. 新疆日报（汉）, 2016-07-10(3).

[190] 谢青, 田志龙. 创新政策如何推动我国新能源汽车产业的发展——基于政策工具与创新价值链的政策文本分析 [J]. 科学学与科学技术管理, 2015, 36(6)：3-14.

[191] 黄萃，赵培强，苏竣.基于政策工具视角的我国少数民族双语教育政策文本量化研究 [J].清华大学教育研究，2015，36(5)：88-95.

[192] 何玲玲，付秋梅.政策工具视角下中国精准扶贫政策文本量化分析 [J].江汉大学学报 (社会科学版)，2020，37(4)：63-77+127.

[193] 迈克尔·波特.竞争优势 [M].陈小悦，译.北京：华夏出版社，1997.

[194] 温忠麟，张雷，侯杰泰，等.中介效应检验程序及其应用 [J].心理学报，2004(5)：614-620.

[195] 刘瑞明，赵仁杰.西部大开发：增长驱动还是政策陷阱——基于 PSM-DID 方法的研究 [J].中国工业经济，2015(6)：32-43.

[196] 刘瑞明，赵仁杰.国家高新区推动了地区经济发展吗？——基于双重差分方法的验证 [J].管理世界，2015(8)：30-38.

[197] 左停，赵梦媛，金菁.路径、机理与创新：社会保障促进精准扶贫的政策分析 [J].华中农业大学学报 (社会科学版)，2018(1)：1-12+156.

[198] 温忠麟，叶宝娟.有调节的中介模型检验方法：竞争还是替补？[J].心理学报，2014，46(5)：714-726.

[199] 张俊.高铁建设与县域经济发展——基于卫星灯光数据的研究 [J].经济学 (季刊)，2017，16(4)：1533-1562.

[200] 徐明，刘金山.省际对口支援如何影响受援地区经济绩效——兼论经济增长与城乡收入趋同的多重中介效应 [J].经济科学，2018(4)：75-88.

[201] Martilla John A., James John C. Importance-Performance Analysis[J]. Journal of Marketing, 1977, 41(1)1-14.

[202] Weijaw Deng. Using a revised importance - performance analysis approach：The case of Taiwanese hot springs tourism[J]. Tourism Management, 2006, 28(5)：1274-1284.

[203] 裘品姬.对新疆南疆三地州扶贫攻坚的几点思考及建议 [J].市场论坛，2012(12)：41-44.

[204] 雪克来提·扎克尔.冲刺攻坚、决战决胜，坚决打赢新疆脱贫攻坚战 [N].学习时报，2020-04-24(1).

[205] 国务院扶贫开发领导小组.建立防止返贫监测和帮扶机制 [N].光明日报，2020-03-28(2).

[206] 弯海川.新疆：聚焦深度贫困地区，坚决打赢脱贫攻坚战 [J].中国财政，2019(9)：8-11.

[207] 关俏俏. 新疆实行"兜底"政策为特殊困难群体编织"保障网"[EB/OL]. 新华网.http://www.xinhuanet.com/politics/2018-11/05/c_1123663823.htm.，为网络新闻引用。

[208] 李金龙，董宴廷. 目标群体参与精准扶贫政策执行的现实困境与治理策略 [J]. 西北农林科技大学学报 (社会科学版)，2019，19(6) : 52-61.

[209] 刘洋. 精准扶贫考核机制研究 [D]. 郑州：郑州大学，2019

[210] 国务院扶贫开发领导小组. 关于建立防止返贫监测和帮扶机制的指导意见 [J]. 畜牧产业，2020(6) : 21-22.

[211] 中共中央国务院. 关于实现巩固拓展脱贫攻坚成果同乡村振兴有效衔接的意见 [N]. 人民日报，2021-03-23(1).

[212] 关俏俏. 新疆建立贫困监测预警机制 [N]. 新疆日报 (汉)，2020-03-31(1).

[213] 浩农. 为乡村振兴描绘美好蓝图——2021 年中央一号文件重要精神解读 [J]. 党课参考，2021(5) : 59-76.

[214] 谢茹. 推进脱贫攻坚与乡村振兴相衔接 [J]. 中国政协，2020(12) : 48-49.

[215] 姜正君. 脱贫攻坚与乡村振兴的衔接贯通：逻辑、难题与路径 [J]. 西南民族大学学报 (人文社会科学版)，2020，41(12) : 107-113.

[216] HESTER A J. Sociotechnical Systems Theory as a Diagnostic Tool for Examining Underutilization of Wiki Technology [J]. The Learning Organization. 2014，21(1) : 48-68.

[217] 伍中信，彭屹松，陈放，魏佳佳. 少数民族地区农民家庭资产贫困的精准测度与脱贫对策 [J]. 经济地理，2020，40(10) : 171-175+239.

[218] 毛捷，汪德华，白重恩. 扶贫与地方政府公共支出——基于"八七扶贫攻坚计划"的经验研究 [J]. 经济学 (季刊)，2012，11(4) : 1365-1388.

[219] 王祖祥，范传强，何耀. 中国农村贫困评估研究 [J]. 管理世界，2006(3) : 71-77.

[220] 樊丽明，解垩. 公共转移支付减少了贫困脆弱性吗？[J]. 经济研究，2014，49(08) : 67-78.

[221] 潘竟虎，贾文晶. 中国国家级贫困县经济差异的空间计量分析 [J]. 中国人口·资源与环境，2014，24(5) : 153-160.

[222] 李泉，鲁科技，李梦. 设立国家级贫困县能提升当地农民收入水平吗——基于 2007—2016 年中国 296 个县面板数据的实证研究 [J]. 贵州财经大学学

报，2019(5)：78-90.

[223] 岳希明，种聪.我国社会保障支出的收入分配和减贫效应研究——基于全面建成小康社会的视角 [J].中国经济，2020，15(4)：100-131.

[224] 王嘉毅，封清云，张金.教育与精准扶贫精准脱贫 [J].教育研究，2016，37(7)：12-21.

[225] 王介勇，陈玉福，严茂超.我国精准扶贫政策及其创新路径研究 [J].中国科学院院刊，2016，31(3)：289-295.

[226] 王国勇，邢溦.我国精准扶贫工作机制问题探析 [J].农村经济，2015(9)：46-50.

[227] 刘解龙.经济新常态中的精准扶贫理论与机制创新 [J].湖南社会科学，2015(4)：156-159.

[228] 唐丽霞，罗江月，李小云.精准扶贫机制实施的政策和实践困境 [J].贵州社会科学，2015(5)：151-156.

[229] 邓维杰.精准扶贫的难点、对策与路径选择 [J].农村经济，2014(6)：78-81.

[230] 张玉强，李祥.我国集中连片特困地区精准扶贫模式的比较研究——基于大别山区、武陵山区、秦巴山区的实践 [J].湖北社会科学，2017(2)：46-56.

[231] 张建勋，夏咏.多维贫困视阈下农业政策性金融减贫的作用机理与空间效应——来自新疆南疆四地州深度贫困县域的经验证据 [J].农业技术经济，2021(6)：49-65.

[232] 艾洪娟，程传灵，毛德敏.新疆南疆地区脱贫攻坚与乡村振兴有机衔接存在的问题及对策：以南疆 X 村为例 [J].贵州农业科学，2021，49(4)：138-141.

[233] 刘林，李光浩.连片特困区少数民族农户多维贫困的动态变化与影响因素——以新疆南疆三地州为例 [J].西部论坛，2017，27(1)：115-124

[233] 陈芳，苏洋，王迪，等.易地搬迁对不同就业方式农户的减贫效应——基于新疆南疆四地州的实证分析 [J].江苏农业科学，2021，49(14)：19-25.

[234] 邢成举，葛志军.集中连片扶贫开发：宏观状况、理论基础与现实选择——基于中国农村贫困监测及相关成果的分析与思考 [J].贵州社会科学，2013(5)：123-128.

[235] 张玉强，李祥.集中连片特困地区的精准扶贫模式 [J].重庆社会科学，2016(8)：64-70.

[236] 贺海波.贫困文化与精准扶贫的一种实践困境——基于贵州望谟集中连

片贫困地区村寨的实证调查 [J]. 社会科学，2018(1)：75-88.

[237] 左停, 赵梦媛, 金菁. 突破能力瓶颈和环境约束: 深度贫困地区减贫路径探析——以中国"四省藏区"集中连片深度贫困地区为例 [J]. 贵州社会科学,2018(9):145-155.

[238] 郭君平, 荆林波, 张斌. 国家级贫困县"帽子"的"棘轮效应"——基于全国 2073 个区县的实证研究 [J]. 中国农业大学学报 (社会科学版),2016,33(04):93-105.

[239] Kraay A . When is growth pro-poor? Evidence from a panel of countries [J]. Journal of Development Economics, 2006, 80 (1) : 198-227.

[240] Fan M. , Li Y. , Li W . Solving one problem by creating a bigger one: The consequences of ecological resettlement for grassland restoration and poverty alleviation in Northwestern China [J]. Land Use Policy, 2015, 42 : 124-130.

[241] Guo L. , Yang B. , Chi Y . Influence Factors of Farmers' Willingness to Poverty Alleviation Relocation in South Shaanxi Province [J]. Asian Agricultural Research, 2017, v.9(12) : 21-26.

[242] Pan Y. , Zhou Z. , Qian F. , et al . Study on the Selection and Moving Model of the Poverty Alleviation and Resettlement in the Typical Karst Mountain Area [M]. International Conference on Geo-Informatics in Resource Management and Sustainable Ecosystems, 2017, 579-588.

[243] Khanam D. , Mohiuddin M. , Hoque A. , et al . Financing micro-entrepreneurs for poverty alleviation: a performance analysis of microfinance services offered by BRAC, ASA, and Proshika from Bangladesh [J]. Journal of Global Entrepreneurship Research, 2018, (8) :27.

[244] Xia Z. , Ping Z . Agricultural development financing dilemma and solution strategies — Taking Zhejiang province for example [C]. International Conference on Electronics. IEEE, 2011.

[245] Liu Y. , Liu J. , Zhou Y . Spatio-temporal patterns of rural poverty in China and targeted poverty alleviation strategies [J]. Journal of Rural Studies, 2017, 52 : 66-75.

[246] Lo K. , Wang M . How voluntary is poverty alleviation resettlement in China? [J]. Habitat International, 2018, 73 : 34-42.

[247] Wang S. Y. , Li Y H . Promotion of degraded land consolidation to rural

poverty alleviation in the agro-pastoral transition zone of northern China [J]. Land Use Policy, 2019, (88) : 104114.

[248] Wang Y. , Chen Y. , Liu Z . Agricultural Structure Adjustment and Rural Poverty Alleviation in the Agro-Pastoral Transition Zone of Northern China: A Case Study of Yulin City [J]. Sustainability, 2020, 12 (10) : 1-13.

[249] Birthal P. S. , Negi D. S. , Jha A. K. , et al. Income Sources of Farm Households in India: Determinants, Distributional Consequences and Policy Implications [J]. Agricultural Economics Research Review, 2014, 27 (1) : 37.

[250] Mishra A. K. , Satapathy S. , Patra B. , et al. Distributional change, income mobility and pro-poor growth: evidence from India [J]. Journal of the Asia Pacific Economy, 2019, 24 (2) : 1-18.

[251] Dhongde S. , Silber J . On distributional change, pro-poor growth and convergence [J]. Journal of Economic Inequality, 2016, 14 (3) : 249-267.

[252] Deutsch J. , Silber J . On various ways of measuring pro-poor growth [J]. Economics Discussion Papers, No. 2011-13 | May 26 .

[253] OECD. Growing unequal ? Income distribution and poverty in OECD countries [M]. Growing Unequal Income Distribution & Poverty in Oecd Countries, 2008, 148(100) : 199-204.

[254] David D. , Tatjana K. , Aart K . Growth still is good for the poor [J]. 2016, (81) : 68-85.

[255] Yu Jiantuo . Multidimensional Poverty in China: Findings Based on the CHNS [J]. Social Indicators Research, 2013, 112 (2) : 315-336.

[256] Glauben T. , Herzfeld T. , Rozelle S. , et al. Persistent Poverty in Rural China: Where, Why, and How to Escape? [J]. World Development , 2012 ,40 (4) : 784-795.

[257] Labar K. , Bresson F . A multidimensional analysis of poverty in China from 1991 to 2006 [J]. China Economic Review, 2011, 22 (4) : 646-668.

[258] Park A. , Wang S . Community-based development and poverty alleviation: An evaluation of China's poor village investment program [J]. Journal of Public Economics, 2010, 94 (7856) : 790-799.

[259] Alkire S. , Foster J. E . Counting and Multidimensional Poverty Measurement [J]. Journal of Public Economics. 2011, 95 (7-8) : 476-487.

[260] Ferreira F. , Leite P. G. , Ravallion M . Poverty reduction without economic growth ? : Explaining Brazil's poverty dynamics, 1985 - 2004 [J]. Journal of Development Economics, 2010, 93 (1) : 20-36.

[261] Zhang Y. , Wan G. H . The impact of growth and inequality on rural poverty in China [J]. Journal of Comparative Economics, 2006, 34 (4) : 694-712.

[262] Edward P . Examining Inequality : Who Really Benefits from Global Growth ? [J]. World Development, 2006, (10) : 1667-1695.

附件1 新疆南疆四地州农户
（贫困户、非贫困户）调查问卷

问卷编号（组织调查的工作人员填写）

如遇被调查人不识字由工作人员在询问基础上代填，代填人签字：

电话：

调查问卷

您好！非常感谢您参与本次调查。本调查问卷为匿名填写，仅供学术研究使用，目的是了解新疆南疆四地州农村家户基本情况，最终形成的数据和报告均以整体状况呈现，您的个人信息不会被单独使用，调查情况也不向当地反馈，请您放心填写。

为保证信息质量，请您在认真阅读理解每个题目的基础上，在合适的选项边□内打√，或在横线上写出真实情况，不能漏填（没有的在横线上均填"无"。遇到不理解的题目可以请问卷发放人进行说明。

您的基本信息：

您所在的是_____地（州）_____县（市）_____村

性　　别　男□　女□　　　年龄_____

政治面貌　群众□　共青团员□　共产党员□　其他□

族　　别　汉族□　维吾尔族□　柯尔克孜族□　回族□

　　　　　哈萨克族□　塔吉克族□　乌孜别克族□

　　　　　蒙古族□　其他民族□

文化程度　文盲□　小学□　初中□　高中□　大学□　其他□

户　　籍　农村户口□　城镇户口□

从事行业　务农□　务工□　学生□　经商□　其他□

家庭人口和收入情况：

1. 您的家庭人口＿＿＿人，其中 16 岁以上＿＿＿人，16~65 岁健康劳动力＿＿＿人。家庭耕地面积＿＿＿亩，家庭年人均纯收入＿＿＿＿＿＿元。

2. 您的家庭是否为建档立卡贫困户：是□　否□

是否为低保贫困户：是□　否□。如果是，享受低保人数＿＿＿人，低保金是＿＿＿＿＿＿元。

是否为五保户：是□　否□。如果是，五保金是＿＿＿＿＿＿元。

是否有养老保险金：有□　没有□。如果有，养老金是　　　元，家庭投保人数＿＿＿人。

3. 您的家庭耕地面积是＿＿＿亩，年收入＿＿＿＿＿＿元。其中，粮食作物种植＿＿＿亩，种植品类有：小麦＿＿＿亩，玉米＿＿＿亩，水稻＿＿＿亩，其他＿＿＿＿＿＿亩，去年的粮食作物种植收入是＿＿＿＿＿＿元；经济作物种植＿＿＿亩，品类有：棉花＿＿＿亩，甜瓜＿＿＿亩，西瓜＿＿＿亩，其他＿＿＿＿＿＿亩，去年经济作物收入＿＿＿＿＿＿元；养殖品类有：牛＿＿＿头，羊＿＿＿只，鸡＿＿＿只，鹅＿＿＿只，鸽子＿＿＿只，去年的养殖收入是＿＿＿元；您的家庭林果种植面积是＿＿＿亩，品类有：红枣＿＿＿亩，核桃＿＿＿亩，巴达木＿＿＿亩，葡萄＿＿＿亩，苹果＿＿＿亩，梨＿＿＿亩，其他＿＿＿＿＿＿亩，去年的林果种植收入是＿＿＿＿＿＿元。

4. 您的家庭是否有工资性收入：有□　　　没有□

如果有，年务工收入＿＿＿＿＿＿元。务工人员主要从事：木工加工□　建筑施工□　摘棉花□　屠宰□　电焊□　摩托车、汽车修理□　工厂工□　清洁□　服务□　保卫安全□　其他＿＿＿＿＿＿。

务工地点在：家庭所在乡（镇）□　家庭所在县（市）□　家庭所在地（州、市）□　其他地（州、市）□　乌鲁木齐□　内地城市□。

累计务工时间为：半年□　1 年□　2 年□　3 年□　3~5 年□　5 年以上

5. 您的家庭是否有经商收入：有□　没有□

如果有，年经营收入_____元。家庭主要经营：餐厅□　杂货店□ 农产品经营□　农产品加工□　电器修理□　牲畜买卖□　生鲜牛羊肉店□ 其他_____

经商地点在：家庭所在乡（镇）□　家庭所在县（市）□　家庭所在地（州、市）□　其他地（州、市）□　乌鲁木齐□　内地城市□

累计经商时间为：半年□　1 年□　2 年□　3 年□　3~5 年□　5 年以上□

6. 您的家庭是否有资产性收入：有□　没有□

如果有，主要是：出租房屋□，年收入_____元，已出租：1 年□ 2 年□　3 年□　3 年以上□

农机具出租□，收入_____元，已出租：1 年□　2 年□　3 年□ 3 年以上□

土地出租等收入_____元，已出租：1 年□　2 年□　3 年□　3 年以上□

合作社分红等收入_____元，已收益：1 年□　2 年□　3 年□ 3 年以上□

7. 您的家庭是否有转移性收入：是□　否□

如果有，主要是：老年补贴金□____元／年，计划生育金□____元／年，农机补贴____元／年，粮食补贴____元／年，生态补偿金____元／年。

以下每题请视家庭情况准确选择、填写：

1. 您的住房是：富民安居房□　抗震安居房□　自建砖混／砖木结构住房□　土坯房□

2. 您的住房面积（不含院子）是：40 平方米□　50 平方米□　60 平方米□　70 平方米□　80 平方米□　90 平方米□　100 平方米及以上□

3. 您的家庭饮用水是：自来水□　井水□　抽取地下水□ 河水（湖水）□

4. 您家里做饭的燃料是：天然气□　液化气□　煤□　电□　沼气□

柴草□

5. 您家的厕所是：冲水厕所□　砖混旱厕□　土坯或木板搭建简易旱厕□　使用公共厕所□

6. 您家里拥有的耐用品有：汽车□　拖拉机□　大型农机具□　摩托车□　电动车□　三轮车□　自行车□　电视机□　洗衣机□　电冰箱□　烤箱□　热水器□　移动电话□　其他_____

7. 您家的垃圾处理方式是：村里集中处理□　自己丢弃、焚烧或填埋处理□

8. 您家是否通电：是□　否□

9. 您家是否停电：经常会□　偶尔会□　极少□

10. 您家庭生产用水（农林牧渔等用水）是否有保障：有□　没有□
如果生产用水紧张，原因是：_____。

您的家庭是否因生产用水不足影响收入：是□　否□

11. 您承担家庭生产用水费用是否困难：是□　不是□
您的家庭生产用水费用是_____元。

12. 您家周边 3 千米范围内是否有学校（小学、中学）：有□　没有□

13. 您所在村是否有卫生室：有□　没有□，您的家庭成员看病、买药是否方便：是□　否□

14. 您所在的村是否有惠民超市：有□　没有□，您购买日用品是否方便：是□　否□

15. 您的家庭成员出行常用交通工具是：毛驴车 / 马车□　自行车□　摩托车□　电动车□　私家汽车□　公交车□　公共客车□

您认为您的家庭成员出行条件是否方便：是□　否□

16. 您家门口到村主干道的路是：土路□　石子路□　水泥路或柏油路□

17. 您的家庭是否有患重大疾病、慢性病或残疾成员：有□　没有□
如有患病成员，年龄_____，患什么病_____
如有残疾成员，年龄_____，身患哪种残疾_____

18. 您的家庭或成员参加的保险有：新型农村合作医疗□____人，大病保险□____人，农村养老保险□____人，农业保险□，其他保险____

19. 您的家庭是否有 12 岁以下成员死亡：有□ 没有□

如果有，死亡原因是：_____

20. 您的家庭是否有 16 岁以上成员小学没有毕业：有□ 没有□

如果有，年龄是____岁，完成____年级学习。

21. 您的家庭是否有适龄（6~18 岁）辍学成员：有□ 没有□

如果有，原因是：_____

22. 您的家庭是否有正在内初班、内高班就读的成员：有□ 没有□

如果有，就读学校是_____，年级是_____

23. 您的家庭是否有正在上大学的成员：有□ 没有□

如果有，就读学校是_____，年级是__，学制__年，每年学费____元，生活费____元。上学费用来源是：自家承担□ 银行贷款□民间贷款□ 亲戚朋友借款□

24. 您的家庭成员最高学历是：小学□ 初中□ 高中□ 中专□ 大专□ 本科□ 研究生□ 博士□

您的家庭最高学历成员目前从事：_____，年龄：_____。

25. 您的家庭是否有贷款：有□ 没有□

如果有贷款，您的贷款类型是：住房贷款□ 生产性贷款□ 非生产性贷款□

您是否有能力按期还贷：有□ 没有□，如果不能按期还贷，您打算怎么办：_____。

26. 您的家庭是否有能够用汉语交流的成员：有□ 没有□

如果有，学习汉语的途径是：在学校学习□ 参加村或乡培训□ 务工或经商过程中学习□ 与周边汉族朋友等交往学习□ 自学□

27. 您的家庭是否有能够读写汉文的成员：有□ 没有□

如果有，其学习的途径是：_____

28. 您的家庭在本乡镇以外是否有经常交往的朋友、亲戚：有□ 没

有□

如果有，大约多久联系一次：一周□　两周□　一个月□　两三个月□

29. 您的家庭是否有在村、乡镇、县任职的公职人员，或较亲近的亲戚中是否有公职人员：有□　没有□

如果有，职务是：_____

30. 您获取新闻、农产品价格等信息的方式是：电视□　网络□　拨打手机或电话□　其他_____

31. 您认为您的家庭在村里有一定地位，受人尊敬吗？

是□　为什么：_____

不是□　为什么：_____

附件2 新疆南疆四地州
基层精准扶贫干部满意度调查问卷

尊敬的领导：

您好！非常感谢您愿意参与本次调研，为了解自治区精准扶贫、精准脱贫工作情况，为其提供一份资料，特开展本次调研。本调研只做基础资料，信息不会外泄，答案无对错之分。

1.您的性别：A.男　B.女

2.您的年龄范围：A.20~29岁　B.30~39岁　C.40~49岁　D.50~59岁　E.60岁及以上

3.您的民族：A.哈萨克族　B.汉族　C.蒙古族　D.回族　E.维吾尔族　F.其他

4.您的干部职位：A.厅级　B县级　C.副县级　D.科级　E.副科级　F.一般干部

5.您的受教育程度：A.初中　B.高中　C中专及大专　D.本科及以上

6.（1）您对产业扶贫满意吗？A.很满意　B.满意　C.一般　D.不满意　E.很不满意

（2）您认为在此工作中存在的问题有哪些？A.市场销售不畅（合作社＋公司＋农户（产业化经营模式进展情况）B.基础设施落后　C.配套体系不全（养殖技术推广不够，疫病防治、质量安全监管等产业配套体系未建立，执法体系不健全） D.扶贫产业脆弱（生产条件落后，技术低，产品市场化、商品化程度低；产业规模小；产业链短；无知名品牌，品牌效益差，市场占有量小） E.政策支持力度不足（对哪些产业上进行帮扶，政策体现在哪些方面）

7.（1）对转移就业扶贫满意吗？ A.很满意 B.满意 C.一般 D.不满意 E.很不满意

（2）您认为在此项工作中存在的问题有哪些？ A.思想保守，不愿意转移 B.移民的就业竞争力较低 C.对移民的社会管理严重缺位（从就业培训、提供就业信息到维护合法权益，政府开展工作存在缺位） D.移民的权益保障机制不完善 E.政策落实不到位（促进劳动力转移就业的积极政策）

8.（1）您对生态扶贫满意吗？ A.很满意 B.满意 C.一般 D.不满意 E.很不满意

（2）您认为在此项工作中存在的问题有哪些？ A.移民缺乏生存技能，收入低 B.搬迁补助标准偏低，移民安置难度加大 C.生产设施建设滞后，影响移民搬迁定居和生活生产的发展 D.制度供给不足，搬迁用地协调困难 E.移民难以适应新环境

9.（1）您对教育扶贫满意吗？ A.很满意 B.满意 C.一般 D.不满意 E.很不满意

（2）您认为此项工作的问题有哪些？ A.家长观念落后，认为读书无用，不愿孩子上学 B.教育资源缺乏（教师资历浅，支教的人少） C.留不住人才，毕业生大多走了 E.缺乏满足本县市场需求的职业技术教育

10.（1）您对医疗扶贫满意吗？ A.很满意 B.满意 C.一般 D.不满意 E.很不满意

（2）您认为在此工作中存在的困难有哪些？ A.扶贫对象识别存在困难 B.政策不健全（无针对大病等患者的就助政策） C.工作保障制度不完善（对患者疾病具体情况无明细台账，治疗效率低） D.医疗扶贫

救助资金不足

11.（1）您对社保扶贫满意吗？ A.很满意 B.满意 C.一般
D.不满意 E.很不满意

（2）您认为在此项工作中存在的困难有哪些？ A.扶贫对象精准识
别存在困难 B.社会保障兜底扶贫资金不足 C.政策不完善 D.动态
管理比较困难 E.监测监控存在滞后性，不能及时作出调整（价格临时
补贴，对物价的影响）

12.贫困户参与扶贫项目表现？ A.很积极 B.积极 C.一般 D.不
积极 E.很不积极

13.您认为贫困户的致富能力如何？ A.很强 B.较强 C.一般 D.较
差 E.很差

14.贫困户自我发展的意愿如何？ A.很愿意 B.愿意 C.一般 D.不
愿意 E.很不愿意

15.您认为影响贫困户和贫困人口脱贫的主要因素有哪些？ A.基础
设施落后 B.思想观念落后，缺乏发展意识 C.家庭负担重 D.知识
技术缺乏 E.竞争意识差，缺乏市场辨析能力 F.扶贫力度不够